数据资产升维
从场景合规到价值释放

The Uprating of Data Assets
From Scenario Compliance to Value Unlocking

高亚平　著

法律出版社
LAW PRESS · CHINA
——北京——

图书在版编目（CIP）数据

数据资产升维：从场景合规到价值释放 / 高亚平著.
北京：法律出版社，2025. -- ISBN 978 – 7 – 5244 – 0558 – 0

Ⅰ. D922.84

中国国家版本馆 CIP 数据核字第 2025HE3508 号

数据资产升维：从场景合规到价值释放
SHUJU ZICHAN SHENGWEI:CONG CHANGJING
HEGUI DAO JIAZHI SHIFANG

高亚平 著

责任编辑　赵雪慧
装帧设计　鲍龙卉

出版发行　法律出版社	开本　710 毫米×1000 毫米　1/16
编辑统筹　法规出版分社	印张　20.75　　字数　320 千
责任校对　张红蕊	版本　2025 年 8 月第 1 版
责任印制　耿润瑜	印次　2025 年 8 月第 1 次印刷
经　　销　新华书店	印刷　河北尚唐印刷包装有限公司

地址:北京市丰台区莲花池西里 7 号(100073)
网址：www.lawpress.com.cn　　　　　　销售电话:010 – 83938349
投稿邮箱：info@ lawpress.com.cn　　　　客服电话:010 – 83938350
举报盗版邮箱：jbwq@ lawpress.com.cn　　咨询电话:010 – 63939796
版权所有·侵权必究

书号：ISBN 978 – 7 – 5244 – 0558 – 0　　　　　定价:68.00 元
凡购买本社图书，如有印装错误，我社负责退换。电话:010 – 83938349

缩 略 语 表

外语词缩略语	外语词全称	中文译名
IPO	Initial Public Offerings	首次公开募股
GDPR	General Data Protection Regulation	《通用数据保护条例》
CCPA	California Consumer Privacy Act	《加利福尼亚州消费者隐私法案》
DPO	Data Protection Officer	数据保护官
DS	DeepSeek	深度求索
GRC	Governance, Risk Management, Compliance	治理、风险与合规
UID	User ID	用户编码
SDK	Software Development Kit	软件开发工具包
UA	User Agent	用户代理
API	Application Programming Interface	应用程序编程
CRM	Customer Relationship Management	用户关系管理
NLP	Natural Language Processing	自然语言处理
SPAC	Special Purpose Acquisition Company	特殊目的收购公司
OTA	Over-the-Air Technology	空中下载技术
AIGC	Artificial Intelligence Generated Content	人工智能生成内容
IAPP	International Association of Privacy Professionals	国际隐私专业协会
EXIN	Exam Institute for Information Science	国际信息科学考试学会
PDPO	Personal Data (Privacy) Ordinance	《个人资料（私隐）条例》

续表

外语词缩略语	外语词全称	中文译名
LGPD	Lei Geral de Proteção de Dados	《巴西通用数据保护法》
PDPA	Personal Data Protection Act	《个人数据保护法》
CRA	Cyber Resilience Act	《网络弹性法案》

序　言

在莫比乌斯环上，开凿数字价值升维通道

从合规管理到资产呈现，是本书在2023年法律出版社出版的《成功CEO的临门一脚：数据合规管理》基础上的升维，将数据的合规托底，提升到数据的价值释放，是数据合规管理的价值进行时与未来时。

书稿完工之际，反复整理序言思绪。序言是统领全书的精髓之纲，怎么重视都不为过，读者可以通过一篇好的序言，充分体会作者的良苦用心、思维逻辑、价值呈现和创作热情。

正值春节假期，我一直冥思"莫比乌斯环"在本书中如何贯穿空间升维，使其能够突破传统认知上对于数据合规和数据价值之家的冲突。回杭州之际，十分偶然，我恰好看到了酒店大厅一个巨大金属的"莫比乌斯环"。凝视莫比乌斯环的拓扑模型——一个金属带，经180度扭转后首尾相接，看似分立的双面竟交融为无限循环的单一平面。这种看似悖论的结构，恰似数据合规与价值释放的共生关系：一面是流动与开放的渴望，一面是边界与规则的约束；一面是创新的冲动，一面是伦理的反思。它们看似对立，实则互为表里，在矛盾中螺旋上升。

过去8年间，我在数据合规法律服务的实践中，亲历了无数企业从"被动合规"到"主动升维"的蜕变。面对这种挑战，印象最为深刻的一次是，我们在一个IPO数据合规专项尽职调查过程中，针对一个强势业务线产品数据合规瑕疵问题，我问了CEO一个问题："如果产品下架，会有什么影响？"CEO的真诚回复，至今成为我们做数据合规的一个理解基石，也成为我们团队就新律师开启数据合规与商业价值实现平衡的第一课，其回复道："我们

没法测算可能导致的后果，可能微弱，也可能致命。我们无法放弃，因为竞争对手有类似产品。"实践中落入两难的取舍问题太普遍，若不换个视角，站在更高维度上，或许根本无法解决这一问题，此时，莫比乌斯环赋予我们豁然开朗的新思路。

全书从莫比乌斯环的合规与价值双面的结构性逻辑出发，搭建全书的框架，包含以下重点部分的体系化融合。

一、莫比乌斯环的高维启示：合规与价值的螺旋共生

数据经济的悖论犹如莫比乌斯环的拓扑困境：越是追求数据的开放流动，越需构筑严密的合规壁垒；而合规成本越高，数据资产化的门槛便越发陡峭。这种矛盾在全球实践中反复上演——欧盟《网络弹性法案》（CRA）通过强制认证筑起"合规高墙"，全球个人信息数据出境的本地化保护，在中国《数据出境安全评估办法》与GDPR两侧形成鲜明碰撞。这些规则交锋的背后，实则是主权与效率的博弈。

然而，真正的突破恰藏于悖论之中。当我们将合规嵌入数据的"毛细血管"，矛盾的双面便开始交融：美国花3年构建的基础数字链溯源体系，也许能破解我们当下面临的"油罐车混装"潜规则，其并非依赖技术本身，而是将合规要求转化为供应链上下游的协同语言（本书场景7）；从GPT到DeepSeek的AI智能化冲击一浪高过一浪，开源共生与伦理考量以及技术创新在多维的"一体两面"中不断前进（本书第四章）。这些实践揭示了一个真理：合规与价值并非零和博弈，而是莫比乌斯环上永续循环的双螺旋。

二、数据生命周期与产品生命周期的伴生逻辑

本书场景化的合规案例，充分呈现数据合规生命周期与产品生命周期的这种天然的伴生性。

若说合规与价值的螺旋是理论突破，那么数据生命周期与企业数据产品生命周期的匹配则是实践维度的升维。数据从采集、存储、处理到销毁的全过程，必须与数据产品的设计、迭代、商业化形成动态共振，而合规恰是这

一共振的"调谐器"。

1. 数据采集与产品设计：合规基因的植入

GDPR规则的高阶要求是"by design，by default"，即数据合规需要随着产品设计和研发的"被动式""植入式"的生命周期管理。

数据采集阶段的合规，实则为产品注入"抗脆弱基因"——既是对风险的防御，更是对长期价值的蓄力。本书场景1，即从中美头部电动车企数据采集的合规性比较开始，通过合规选项的比对打分，清晰可见合规贴合度。

2. 数据处理与产品迭代：合规驱动创新

当数据进入清洗、融合、分析和流转阶段，合规与企业产品迭代的共生关系越发显著。合规不是对业务的切割，而是对产品逻辑的重新编织。本书场景9，我们从"评论"数据真实性这个维度入手，分析网络和电商生态中数据真实评价识别和控制的难题，通过与消费者保护委员会协作600多份调研问卷的设计和采集，同时与多家头部平台的深度访谈交流，并通过互联网平台之间的算法和治理的合作机制，梳理出用户评论数据在甄别、清洗和处理中的算法困境，最终形成持续、多平台、与监管联动、协作共享、合规驱动下的"反控评真实数据联盟"。

3. 数据共享与产品扩展：合规作为生态连接器

数据共享是产品扩展的必经之路，亦是合规挑战的集中爆发点。本书场景2，以上市的大型数据处理公司"合合科技"为例，在多业务场景并存协同发展的同时，在数据共享边界上利用合规的技术手段，超越现实困境中简单的"严防死守"，让数据内部流动起来，就是合规从被动防御升维为生态连接的"润滑剂"的最佳实践。

三、全景合规：热点场景的升维实践

在数据经济的莫比乌斯环上，本书中篇聚焦当前最前沿的"热点"合规场景，以全景视角审视其挑战与突破路径：

1. AI合规：技术风暴眼中的伦理之光

从GPT的杜撰式自圆其说，到算法的歧视与偏见，再到隐私安全，

AIGC普遍面临代码与合规的冲突升级为与文明的"腽应"。本书在第四章中对AIGC合规问题进行全方位展示，监管通过AI Act的全球引领性制约，使欧盟在全球监管中占据"制高点"，同时与CRA在实体加载数字化产品监管上的有效叠加，实现实体世界和虚拟世界的监管闭环，对产业链渗透到底。

AIGC的合规瑕疵，从一个大模型延续到另一个大模型，全球铺天盖地的封堵并不能阻挡使用者的热情，笔者认为关键的症结在于，单个个体的适用效率从小微观层面形成了与大宏观国家数据主权的冲突。

更进一步，从AI Act到欧盟对AI的最新定义，都围绕AI能否自动化实现"推理"，如果AI的边界是主动寻找路径和方法，那么伦理的边界就自动摆上了议程，伦理本身就是一种文化共识，而文化的共识笔者认为就是一种共识路径的"选择"。

技术的终极价值在于服务并赋能人类，而非凌驾或取代。在AI狂飙突进的时代守护那些算法无法复制的核心人性——如共情、创造力与道德判断力——至关重要。这些特质正是照亮算法黑箱、指引技术向善的明灯。将这种"以人为本"的伦理观嵌入AI治理框架，正是我们突破合规悖论、实现价值共生不可或缺的升维视角。

我们在香港的AI监管实践框架中，看到了人的"监督"作用，这种调节，如果少了这种植根于"人性"的AI向善导向，也许会陷入更大的循环悖论。

2. IPO全生命周期：从合规托底到上市价值释放

从场景合规到全景合规的内循环，本书吸纳了《企业上市数据合规指引》的2024年案例更新部分，因为IPO视角的耐人寻味之处在于：一方面，全景观察企业合规的360度，时间的纵向跨期，匹配产品生命周期的横向，像"富春山居图"，细节清晰呈现；另一方面，通过IPO上市的数据合规案例，可以深刻学习到数据生命周期管理的精髓，并淋漓尽致地体会与价值释放之间的"一步之遥"。

因此，唯有IPO数据合规，才能充分体现数据合规如何从"风险规避"升维为"价值放大器"。

3. 数据跨境流通：合规对冲与价值共生

全球视角的外循环全景，当选数据出境。全球数据主权的割裂，使跨境流通成为企业最复杂的合规命题。从 2018 年的欧盟 GDPR 开始，管辖权内的个人信息如同国家宝藏一样限制"外人"挖掘，甚至窥探。

中国数据出境评估面临的"堰塞湖"效应有待消解，"阿里"在韩国面临跨境电商数据的出境高额处罚，尴尬之余，却出现了年度最佳案例：最自洽的欧盟也是"阴沟里翻船"，用户官网登录关联海外 Facebook 账户，导致用户数据出境，这无疑显示出国际互联网平台的渗透力。

四、数据资源入表：合规的难度与价值跃迁

数据资源入表（数据资产化）是价值释放的核心枢纽，但合规性验证却是横亘其前的陡峭门槛。从确权到估值，从流通到销毁，每一环节均需穿透式合规审查。

我经常讲，用合规托起数据的价值，合规律师和内部数据合规法务要做的无非两件事：风险压得住，价值托得起。所以书稿的这一部分，也是全书的精华之一，通过上文全生命周期的场景化合规和全景合规内外循环图景，在合规技术层面有深层次业务产品生态共生理解的同时，在价值释放的具体实践上，给出非常实操的指引。

本书的下篇，数据资产呈现和释放视角，我们从数据价值的"新标签"入手，实践中，一个全新的概念喷涌而出：高新技术企业为代表的科技类企业需要通过数据价值标签呈现一种全新的科技创新实力证明。

在此基础上理解数据价值释放，是一种生态价值认知，无论在融资、上市和政府支持上，都赋予有数据价值的企业一种新的生命理解高度。

接着我们将数据价值在资产呈现技术上，贴合国家的数据资源入表政策的合规操作实践三步，指引企业走上数据价值呈现升维路径。

五、人性之光：DPO 与数字文明的"关键物种"

在数据的莫比乌斯环上，最深邃的褶皱始终是"人"的价值。当技术理

性无限膨胀时，我们更需要以人性之光穿透算法的黑箱。

历经数字化疾风骤雨，依然要回归人的价值。AI向善是一个完美的主题让人的价值重新回归，而不是"卷"在技术里，找到人无法替代的关键作用是根本。不仅如此，我们还要找到人的向善作用中的"关键角色"。

数据保护官（DPO）的角色正经历革命性进化。他们不再是"合规警察"，而是战略决策的参与者。像上海财经大学设立"数字经济系"专门将数据合规课程纳入专业教程，培养既通法律又懂技术和经济的跨界人才。未来，DPO或将主导企业ESG战略，成为数字文明转型的"关键物种"。

基于此前对中国数据合规人才缺口与培育问题的调查，我们将数据合规人才的能力模块归纳为5个系列，包括岗位需求、能力模块、能力架构等维度，全范围构建数据合规人才的综合能力，为数据价值释放奠定人才基础。因此，DPO作为数据合规人才中的"关键物种"可能需要具备"三重视野"——法律合规的底线思维、技术演进的动态洞察、商业价值的全局平衡，最终将合规转化为品牌差异化的核心优势。

六、结语：在旋转中寻找光的路径

如果光的投射有视角，那么光源所在，便是出口，寻找通往光源的路径就是全书的意义所在。

本书以"危机—合规—价值"为脉络，试图在数据的混沌中勾勒一条螺旋上升的路径。

书稿上篇剖解全球数据泄露的肌理，中篇解构场景化合规的范式，下篇探索资产化的未来图景。

因此，本书用莫比乌斯环隐喻：全球合规的博弈场恰似环上永动的双面——一面是规则的割裂与对抗，一面是价值的融合与共生。

当我们凝视莫比乌斯环时，答案或许藏于本书的案例细节中：我们追踪油罐车溯源系统的产业链协同的解决路径设计，探索数据知识产权确权的司法判例里的审判智慧，权衡汽车伦理嵌入隐私协议的技术困境，探求平台上"搭便车"的流量变现"怪招"与大平台流量垄断之间的不正当竞争权益的平衡术，评估每一个算法背后用户真实客观"评价"的尺度，甚至是探寻每一位用户在互联网世界中自身数据的访问权与商业秘密保护的技术边界。

数据的终极使命，不是成为冰冷的资源矿藏，而是化作滋养文明的活水。这需要我们以更包容的智慧接纳矛盾，以更坚韧的耐心开凿褶皱，最终让合规成为人性之光的折射棱镜——在无限循环中，照见价值涌现的黎明。

希望本书是我们思考明天的起点。

目 录

引言　困境　1

第一章　危机图谱：全球数据面临的合规困境　3
　第一节　全球数据违规篇　3
　第二节　领英数据合规"三宗罪"全案分析　12
　第三节　全球专业服务机构数据泄露篇　16

上篇　商业场景中的数据合规　23

第二章　数据合规：法律视角下的商业困境　25
　第一节　商业中数据合规管理困境的真实现状　25
　第二节　商业场景中管理困境的解题思路　32

第三章　场景：商业视角下的数据处理合规问题　38
　第一节　场景（1）隐私政策——中美头部电动车企隐私政策的合规测评　38
　第二节　场景（2）数据融合——上市公司旗下"启信宝"与"名片全能王"的数据融合　50
　第三节　场景（3）数据变现——流量"劫持"与反不正当竞争案中，数据"抓取"天平的设计　58
　第四节　场景（4）数据责任——保险平台案中，数据处理主体的连带责任　64
　第五节　场景（5）数据提供——访问权：个人信息权利保障的"根据地"　71

第六节 场景（6）数据泄露——快递产业数据泄露，数据流转的利益产业链　78

第七节 场景（7）数据溯源——油罐车案中，数据采集追溯监管体系的关键数据要素　84

第八节 场景（8）数据质量——抖音短视频侵权案中，流量平台数据质量与平台责任"之辨"　90

第九节 场景（9）数据治理——虚假的"评论"与"刷单"数据，互联网生态的"白蚁"　96

第十节 场景（10）数据处置——24家破产车企，用户数据去了哪里　102

中篇 数据合规的"热点"场景　113

第四章 AI数据合规　115

第一节 从大模型被下架，看AI监管的全球动态　115

第二节 OpenAI与DeepSeek大模型的隐私政策对比　125

第三节 AI如何看待自身的隐私政策：以OpenAI为例　137

第四节 AI数据管辖权之困：以OpenAI为例　152

第五节 欧盟AI法案：监管实质和有效措施　156

第六节 欧盟《网络弹性法案》的影响：从实体到虚拟的新型"数字关税"　168

第七节 香港的AI治理框架：人的监督调节作用　175

第五章 企业数据境内外循环　183

第一节 内循环：企业IPO数据合规　183

第二节 外循环：企业跨境数据合规的症结及解决方案　193

下篇 数据价值释放 205

第六章 高新技术企业的价值升维之路 … 207
- 第一节 数据资产将成为高新技术企业的新"标配" … 207
- 第二节 数据资产，或成为高新技术企业认定的"配置" … 212

第七章 数据知识产权确权困境的出路探索 … 223
- 第一节 确权新试点：数据产品知识产权登记 … 223
- 第二节 企业的创新突围：算法数据产品的知识产权登记 … 228

第八章 数据资源的价值释放实践路径 … 236
- 第一节 "数据资源入表"八字方针 … 236
- 第二节 数据资源入表第一步：表前表，前置的"合规评估表" … 243
- 第三节 数据资源入表第二步：难点排查，数据采集合规路径详解 … 247
- 第四节 数据资源入表第三步："金钟罩"，建设数据合规管理体系 … 254
- 第五节 数据合规是数据价值释放的"校准器" … 257

展望篇 以人为本 265

第九章 DPO 重要性 … 267
- 第一节 DPO 今非昔比：从高配到标配 … 267
- 第二节 DPO 中国之路的"水土不服" … 276

第十章 数据合规人才培养之路 … 285
- 第一节 数据合规岗位招聘需求"大盘点" … 285
- 第二节 数据合规：高薪法务必备专业知识 … 291
- 第三节 数据合规岗位能力构建"一张图" … 297
- 第四节 数据合规岗位市场培育"一盘沙" … 303
- 第五节 数据合规岗位储备：高校布局从零开始 … 311

附 件 319

附件一：《企业上市数据合规指引》3.0版　　319

附件二：《中国数据出境实务实操指引》2.0版　　319

附件三：企业数据合规人才招聘要求梳理　　319

附件四：高校数据合规关联专业概览表　　319

引　言

困　境

第一章

危机图谱：全球数据面临的合规困境

第一节　全球数据违规篇

全球数字化监管的强化，就像新一轮"贸易壁垒"，以 2018 年欧盟颁布的《通用数据保护条例》为开端，迅速席卷美国和亚洲大陆，在全球范围内掀起数据监管立法狂潮。

2024 年，全球的数字监管政策进一步落地。在欧盟，《人工智能法案》于 2024 年 8 月 1 日生效，被视为全球第一部人工智能领域的综合性法规；在美国，《美国隐私权法案（草案）》于 2024 年 4 月 7 日发布，是美国在联邦层面数据隐私立法的再次尝试；在中国，《网络数据安全管理条例》于 2025 年 1 月 1 日生效，为数据领域"三驾马车"框架下的制度衔接与协调、规则细化与补充提供了解决方案。几近趋同的监管思路和监管策略，让全球企业在数据合规问题上可以用统一"语言"对话的同时，可以用基本一致的视角积极谋求"同频"且可相互借鉴的应对策略。

2022 年，全球数据合规处罚全球第一名，是"滴滴"因个人信息保护违规，被处以 80 亿元人民币罚款（详见本团队于法律出版社出版的《成功 CEO 的临门一脚：数据合规管理》）；

2023 年，全球数据合规处罚全球第一名，是 Meta 因将欧洲 Facebook 用户的数据传输到美国而被爱尔兰数据保护委员会罚款 12 亿欧元；

2024年，第一名依然由欧盟的爱尔兰罚出，3.1亿欧元罚单被LinkedIn领走，原因是违反GDPR的个人信息保护基本原则。

本文整理并分析了2024年全球十大数据合规典型处罚案例，旨在揭示全球数据保护领域的主要问题，为各类互联网平台提供警示，共筑数据安全防线。

一、全球数据合规处罚典型案例可视化分析

本节对2024年全球数据合规处罚案例进行了梳理，遴选出处罚金额较大且处罚典型的十大案例，从各国案例数量、处罚金额、被处罚平台类型、被处罚事由四个维度进行统计分析，得出如下结果。

（一）各国案例数量统计

在数据合规处罚十大案例中，爱尔兰占比最多，有3个案例上榜，排名第一；荷兰和法国则以2个案例紧随其后，显示出欧洲地区对于数据保护的高度重视（如图1-1-1所示）。

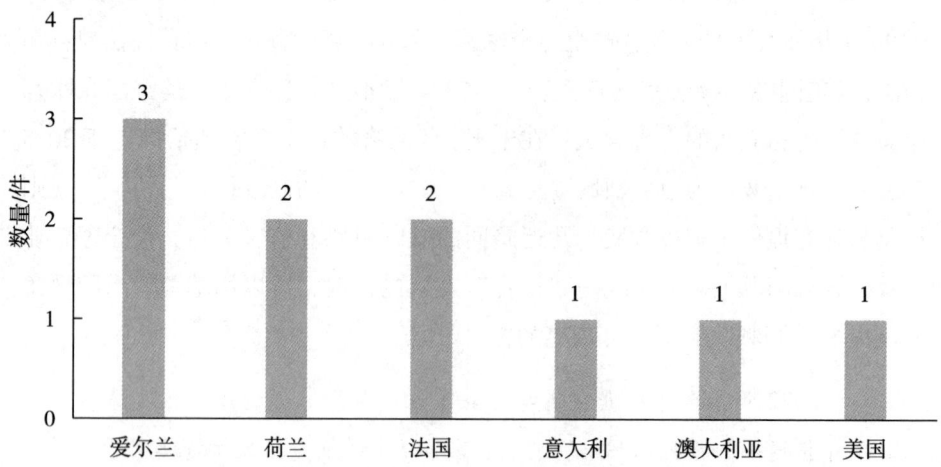

图1-1-1　各国案例数量统计

(二) 各国处罚金额统计

对数据合规处罚十大案例中各国处罚金额进行统计,爱尔兰处罚金额最多,达 6.52 亿欧元(约 49.60 亿元人民币),排名第一,罚款金额前四的案例中爱尔兰就占了 3 例;其次是荷兰,处罚金额约 3.21 亿欧元(约 24.38 亿元人民币)(如图 1-1-2 所示)。

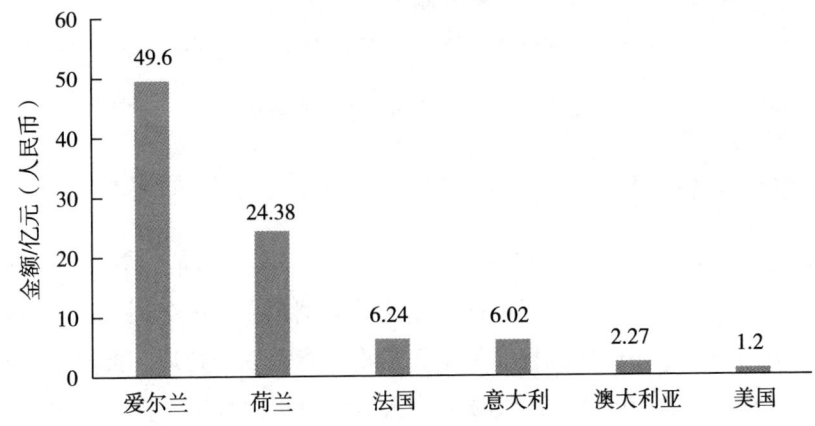

图 1-1-2　各国处罚金额统计

(三) 被处罚平台类型统计

本书根据《常见类型移动互联网应用程序必要个人信息范围规定》中对于常见类型 App 的分类,将上述被处罚平台类型进行统计分析,如图 1-1-3 所示,发现网络社区类平台被处罚风险最高,其中关于 Meta 的处罚就上榜 3 例。

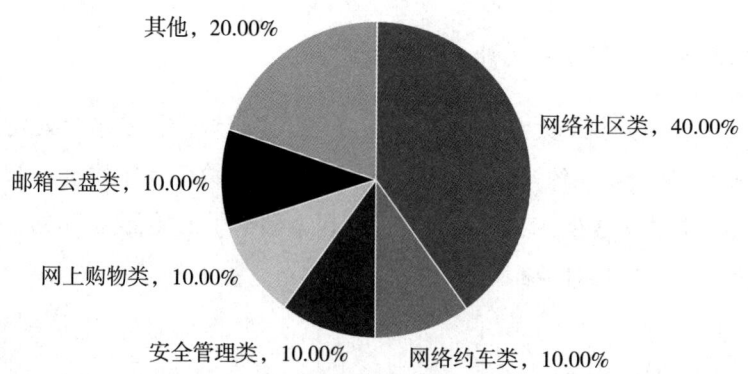

图1-1-3 被处罚平台类型统计

(四)被处罚事由分析

通过对各大平台被处罚事由进行分析(同一案例可能存在重复统计),我们发现,与个人信息主体权益保障相关的案例最多,占7例,主要涉及对用户知情同意、撤回权的侵犯,如未经用户同意获取、处理、披露、出售个人数据,在用户撤回同意后继续读取个人数据等;内部安全措施不足等问题也需要引起各大互联网平台的重视(如图1-1-4所示)。

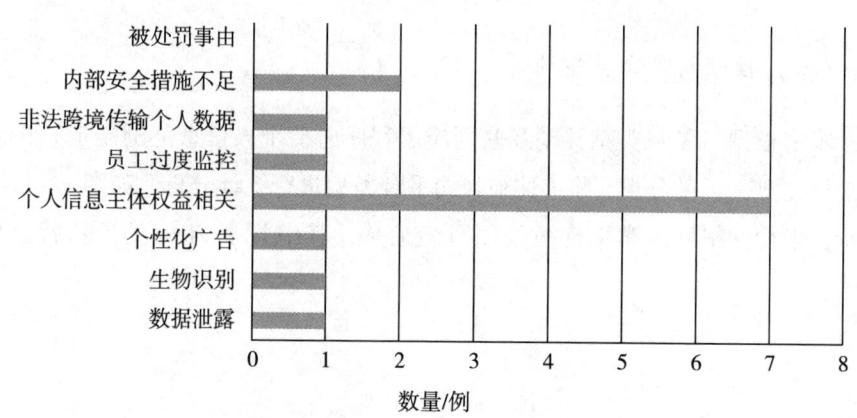

图1-1-4 被处罚事由统计

二、2024 年全球数据合规十大处罚典型案例（按处罚金额由高到低排序）

（一）爱尔兰数据保护委员会对 LinkedIn 处以 3.1 亿欧元的罚款

【国家】爱尔兰

【日期】2024 年 10 月 24 日

【罚款金额】3.1 亿欧元（约 23.58 亿元人民币）

【关键词】个人信息主体权益保护、个性化广告

【事由】LinkedIn 违反了 GDPR，未能获得对个人数据进行行为分析和定向广告的有效同意，其处理不合法、不公平或不透明。

【原文链接】https://dataprotection.ie/en/news-media/press-releases/irish-data-protection-commission-fines-linkedin-ireland-eu310-million.

（二）DPA 对 Uber 处以 2.9 亿欧元的罚款，原因是 Uber 将司机数据传输到美国

【国家】荷兰

【日期】2024 年 7 月 22 日

【罚款金额】2.9 亿欧元（约 22.05 亿元人民币）

【关键词】非法跨境传输个人数据、个人信息主体权益保护

【事由】Uber 已将欧洲出租车司机的个人数据传输到美国，并且 Uber 对数据的保护不足。

【原文链接】https://autoriteitpersoonsgegevens.nl/actueel/ap-legt-uber-boete-op-van-290-miljoen-euro-om-doorgifte-data-chauffeurs-naar-vs.

（三）爱尔兰数据保护委员会（DPC）因 Meta 违反 GDPR 对其罚款 2.51 亿欧元

【国家】爱尔兰

【日期】2024 年 12 月 17 日

【罚款金额】2.51 亿欧元（约 19.09 亿元人民币）

【关键词】数据泄露

【事由】2018 年 9 月，Meta 报告了一起个人数据泄露事件。这起数据泄露影响了全球约 2900 万 Facebook 账户，其中约 300 万账户位于欧盟/欧洲经济区。受影响的个人数据类别包括：用户的全名、电子邮件地址、电话号码、位置、工作地点、出生日期、宗教、性别、时间线上的帖子、用户所属的群组以及儿童的个人数据。这起泄露是由于未经授权的第三方在 Facebook 平台上利用用户令牌（user token）造成的。Meta 及其美国母公司在发现后不久修复了这一泄露。

【原文链接】https：//www.dataprotection.ie/en/news-media/press-releases/irish-data-protection-commission-fines-meta-eu251-million.

（四）爱尔兰数据保护委员会对 Meta 处以 9100 万欧元的罚款

【国家】爱尔兰

【日期】2024 年 9 月 27 日

【罚款金额】9100 万欧元（约 6.92 亿元人民币）

【关键词】内部安全措施不足

【事由】2019 年 3 月，MPIL 通知 DPC，它无意中将社交媒体用户的某些密码以"明文"形式存储在其内部系统上（没有加密保护或加密）。

【原文链接】https：//www.dataprotection.ie/en/news-media/press-releases/DPC-announces-91-million-fine-of-Meta.

（五）Enel Energia 因违反 GDPR 被 Garante 罚款 7910 万欧元

【国家】意大利

【日期】2024 年 2 月 8 日

【罚款金额】7910 万欧元（约 6.02 亿元人民币）

【关键词】个人信息主体权益保护、内部安全措施不足

【事由】Enel Energia 涉嫌出于电话营销目的不当处理众多电力和燃气供应客户的个人数据。该公司是意大利国家电力实体 Enel 的一个部门，据称在至少 9300 份合同中使用客户的个人数据来非法推广其能源和天然气服务。据信，该公司还从其销售网络以外的四家公司获取了 978 名用户的个人数据。同时其客户管理和服务激活信息系统也显示出"严重的安全缺陷"，因为没有保护其数据库免受未经授权的代理访问。

【原文链接】https：//www.grip.globalrelay.com/italys－garante－fines－enel－energia－over－e79m－for－data－privacy－violations－in－telemarketing/.

（六）法国数据保护局（CNIL）对法国电信运营商 ORANGE 罚款 5000 万欧元

【国家】法国

【日期】2024 年 12 月 10 日

【罚款金额】5000 万欧元（约 3.80 亿元人民币）

【关键词】个人信息主体权益保护

【事由】ORANGE 未经用户许可在其邮件服务中插入广告，并且在用户撤回接受 cookie 的存放和读取的同意后仍继续读取之前存放的 cookie。

【原文链接】https：//www.cnil.fr/en/advertisements－inserted－among－emails－orange－fined－eu50－million.

（七）CNIL 对 AMAZON FRANCE LOGISTIQUE 处以 3200 万欧元的罚款

【国家】法国

【日期】2024 年 1 月 23 日

【罚款金额】3200 万欧元（约 2.43 亿元人民币）

【关键词】员工过度监控

【事由】AMAZON FRANCE LOGISTIQUE 建立了一个过度侵入性的系统来监控员工活动和绩效。该公司还因视频监控没有信息且安全性不足。

【原文链接】https：//www.cnil.fr/fr/surveillance－des－salaries－la－cnil－sanctionne－amazon－france－logistique－dune－amende－de－32－millions.

（八）Clearview 因非法收集用于面部识别的数据被罚 3050 万欧元

【国家】荷兰

【日期】2024 年 5 月 16 日

【罚款金额】3050 万欧元（约 2.32 亿元人民币）

【关键词】生物识别、个人信息主体权益保护

【事由】Clearview 是一家提供面部识别服务的美国公司。Clearview 在未经数据主体知情或同意的情况下，建立了一个非法数据库，其中包含数十亿张面孔照片，包括荷兰人的照片。荷兰 DPA 警告说，使用 Clearview 的服务也是被禁止的。

【原文链接】https：//www.edpb.europa.eu/news/national－news/2024/dutch－supervisory－authority－imposes－fine－clearview－because－illegal－data_ en.

（九）Meta 为受剑桥分析事件影响的澳大利亚用户达成 5000 万澳元的和解

【国家】澳大利亚

【日期】2024 年 12 月 17 日

【和解金额】5000 万澳元（约 2.27 亿元人民币）

【关键词】个人信息主体权益保护

【事由】剑桥分析公司在未经用户同意的情况下，保留并使用了数百万 Facebook 用户的个人数据，并将其用于政治广告等目的。根据澳大利亚信息专员办公室的指控，超过 31.1 万名澳大利亚用户的个人信息在未经用户同意的情况下被披露给 Facebook 的个性测试应用程序"This is Your Digital Life"。

【原文链接】https：//www.oaic.gov.au/news/media-centre/landmark-settlement-of-$50m-from-meta-for-australian-users-impacted-by-cambridge-analytica-incident.

（十）未经许可出售用户数据，杀毒软件巨头 Avast 在美国被罚 1650 万美元

【国家】美国

【日期】2024 年 2 月 22 日

【罚款金额】1650 万美元（约 1.20 亿元人民币）

【关键词】个人信息主体权益保护

【事由】根据 FTC 的调查，Avast 利用所开发的杀毒软件及浏览器扩充程式来搜集用户的浏览资料，不仅无限期地储存这些用户数据，还在未经用户同意且未告知的情况下，将它们透过子公司 Jumpshot 出售给全球超过 100 家的第三方数据掮客，用以开展定向广告营销。

【原文链接】https：//www.ftc.gov/news-events/news/press-releases/2024/06/ftc – finalizes – order – avast – banning – it – selling – or – licensing – web – browsing – data – advertising – requiring – it.

三、结语

截至 2024 年 12 月，2024 年基于 GDPR 作出的处罚已有 2281 起，处罚金额累计超过 56.4 亿欧元[①]。

从 2022 年的滴滴案，到 2023 年的 Meta 处罚，再到 2024 年的 LinkedIn 的违规，连续三年的高额处罚案例，虽然摘冠案例的处罚金额有波动，但是全球的数据合规监管趋势在不断增强。

高额处罚数字背后，都是企业在合规维度上实打实的代价，合规成本的攀升在与监管处罚数字对比之下显得微不足道。前置数据合规的生命周期保护已经刻不容缓。

在个人信息保护维度上多场景、多业态、多角度的"默认式"和"嵌入式"的监管要求之下，企业的应对策略也要随时动态调整，既要有底层保护逻辑和理念的调整，更要有组织形成坚实的学习力和更新力。同时要学会在合规的模糊边界上借助外部的力量，去实现对动态监管的无限接近。

第二节 领英数据合规"三宗罪"全案分析

根据前文十大案例的总结，领英（LinkedIn）处以 3.1 亿欧元拔得头筹。

一、"三宗罪"：领英案数据违法行为有哪些

2024 年 10 月 24 日，爱尔兰数据保护委员会（DPC）对领英（LinkedIn）处以 3.1 亿欧元（约 23.58 亿元人民币）的天价罚款，成为全球数据合规领域年度第一大处罚案例。此次调查聚焦领英平台用户个人数据的处理行为，

[①] See *GDPR Enforcement Tracker*, https://www.enforcementtracker.com/? insights.

涵盖第一方数据（用户直接提供）和第三方数据（通过第三方合作伙伴获取）在行为分析与定向广告中的使用。DPC 的裁决揭示了领英在数据处理中的系统性违规，其核心问题可归纳为以下"三宗罪"：

（一）第一宗罪：合法性之殇

1. 第三方数据处理的无效同意：领英依据 GDPR 第 6（1）（a）条（同意）处理第三方数据用于行为分析与定向广告，但所获同意存在重大缺陷（非自愿、用户不充分知情、同意不具体或明确）。

2. 合法利益的单边倾斜：领英援引 GDPR 第 6（1）（f）条（合法利益）处理第一方数据用于行为分析和定向广告或处理第三方数据进行分析时，将公司利益凌驾于用户权益之上。

3. 合同必要性虚设：领英未有效依据 GDPR 第 6（1）（b）条（合同履行必要性）处理第一方数据。

领英因为未严格遵循 GDPR 的合法依据，导致数据处理的"根基"不牢，最终沦为"形式合规"。

（二）第二宗罪：透明度迷雾

DPC 调查显示，领英未明确告知用户其数据处理的法律依据（涉及前述同意、合法利益、合同履行必要性等），违反 GDPR 第 13（1）（c）条及第 14（1）（c）条的透明度义务。

领英的这一操作，致使用户处于"信息黑箱"中，数据流向成谜。

（三）第三宗罪：公平性失衡

领英的数据处理过程存在不公平性，违反了 GDPR 第 5（1）（a）条。企业利益至上，用户沦为"数据商品"。

二、"四大痼疾"：从伪同意陷阱到跨境传输盲区

领英案并非孤例。从 2024 年全球十大数据合规处罚案例出发，互联网平

台普遍存在以下"四大痼疾"：

（一）痼疾一：伪"同意"陷阱——合规外衣下的"数据窃取"

1. 典型表现：通过默认勾选、捆绑授权、复杂条款等手段获取形式化"同意"。例如，法国电信运营商 Orange 在用户撤回 Cookie 同意后仍读取数据，被 CNIL 罚款 5000 万欧元。

2. 深层根源：企业将"同意"视为规避责任的工具，而非用户真实意愿的表达。

（二）痼疾二：合法利益滥用——商业目标的"合规漂白"

1. 典型表现：以"提升服务""优化体验"为名，将用户数据用于未明示的商业目的。

2. 深层根源：GDPR 第 6（1）（f）条的模糊性被企业利用，成为"万能合规借口"。

（三）痼疾三：安全措施虚设——技术漏洞的"定时炸弹"

1. 典型表现：
（1）技术缺陷：Meta 因明文存储用户密码被罚 9100 万欧元。
（2）管理疏忽：亚马逊法国物流公司因过度监控员工被罚 3200 万欧元。

2. 深层根源：企业重业务增长、轻安全投入，将数据保护视为"成本负担"。

（四）痼疾四：跨境传输盲区——数据主权的"灰色地带"

1. 典型表现：Uber 将欧洲司机数据传输至美国，但未确保接收方符合欧盟保护标准，被荷兰 DPA 罚款 2.9 亿欧元。

2. 深层根源：全球数据流动规则碎片化，企业利用司法管辖差异逃避责任。

三、"三重防线"：从被动合规到主动防御

领英的"三宗罪"与行业的"四大痼疾"，共同指向一个结论：传统的事后补救模式已难以应对日益严苛的监管与用户诉求。企业需构建"主动防御"体系，通过制度、技术与用户协同的"三重防线"，实现数据合规的可持续性。

（一）第一重防线：制度内核——夯实合规根基

企业需建立内部合规管理制度，明确数据保护责任。包括设立数据保护官及类似职位，获取权威认证（如 ISO 27001、网络安全等级保护），以体系化制度确保数据处理合法、透明等。

制度设计应贯穿数据全生命周期，避免"形式合规"，真正将用户权益置于商业目标之上。

（二）第二重防线：技术协同——引入专业外脑

面对复杂的数据处理场景，企业需与中立第三方机构深度合作，开展合规审计、风险评估与安全认证。以我国《个人信息保护法》的要求为例，当发生处理敏感个人信息等情形时，平台应当事先进行个人信息保护影响评估。此外，处理者应当定期对其处理个人信息遵守法律、行政法规的情况进行合规审计。

专业机构的介入不仅能弥补企业技术短板，更能为监管机构提供可信的"合规证明"。

（三）第三重防线：用户共建——透明与赋权

合规的终极目标是重建用户信任。企业需制定清晰易懂的隐私政策，明确数据收集、共享与删除规则，并通过系统功能设置（如一键关闭追踪、便捷撤回同意）将政策落地。同时，建立应急预案，确保数据泄露等风险发生时快速响应。唯有让用户从"被动接受者"转为"主动监督者"，才能实现

数据红利与个体权利的平衡。

上述三重防线，与《成功 CEO 的临门一脚：数据合规管理》一书第六章第五节"自证清白"的合规体系构建的"合规环"逻辑一致，"合规环"清晰刻画了其如何建立三重防线对应的内核层、中间层和外部层。因此，可与本书此部分配合阅读，加深理解合规体系打造。

领英的天价罚单、Meta 的屡次违规、Uber 的跨境之痛……这些不仅是企业合规的警钟，更是数据价值释放进程中不可回避的阵痛。当数据被喻为新时代的"石油"，其真正潜力不在于无序开采，而在于如何通过场景合规与资产升维的双重路径，实现安全与创新的共生。

场景合规是起点，资产升维是目标。本书从 2024 年度的第一罚试图探索破局之路——在约束中释放能量，在合规中实现升维。当数据不再是博弈的筹码，而是信任的基石，数字文明方能跨越阵痛，迈向一个既繁荣又可信的未来：流动创造价值，秩序守护尊严。

第三节　全球专业服务机构数据泄露篇

2024 年 10 月 1 日，我国财政部、国家互联网信息办公室发布的《会计师事务所数据安全管理暂行办法》正式生效，以期加强会计师事务所数据安全管理，规范会计师事务所数据处理活动。

律师事务所、投资机构、评估机构等与会计师事务所同属专业服务机构，往往会接触到客户企业最关键的数据信息，也是众多黑客的"偏爱"攻击对象。如 2021 年 2 月，知名投资机构红杉资本遭到网络攻击，黑客仿冒红杉资本员工向投资者发送钓鱼邮件以访问投资者的个人信息和财务信息。因此，专业服务机构在提供服务过程中，自身应先贯彻落实数据安全管理义务，持续维护系统安全性，妥善保护客户信息资料。

本书中，我们以专业服务机构中提供法律合规服务的律师事务所数据泄露典型案例作为出发点，明晰专业服务机构面临的主要数据安全风险，并结合境内法律法规剖析专业服务机构的数据安全义务及法律责任，最终探索数据安全合规路径。

一、实践案例：律师事务所面临的主要数据安全风险

根据 Arctic Wolf 于 2024 年 4 月 30 日发布的《法律行业前十一大网络攻击事件》(*The Top 11 Legal Industry Cyber Attacks*)[①]，我们梳理出以下十一大律师事务所数据泄露典型案例（见表 1-3-1）：

表 1-3-1　法律行业前十一大网络攻击事件

序号	律所名称	攻击类型	地点	影响	损失
1	Mossack Fonseca	黑客或内部人士泄密	巴拿马	受影响人数 30 万余人，泄露文件中提到的多位人士辞职（包括冰岛时任总理）	律所关闭
2	Appleby	黑客或内部人士泄密	百慕大	该律师事务所 13 万余份文件泄露，受影响的人和公司达 12 万余个	未披露
3	DLA Piper	勒索软件	从乌克兰蔓延至全球	员工无法使用电话/电子邮件，无法访问某些文件	达数百万美元的计费小时数和恢复时间
4	Cravath Swaine & Moore and Weil Gotshal & Manges	恶意软件和其他未公开的方法	纽约	合伙人的电子邮件泄露，涉及上市公司未决交易	400 余万美元
5	Moses Afonso Ryan Ltd	勒索软件	罗德岛州	律所计费系统及文件被锁定，被迫支付赎金	近 70 万美元的客户账单及未披露的赎金成本

[①] See *The Top 11 Legal Industry Cyber Attacks*, Arctic Wolf, https：//arcticwolf.com/resources/blog/top-legal-industry-cyber-attacks/.

续表

序号	律所名称	攻击类型	地点	影响	损失
6	—	网络钓鱼和恶意软件	华盛顿特区等	律所资金转移至犯罪分子账户	11.7万美元
7	Jenner & Block	网络钓鱼	—	该公司错误地将员工 W-2 表格发送给了未经授权的收件人，导致859人无意中共享了个人信息	—
8	HWL Ebsworth	勒索软件	澳大利亚	超4TB的个人和组织信息泄露	—
9	Proskauer Rose	数据泄露	—	超18.4万份文件被泄露，包括财务和法律文件、合同、保密协议、金融交易以及收购相关的文件	—
10	Grubman Shire Meiselas & Sacks	勒索软件	—	遭受 REvil 集团的勒索软件攻击，黑客泄露了 Lady Gaga 的信息并威胁泄露更多名人信息	—
11	Orrick, Herrington & Sutcliffe	数据泄露	旧金山	超63.7万份以往数据泄露，受害者的个人识别信息（PII）和健康数据被访问，导致多起集体诉讼	—

通过上述表格梳理，我们发现，以律师事务所数据泄露案件为例，专业服务机构主要面临勒索软件攻击、网络钓鱼软件、恶意软件攻击、黑客或内部人员泄密等网络安全威胁，一旦数据安全管理存在漏洞导致数据泄露事件，往往会面对高额的勒索赔偿、海量数据泄露以及严重的负面舆论影响。

二、责任义务：专业服务机构数据合规义务及数据违规法律责任

从上述十一大境外的律师事务所数据泄露事件可以看出，对于专业服务机构而言，数据泄露风险正在上升，故需结合境内相关法律法规，梳理专业服务机构数据安全保障义务，并剖析数据泄露的法律责任。在《成功 CEO 的临门一脚：数据合规管理》第一部分中，我们已经详见梳理数据合规基本问

题，现结合专业服务机构合规需求，进行针对性分析。

(一) 专业服务机构数据合规义务

结合《数据安全法》《个人信息保护法》等相关法律法规，类比《会计师事务所数据安全管理暂行办法》的规定，我们梳理出专业服务机构如下数据合规义务：

　　1. 管理制度：专业服务机构应建立健全全流程数据安全及个人信息保护管理制度，完善数据运营和管控机制；

　　2. 组织架构：健全数据安全管理及个人信息保护组织架构，明确数据安全/个人信息保护管理权责机制，设置数据安全负责人/个人信息保护负责人；

　　3. 分类分级及权限管理：实施与专业服务机构业务特点相适应的数据及个人信息分类分级管理，并确保与客户单位数据分类分级要求相一致，建立数据权限管理策略，按照最小授权原则设置数据访问和处理权限，定期复核并按有关规定保留访问记录；

　　4. 技术措施：采取相应的技术措施和其他必要措施，保障数据及个人信息安全，如可采取建立数据备份、网络隔离、用户认证、访问控制、加密传输、加密储存、病毒防范、非法入侵检测、个人信息匿名化及去标识化等措施；

　　5. 应急响应：建立数据及个人信息安全应急处置机制，加强数据及个人信息安全风险监测，发现数据外泄、安全漏洞等风险的，应当立即采取补救、处置措施；

　　6. 教育培训：组织开展数据及个人信息安全教育培训，提升员工安全意识。

(二) 数据泄露责任剖析

如若专业服务机构未履行数据及个人信息保护义务，造成数据及个人信息泄露等后果，可能需承担如下法律责任：

1. 数据处理违规法律责任

根据《数据安全法》的规定，开展数据处理活动的组织、个人不履行相关数据安全保护义务的，由有关主管部门责令改正，给予警告，可以并处5万元以上50万元以下罚款，对直接负责的主管人员和其他直接责任人员可以处1万元以上10万元以下罚款；拒不改正或者造成大量数据泄露等严重后果的，处50万元以上200万元以下罚款，并可以责令暂停相关业务、停业整顿、吊销相关业务许可证或者吊销营业执照，对直接负责的主管人员和其他直接责任人员处5万元以上20万元以下罚款……

2. 个人信息处理违规法律责任

根据《个人信息保护法》的规定，"违反本法规定处理个人信息，或者处理个人信息未履行本法规定的个人信息保护义务的，由履行个人信息保护职责的部门责令改正，给予警告，没收违法所得，对违法处理个人信息的应用程序，责令暂停或者终止提供服务；拒不改正的，并处一百万元以下罚款；对直接负责的主管人员和其他直接责任人员处一万元以上十万元以下罚款。有前款规定的违法行为，情节严重的，由省级以上履行个人信息保护职责的部门责令改正，没收违法所得，并处五千万元以下或者上一年度营业额百分之五以下罚款，并可以责令暂停相关业务或者停业整顿、通报有关主管部门吊销相关业务许可或者吊销营业执照；对直接负责的主管人员和其他直接责任人员处十万元以上一百万元以下罚款，并可以决定禁止其在一定期限内担任相关企业的董事、监事、高级管理人员和个人信息保护负责人"。

3. 民事违约责任

鉴于大部分专业服务机构会与客户签署相关《保密协议》，若因数据处理违规导致客户数据信息泄露，可能会需要承担民事违约责任，不仅需要承担违约金，还会面临机构信誉下降风险。

三、合规之路：专业服务机构数据安全合规管理路径

一旦发生数据泄露事件，将面临的法律责任让不少专业服务机构心中忐忑。然而利好的是，根据工业和信息化部于2023年11月23日发布的《工业和信息化领域数据安全行政处罚裁量指引（试行）（征求意见稿）》的规定，"有下列情形之一的，依法不予行政处罚：……（二）工业和信息化领域数据处理者有证据足以证明没有主观过错的……"也就是说，若发生数据安全事件，专业服务机构能够提供足够的证据以"自证清白"，那么就可以不予以行政处罚。

因此，为有效保障专业服务机构的数据及个人信息安全合规，同时在事后能够"自证清白"，我们建议专业服务机构吸取境外律所数据泄露的经验教训，结合境内相关法律义务，通过以下路径，建立合规的数据安全及个人信息保护路径：

1. 管理制度：建立全流程的数据安全管理制度

明确数据及个人信息的采集、使用、共享、传输、存储、删除等全生命周期管理与保护规范，并通过制定《网络安全事件应急预案》明确在发生数据泄露、篡改、丢失等安全事件时的应急响应制度。

2. 系统加固：选择可靠供应商提供技术支持

专业服务机构可选择可靠的供应商进行系统安防加固，提供数据备份、网络隔离、用户认证、访问控制、加密传输、加密储存、病毒防范、非法入侵检测、个人信息匿名化及去标识化等技术服务，以防止受到网络攻击或发生数据泄露事件。

3. 专人保护：设置数据安全专职部门及数据安全/个人信息保护负责人

设置数据安全委员会/数据安全管理小组，并由个人信息保护负责人/数据安全负责人担任最高领导，主要负责专业服务机构个人信息保护及数据安全相关制度的制定和执行。个人信息保护负责人/数据安全负责人应具有相关管理工作经历及数据安全/个人信息保护专业知识，建议通过诸如国际信息科学考试学会（EXIN）认证的数据保护官考试，以掌握相关知识体系。

4. 体系认证：借助 ISO 27001/ISO 27701 等国际认证建立信息安全管理体系

专业服务机构可考虑根据自己的业务模式及技术特点，申请获得如 ISO 27001 信息安全管理体系认证等数据安全合规管理相应认证资质，若专业服务机构需要处理大量个人信息，可同步通过 ISO 27701 隐私信息管体系[①]，将认证标准控制点切实贯彻至系统及业务流程中。

四、结语

《会计师事务所数据安全管理暂行办法》的发布，标志着我国数据安全监管要求不断向着行业化、场景化发展，专业服务机构更应通过管理制度建设、系统加固、专人保护、体系认证等方式，率先贯彻落实数据安全管理义务，避免因勒索软件攻击、网络钓鱼软件、恶意软件攻击、黑客或内部人员泄密等事件造成客户信息泄露，同时，亦可在发生数据安全事件后，向监管部门及社会公众"自证清白"。

---

① ISO 27701 是在隐私保护方面对 ISO 27001 信息安全管理等国际标准的进一步拓展。作为隐私信息管理体系的国际标准，它提供了隐私保护指引，包括组织应当如何管理个人信息，并协助证明其严格遵循了全球隐私法规。

上 篇

商业场景中的数据合规

第二章

数据合规：法律视角下的商业困境

第一节　商业中数据合规管理困境的真实现状

2025年1月28日，意大利个人数据保护局（Garante）向DeepSeek发出问询，要求其提供数据处理情况及说明用于训练人工智能系统的数据类型等信息，核心是让企业"自证清白"；因DeepSeek回应"未在意大利开展业务且欧盟法规对其不具约束力"，2025年1月30日，Garante紧急下令，要求DeepSeek立即停止处理意大利公民个人数据，并同步启动调查程序。

其实早在2023年3月，Garante就因数据处理风险首次封禁ChatGPT，该公司积极采取整改行动并及时回应，然而这场监管博弈仍历时逾一年半，最终以Garante于2024年12月作出OpenAI违反GDPR的决定并处以罚款1500万欧元告终。

基于此，我们在本书第四章第一节"从大模型被下架，看AI监管的全球动态"中，通过与DS的问答互动，DS在分析ChatGPT的基础上可以给出个人数据保护技术提升的"标准答案"，以期尽量避免重现境外相关数据合规问题的处罚。这些三层防范措施包括技术层面、制度层面和生态层面的"加固"。但是这种"加固"能否经得起动态监管之下的"有效性"验证？

DeepSeek在欧盟收到的首单禁令，重启了一个严肃的话题：数据合规。对企业而言，这如同在撰写一篇"命题作文"，既需遵循法律框架的刚性约束，又要在动态博弈中探索管理边界的弹性。然而，法律文本的原则性与技术实践的复杂性，使合规的"有效性"成为悬而未决的难题。全球监管趋严与高额罚单频发，折射出数据合规管理从"形式合规"向"实质有效"的有效性判定转变。

本节试图在管理困境中探寻企业可以实践的合规"坐标"，摸索相对稳定且动态变化的合规管理"参照系"，以便更好地应对合规管理中的不确定性。企业和律师面临的共同挑战在于，找寻一个相对可衡量且动态的合规有效性"坐标"。

先从定义厘清数据合规与数据合规管理的差异和融合性，再从 AI 和算法监管的管理性表述要求，理解数据合规管理的模糊边界，其中关键点在于数据合规管理的"有效性"评价，它将成为企业实践数据合规的"拦路虎"。接着，我们通过一系列的处罚案例，从四个维度归类，进一步看到数据合规管理的难度和模糊边界引致的管理困境，最后，我们在下一节中巧妙地找到等量代换措施——"问责制"，这一"参照系"可以作为有效性的衡量标准，为企业找到可被实践的破解路径。

一、数据合规的界定：法律基线与管理效能模糊边界

我们先提出法律要求和管理实践之间的关键矛盾："解释鸿沟"。企业需在成本收益约束下，将抽象原则转化为可执行的措施，同时证明其"有效性"。

（一）法律视角下的数据合规

数据合规的起点，是满足《个人信息保护法》《数据安全法》等法规的最低要求。然而，法律条文多采用"原则性表述"，如"建立信息安全管理体系""保障数据安全"等。这些表述缺乏可操作性标准，导致企业陷入"合规与否"的模糊地带。例如，欧盟 GDPR 中的"隐私保护设计"（Privacy by Design）原则，虽明确了技术嵌入合规的理念，但如何量化"隐私保护程度"仍依赖企业自主裁量。

（二）商业管理视角下的数据合规

数据合规管理以风险防控为目标，融合法律要求与内部治理需求。其核心是通过制度设计、流程优化和技术措施，将外部监管转化为内部管理效能。例如，ISO/IEC 42001《信息技术　人工智能　管理体系》提出了 38 项控制项，覆盖 AI 全生命周期的伦理与合规风险，但其落地依赖企业的资源投入与管理成熟度。

举例而言，数据安全维度，保障是否到位，取决于外部攻击水平是否"魔高一丈"，最终落到内外较量的双向动态博弈中。最能清晰解释的场景就是，中性的"爬虫"技术在商业应用场景中会面临的合规模糊性：其合法性不仅取决于技术本身的性质，更在于对方用什么技术防护手段，以及给对方系统造成的"压力"等方面。因此，单一标准难以全面界定合规性，需要增加博弈视角。

类似的情况高频发生，导致近几年用律师视角做合规管理项目越做越困惑。笔者能清晰感受到，在法律语境中，我们摸索着去贴合并解读合规管理的模糊边界，最终却发现，合规的核心在于管理实践；与此同时，企业也在努力找寻合规的 60 分维度，在成本收益的视角下，每超出这 60 分的一点，都是降本增效的"靶心"。

二、案例深度解析：数据合规管理的模糊边界——以 AI 为例

以 AI 监管为例。AI 的伦理问题，是法律问题？还是管理问题？管理的有效性如何衡量？

（一）AI/算法的监管——从管理规范的表述看"管理"诉求

根据 ISO/IEC 42001《信息技术　人工智能　管理体系》，人工智能管理核心是，从全生命周期评估 AI 的公平、透明和可靠。通过 38 个控制项，从 AI 的策略制定、系统影响评估、系统数据、系统生命周期等维度进行全生命周期风险管控。

其中以算法合规中关键要素——算法透明度为例，算法透明度是指算法的决策过程和内部工作原理能够被人类理解和解释的程度。在全球范围内，各国已进行算法透明的政策实践。例如，欧盟《通用数据保护条例》明确了算法解释权；新西兰于2020年颁布世界首个政府机构算法使用标准；我国自2022年3月1日起施行的《互联网信息服务算法推荐管理规定》，明确了算法透明的要求。但是抽丝剥茧看这些具体的合规性要求，它们都是"管理维度"类似于控制项的表述，执行和解读需要极高的人为判断力。比如，《互联网信息服务算法推荐管理规定》要求"具有舆论属性或者社会动员能力的算法推荐服务提供者应当按照国家有关规定开展安全评估"。

因此，算法透明是典型的合规维度模糊的管理边界问题。其中，安全评估、合规评估是最具管理维度的典型性表达。

（二）管理边界模糊：有效性衡量难题

在数据合规的实践中，管理视角不仅涵盖法律视角，其衡量标准也逐渐转向管理"有效性"。

这意味着，在数据合规维度单有目标和具体要求还不够，需要有具体措施，并且对于具体措施需要有效性衡量，同时可被审计，可被问责。

回到上文，我们提及本节的意义在于探索模糊边界的合理"参考点"，因此下文将从有效性需求出发，利用"可被问责"的措施，来寻找坐标。

AI合规中，数据合规管理体系建设是"刚性"合规需求，《数据安全法》第27条规定："开展数据处理活动应当依照法律、法规的规定，建立健全全流程数据安全管理制度……"但合规管理体系如何实施以及实施的有效性，无法量化。

以企业IPO为例，监管机构不仅要求企业能够具备数据合规管理体系，同时也要能证明其有效性。

三、处罚案例看数据合规困境：凸显合规边界的模糊

综观全球数字经济的发展趋势，我们发现，两大典型商业模式引领全球

数据化驱动的方向，也随之产生了数据合规保护边界模糊的"重灾区"，受到各国监管部门的重点关注，由此形成了没有硝烟的数据合规"战场"。

笔者梳理了六起全球典型监管案例，从这些案例中我们可以发现数字时代数据合规管理问题的伴生性、普遍性、紧迫性和全球趋同性和合规边界的模糊性。

1. 全球个人数据训练库的国际边界——领英（LinkedIn）案：暂停使用香港用户数据训练生成式人工智能

2024年10月，有352万名香港用户的职场社交媒体平台领英LinkedIn更新了私隐政策，使领英可以使用其在平台上的个人资料和内容来训练生成式人工智能模型创作内容，并将同意有关用途的用户选择预设为"开启"（"同意"）。香港私隐专员公署介入之后，领英明确回复，自2024年10月11日起，领英已暂停使用香港用户的个人资料作上述用途。[①]

2. 个性化推荐"上瘾"的边界——TikTok遇美国"群殴"案：遭美国13个州和华盛顿特区联合起诉

2024年10月8日，由来自美国不同地区的14名总检察长组成的跨党派小组对TikTok提起诉讼，称该平台使年轻人"上瘾"并损害了他们的心理健康。这些诉讼对TikTok平台的各种元素提出了异议，包括其无休止滚动的内容提要、有时鼓励用户从事危险行为的TikTok"挑战"视频、总检察长声称会扰乱儿童睡眠的深夜推送通知，以及TikTok美容滤镜等。诉讼还寻求对TikTok进行经济处罚，包括要求该平台偿还其从面向纽约青少年或青少年的广告中获得的任何利润。[②]

3. 安全措施的合规边界——Meta处罚案："明文"存储密码被爱尔兰数据保护委员会处罚

2024年9月27日，爱尔兰数据保护委员会对Meta处以9100万欧元

[①] 参见《私隐专员公署欢迎"领英"（LinkedIn）暂停使用香港用户个人资料训练生成式人工智能模型》，载PCPD网，https：//www.pcpd.org.hk/sc_chi/news_events/media_statements/press_20241015.html。

[②] See Attorney General James Sues TikTok for Harming Children's Mental Health，New York State Attorney General（Oct. 8，2024），https：//ag.ny.gov/press-release/2024/attorney-general-james-sues-tiktok-harming-childrens-mental-health.

（约合人民币7.14亿元）的罚款，原因是Meta用户账户密码安全存在缺陷，其社交媒体用户的某些密码被以"明文"形式存储在其内部系统上（没有加密保护或加密），并允许大约2000名Meta工程师自由查询这些数据。①

4. 数据收集的合规边界——Clearview AI处罚案：荷兰数据保护局处罚美国面部识别公司Clearview AI

2024年9月3日，荷兰数据保护局宣布，美国面部识别初创公司Clearview AI在未经用户同意的情况下建立了包含数十亿张人脸照片的非法数据库，由于确认数据库中包含荷兰公民的图像，并且Clearview AI违反了欧盟的一系列GDPR条款，因此对其处以3050万欧元（约合人民币2.4亿元）的罚款。荷兰数据保护局警告称，如果Clearview AI继续不遵守规定，还将追加最高达510万欧元的罚款。如果Clearview AI继续无视荷兰数据保护局的规定，总罚款额可能会达到3560万欧元。②

5. 数据跨境合规边界——优步Uber案：违规将数据传输美国被荷兰数据保护局处罚

2024年8月26日，荷兰数据保护局对网约车服务运营商优步公司（Uber）处以2.9亿欧元（约合人民币23亿元）罚款。优步在欧洲地区收集司机的敏感信息，包括账户详情、位置信息、照片、支付信息、身份证件等，甚至在某些情况下还涉及犯罪记录和医疗数据。在长达两年多的时间里，这些数据未经适当的传输机制被传送到优步位于美国的总部，导致数据未能得到充分保护。荷兰数据保护局称这种做法"严重违规"。③

---

① See *Irish Data Protection Commission fines Meta Ireland € 91 million*, Data Protection Commission (Sep. 27,2024), https://www.dataprotection.ie/en/news-media/press-releases/DPC-announces-91-million-fine-of-Meta.

② See *Decision fines and orders subject to a penalty Clearview*, http://www.autoriteitpersoonsgegevens.nl/en/documents/decision-fine-clearview-ai#.

③ See *Dutch DPA imposes a fine of 290 million euro on Uber because of transfers of drivers' data to the US*, Autoriteit Persoonsgegevens（Aug. 26, 2024）, https://www.autoriteitpersoonsgegevens.nl/en/current/dutch-dpa-imposes-a-fine-of-290-million-euro-on-uber-because-of-transfers-of-drivers-data-to-the-us.

6. 数据泄露防范难题——北爱尔兰警察局被罚案：因员工信息泄露事件被英国信息专员办公室处罚

2024年10月3日，英国信息专员办公室消息称已对北爱尔兰警察局处以75万英镑（约合人民币693万元）的罚款，原因是北爱尔兰警察局未实施适当的安全措施，导致9483名警官和员工的个人数据（包括姓氏及名字首字母、职位、级别、部门、岗位地点、合同类型、性别、PSNI服务编号和员工编号）于2023年8月8日被披露到一个面向公众的网站上。①

四、四大困境：直击数据合规管理的边界模糊问题

通过梳理分析前述案例，我们总结以下四个维度，剖析数据合规在商业视角下的现实管理困境。

困境一：监管视角下，各国的监管机构正在面临数据处理违规中，识别和判定上的多重障碍。如香港私隐专员公署对LinkedIn的跨境训练数据的监管介入，荷兰数据保护局对美国公司Clearview AI的新兴领域的监管，以及对Uber的数据跨境船速处罚等行动，表明监管在动用高额罚款使其成为一种强有力的威慑手段，迫使企业更加重视数据合规的同时，也给自身架设了一个重大难题，即在纷繁复杂的商业现象下，以及跨境数据的流动中，如何抽丝剥茧识别出数据处理的违规点。

困境二：管理视角下，确保管理体系能够有效应对合规要求并非易事。以管理体系可被问责为例，ISO 27001和ISO 27701的管理体系虽提供了框架指导，但数据合规管理体系构建的有效性是实践中最大的模糊点，发生数据泄露事件即被认为"不合规"，如北爱尔兰警察局因员工信息泄露事件被英国信息专员办公室处罚。

困境三：技术视角下，技术手段的应用为数据处理带来了新的挑战。在数据处理的完整生命周期中，AI算法、爬虫技术的使用，使合规的技术目标

---

① See Penalty Notice（Police Service of Northern Ireland），ICO（Sep. 26, 2024），https：//ico. org. uk/media/action－weve－taken/mpns/4031177/psni－penalty－notice. pdf.

变得难以捉摸。如 TikTok 案（案例 2）、Meta 明文存储密码案（案例 3）揭示了技术层面的合规难题。

困境四：国际视角下，国与国之间的差异化规则导致边界模糊，各国的监管措施等同于新型"关税"逻辑。如上文的 Clearview AI 跨境执法案（案例 4）和优步数据传输违规案（案例 5）展示了不同国家间法规差异带来的挑战。

这些维度和案例归类，呼应了 2022 年全球最大的处罚案件——滴滴案件，其以 80.26 亿元人民币处罚夺冠（详见《成功 CEO 的临门一脚：数据合规管理》一书第一章）。滴滴案恰巧联动了上述几个合规困境，个人信息处理和数据跨境的合规模糊边界。

第二节　商业场景中管理困境的解题思路

即便是 AI 大模型，也无法"逃逸"数据合规的管理困境。

数据合规的命题已从"法律遵循"演变为"管理效能"的终极考验。在数字经济的浪潮中，企业如同在迷雾中航行：法律文本的原则性、技术的快速迭代、国际规则的碎片化，以及管理有效性的不可测性，共同构成了错综复杂的合规困境。全球监管机构的高频处罚（如本章第一节中十一大处罚案例中 Meta 9100 万欧元罚款、优步 2.9 亿欧元天价罚单）昭示了一个残酷现实——合规的"形式化操作"已彻底失效，唯有"实质有效性"才能抵御风险。

本节的实践意义在于：为企业在数据合规的迷局中提供"可操作的指南针"。企业通过责任分层、过程留痕与动态调整的三维路径，能够以最低成本实现合规效能的跃迁，最终在合规与创新的平衡中占据先机。

回归困境的解决思路，既然单纯从法律视角无最优解，管理视角面临困境，能否融合相关学科，包括法律、管理、经济和信息，找到解决方案，让"坐标"的动态设计更加清晰。

凭借我们丰富的实践经验,以及对欧盟 GDPR 的深度运用,我们认为,通过贯彻"问责制"可以实现管理的"有效性"。

一、问责制:破解管理困境的"动态坐标"

(一)有效性 = "问责制"

问责制(Accountability)是 GDPR 的核心原则,要求企业"自证合规"。其本质是通过记录、评估和追溯,将合规责任嵌入组织流程。

因此,当有效性无法评估时,问责制的自证合规,恰成为解法。

Art. 5 GDPR 明确了与个人数据处理相关的原则(包括合法、公正和透明、目的限制、数据最小化、准确性、储存限制、完整性和保密性等),还要求控制者应负责并能够证明个人数据处理遵循了该原则("问责制")。

根据 GDPR 的理念,数据保护必须从"理论走向实践",法律要求必须要转化成实际的保护措施,因此建立了"问责制"机制,要求:(a)数据控制者实施有效的数据保护方式,确保遵守数据保护法规;(b)并能够证明已经采取适当和有效的措施。

证明的重要性不言而喻,实质是通过"证明"的过程来"免责",同时达到合规的有效性。

(二)问责制的作用

问责制的核心作用体现在以下几个方面:

(1)责任落实与证明义务:数据控制者和处理者需要负责并能够证明其数据处理行为符合 GDPR 的要求。即证明其行为与法律法规的要求符合(全生命周期数据处理过程的合规性证明的记录)。

(2)提升数据治理水平:问责制要求企业建立完善的内部隐私治理机制,提升数据处理的透明度和合规性。即证明有内部数据保护治理机制。

(3)风险预防与评估:通过数据保护影响评估(DPIA)等工具,识别和降低数据处理活动对个人隐私的潜在风险。即证明提前评估提前保护。

(4)增强信任:通过明确责任和透明的合规机制,增强数据主体对数据处理活动的信任。即证明有透明的对外"说明"机制。

二、问责制的实践框架：从理论到落地的三步走

我们先从框架上，将问责制分为三个步骤：（1）责任分层：明确数据控制者、处理者及员工的权责边界；（2）过程留痕：通过日志审计、DPIA（数据保护影响评估）记录合规决策依据；（3）动态调整：根据技术迭代与监管变化更新管理措施。

下文将上述三个框架措施进一步展开解释，并用案例说明具体方案。

（一）责任分层：权责明确的治理架构

（1）数据治理的顶层设计：董事会下设数据合规委员会，由 CEO、CFO、CTO 及外部专家组成，负责战略决策与资源调配。

（2）数据合规执行层分工：法务部负责法律解读，信息技术部（IT 部）落地技术措施，人力资源部（HR 部）实施合规培训，三方可签署《协同责任书》。

（3）案例：

如图 2-2-1 所示，华为设立全球网络安全与用户隐私保护委员会，作为公司的最高网络安全与隐私保护管理机构，负责决策和批准公司总体网络安全与隐私保护战略；任命全球网络安全与用户隐私保护官，负责领导团队制定网络安全与隐私保护战略和政策，管理和监督网络安全与隐私保护在各体系、各区域、全流程的实施，积极推动与政府、客户、消费者、供应商、合作伙伴、员工等各利益相关方的沟通；设立全球网络安全与用户隐私保护办公室，作为网络安全与用户隐私保护领域合规 RCO，协助 GSPO 完成战略及政策的制定和落地执行。华为在 2023 年欧盟审查中凭借清晰的责任划分快速响应质疑。

```
                  全球网络安全与用户隐私保护委员会
                            (GSPC)
                              ↑
                   全球网络安全与用户隐私保护官
                            (GSPO)
                              ↑
                         GSPO办公室
                        ↑           ↑
    ┌─────────┐   区域网络安全与用户      各业务线网络安全
    │数据保护官│   隐私保护官(RSPO)      与用户隐私保护办公室
    │ (DPO)  │   
    └─────────┘   国家网络安全与用户
                  隐私保护官(CSPO)
         区域组织                    业务线组织
```

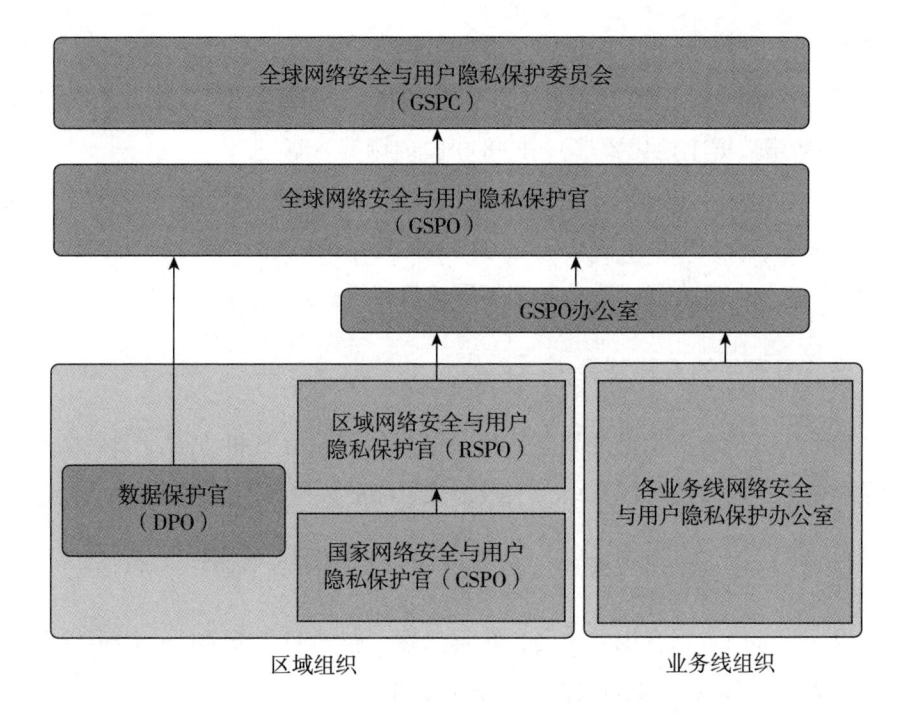

图 2-2-1 华为全球网络安全与用户隐私保护组织架构

资料来源：https://www.huawei.com/cn/news/2022/11/huawei-privacy-protection-whitepaper/。

（二）过程留痕：合规动作的可视化管理

（1）数字化工具支撑：采用 GRC 平台，自动抓取数据流并生成合规报告。例如，SAP（思爱普公司）的"合规云"可实时监控全球分支机构的数据处理行为。

（2）文档标准化记录：制定《数据生命周期操作手册》，规定从收集到销毁各环节的标准动作与记录格式。

（3）案例：Meta 在密码存储案中，若提前实施访问日志审计与加密验证，可避免明文泄露风险。

（三）动态调整：敏捷响应外部变化

（1）建设数据合规预警系统：接入监管政策数据库，自动推送最新法规解读与应对建议。例如，彭博合规终端为金融机构提供实时监管更新。

（2）快速迭代机制：设立"数据合规敏捷小组"，针对突发政策变化（如某国新增数据本地化要求）在 48 小时内调整策略。

（3）案例：本书第四章第一节"从大模型被下架，看 AI 监管的全球动态"中提到，DS 提出自身应对跨境数据处理的改进建议，可采用快捷模块化封装技术和制度合规，应对各国不同监管要求。

三、问责制的实践路径

基于问责制的三步走框架，分析总结为治理、留痕和动态，那么从实践路径细化工作内容的角度，结合实践中被忽略的关键环节，提出以下要点。

（一）构建合规治理架构（框架步骤中责任分层中的中下层）

设立跨部门数据合规委员会，统筹法律、技术与业务部门；制定《数据合规手册》，明确数据处理各环节的操作标准。

（二）嵌入全生命周期管理（框架步骤中过程留痕中的闭环路径）

数据收集：采用"最小必要原则"，限制非必要信息获取；数据存储：实施加密与访问控制，定期清理冗余数据；数据共享：签订数据协议，明确第三方合规义务。

（三）强化合规证明能力（框架步骤中动态调整中的技术和外援）

引入第三方审计机构，定期评估合规体系有效性；建立突发事件响应机制，通过溯源分析厘清责任归属。

上述对于问责制的落实，是随着 AI、区块链技术的普及，数据合规的边界将进一步模糊和动态化，无法直面解决数据合规"有效性"时的"次优解"。企业唯有以问责制为锚点，构建"预防—执行—证明—迭代"的全周期管理体系，方能在合规与创新的双轨上稳健前行，最终实现商业价值与社会责任的双赢。

四、结语

数据合规管理不仅是企业在法律框架内的"命题作文",更是在动态博弈环境中对管理效能的深度考验。通过上文的案例处罚分析,我们发现,由于合规管理边界模糊,仅依靠传统的法律视角已难以全面覆盖数据合规的全部要求,唯有贯彻"问责制",构建"预防—执行—证明—迭代"的动态管理体系,将法律要求转化为内部治理基因,才能在合规与创新的博弈中长存。

在大模型和 AI 的大背景下,数据合规的重要性和复杂性不言而喻,问责制(Accountability)作为贯穿法律与管理学的创新逻辑,成为破解困境的密钥。其核心在于,通过"自证合规"的强制要求,将静态的法律条文转化为动态的管理实践,并构建可追溯、可量化、可迭代的合规体系。

因此,本节以问责制为纽带,系统串联四大管理困境的解决路径,为企业提供从理论到实践的完整框架。例如,面对技术中立的合规模糊性,问责制通过算法透明度报告与用户控制权的设计,将"合规风险"转化为"管理动作";针对国际规则差异,问责制借助数据主权地图与本地化策略,实现规则冲突的主动弥合。

第三章

场景：商业视角下的数据处理合规问题

第一节　场景（1）隐私政策——中美头部电动车企隐私政策的合规测评

智能汽车是汽车行业的"现在进行时"，也是资本市场的新宠儿。2022年5月20日，蔚来汽车在新加坡交易所敲钟上市，成为全球首个完成美国、中国香港、新加坡三地上市的中国企业；威马汽车也于2022年6月向香港交易所递交招股说明书，将在香港主板上市。

同时，智能汽车侵犯用户个人信息安全事件频繁发生。2022年5月6日，知名汽车博主爆料高合汽车的"车车互联"功能疑似存在隐私泄露风险，车主可查看他人行车记录仪实时画面。高合汽车回应称该功能属于车队出行、车路协同系统的组成部分，出厂时默认关闭，用户在车辆上电后，打开设置中的功能选项，并通过二次确认隐私条款弹窗才能开启，不存在泄露用户隐私的情形，但随后主动下线了该功能。

面对这一场智能与隐私的动态博弈，智能汽车行业应该如何解题？

为了解智能汽车运营商对于个人信息保护的现状，我们以其对外彰显个人信息保护程度的隐私政策作为切入点，选取了智能汽车行业头部两家运营商的隐私政策进行合规性测评，并针对其中的合规问题，结合一线汽车数据合规实践，提出最佳实践做法，希望能够帮助智能汽车实现在数据安全的道路上安全驾驶，保护消费者的个人信息合法权益。

一、智能汽车运营商《隐私政策》合规性测评

智能汽车收集的数据类型包括车外数据、车辆数据以及驾驶员、乘客的个人信息，一旦发生数据安全事件，将造成无法预估的严重后果。为此，随着《个人信息保护法》《汽车数据安全管理若干规定（试行）》等法律规范的出台，智能汽车处理数据行为被套上了"紧箍咒"。

那么现阶段智能汽车的数据安全保护究竟如何？为此，我们以两家头部智能汽车行业运营商 T 公司与 W 公司为代表，从用户友好度、个人信息处理者的主体信息，个人信息的收集，个人信息的共享、委托处理，个性化推荐（画像），个人信息存储及跨境传输，个人信息保护权利，个人信息保护措施，未成年人个人信息保护，隐私政策的更新十大维度就其隐私政策合规性进行对比测评（见表 3-1-1）：

表 3-1-1　智能汽车运营商隐私政策合规测评

序号	要点	T 公司	得分	W 公司	得分
1	用户友好度	1. 隐私政策页面提示：✔ 经测试，安卓系统及苹果系统项下，用户首次打开 App 时均有隐私政策页面提示。	1 分	1. 隐私政策页面提示：✔ 经测试，安卓系统及苹果系统项下，用户首次打开 App 时均有隐私政策页面提示。	1 分
		2. 阅读友好度：✔ 隐私声明整体篇幅不长，细节内容可打开/折叠或通过超链接在当前页面跳转。	1 分	2. 阅读友好度：✔ 隐私政策内容排版上做了优化，各章节板块标题显眼，层次清晰。	1 分
小计	2 分		2 分		2 分
2	个人信息处理者的主体信息	1.【未写明具体名称】✘ 以中国运营主体及其在中国境内的关联公司指代"我们"，主体指代不清。	0 分	1.【主体指代不清】✘ 以 W 公司"及其关联企业"指代个人信息处理者，主体指代不清。	0 分
		2.【仅列明联系方式，未列明反馈时限】✘	0 分	2.【除列明联系方式外，亦列明反馈时限】提出一般情况下将在十五（15）天内完成身份核查和处理响应；如果用户请求删除敏感个人信息，将在十（10）个工作日内回复处理意见或结果。	1 分

续表

序号	要点	T 公司	得分	W 公司	得分
	小计	2 分	0 分		1 分
3	个人信息的收集	1. 收集分类维度：【各类信息均予以罗列】✓ 根据信息类型进行分类，阐述了"来自您或有关您的信息"、"来自或关于您车辆的信息"以及"来自或关于您能源产品的信息"三类信息的收集规则。	1 分	1. 收集分类维度：【车辆信息由单独隐私政策说明，但并未设置跳转链接】✗ 根据具体的收集场景进行分类，阐述了在不同应用场景（如账户注册与登录、购车咨询与车辆试驾等）下所收集的个人信息范围，其中车机端处理个人信息是单独成文《汽车车联网服务隐私政策》，只能在车辆车载大屏中查看，并未设置跳转链接。	0 分
		2. Cookies 及其他类似技术：【未列明管理路径】✗ 仅列出 Cookies 及其他类似技术的定义及使用情形，并未列出如何管理或删除 Cookies。	0 分	2. Cookie 及其他类似技术：【列出管理路径】✓ 列出管理或删除 Cookie 的途径（修改浏览器设置、清除软件内保存的 Cookie 等）。	1 分
		3. 系统权限：【无说明】✗ 隐私声明中没有独立说明，但经测试，其小程序可能会获取用户位置权限。	0 分	3. 系统权限：【清单方式予以罗列，且 App 有专门设置路径】✓ 专门列出"App/小程序所调用的系统权限"，并提供《App 系统权限使用情况》超链接，除此之外，用户可于 App "我的" → "设置" → "权限管理" 就网络、位置、照片、相机、通知、麦克风、面容 ID、蓝牙、日历权限进行管理。	1 分
	小计	3 分	1 分	—	2 分

续表

序号	要点	T公司	得分	W公司	得分
4	个人信息的共享、委托处理	1. 共享、委托处理情形：【未区分罗列】❌ 隐私声明中并未区分罗列个人信息共享及委托处理的场景，笼统于"分享您的信息"一章中阐述。	0分	1. 共享、委托处理情形：【部分共享场景的法律依据不明】❌ 区分共享及委托处理情形分别予以阐述，并提供《汽车数据委托处理与共享情况说明》超链接，但部分共享场景的法律依据不明。 在"研究新项目和新服务"场景下，W公司说明为了提供更优质的服务，W公司可能与第三方合作伙伴进行潜在业务合作项目的探索和推进，并可能会将用户的部分个人信息经过去标识化、匿名化等适当的处理分享给潜在业务合作伙伴，而该等共享无须取得用户同意。显然，去标识化的个人信息仍属于个人信息，其共享依据的必要性不足，合法性存疑。	0分
		2. 第三方SDK：【提供链接跳转查看】✅ 隐私声明中进行了独立说明，并提供《T公司应用程序接入的第三方SDK/API》超链接供跳转查看。	1分	2. 第三方SDK：【清单方式予以罗列】✅ 专门列出"第三方SDK"，并提供《App第三方SDK列表》超链接供跳转查看。	1分
小计	2分		1分		1分
5	个性化推荐（画像）	【明确用户有拒绝的权利】✅ 隐私声明中明确用户有权不受自动化决策（包括画像）的影响，因为这会对用户产生法律效力或相似重大影响，并列出权利行使路径：(1) 在线提交隐	1分	【明确提及自动化决策（画像）相关内容】✅ 专门列出"个性化内容推荐"，用户可在"我的"→"设置"→"隐私管理"→"个性化推荐"中进行设置，并查看个人信息处理详情。	1分

续表

序号	要点	T公司	得分	W公司	得分
		私数据申请。(2)通过电子邮件联系。(3)通过邮件联系。(4)访问账户更新个人信息。(5)拨打用户权益事务官专线。			
小计	1分	—	1分	—	1分
6	个人信息存储及跨境传输	✅已于上海设立数据中心，且明确"依照法律法规的规定，将在境内运营过程中收集的个人数据存储于中华人民共和国境内，如需境外传输，将会遵循相关法律法规要求执行"。	1分	✅已于北京、上海设数据中心，将在境内运营过程中收集和产生的个人信息存储在中国境内；如需境外传输，将会严格遵循相关法律法规政策要求或单独征求用户授权同意。	1分
小计	1分	—	1分	—	1分
7	个人信息保护权利	1. 查阅、复制权❌ 相较于W公司，隐私声明中没有详细说明具体路径，仅笼统列出权利行使路径〔包括：(1)在线提交隐私数据申请；(2)通过电子邮件联系；(3)通过邮件联系；(4)访问账户更新个人信息；(5)拨打用户权益事务官专线，下同〕。	0分	1. 查阅、复制权✅ 详细地列出用户如何通过App行使查阅、复制权。如"在'我的→设置'中访问账户个人信息，包括昵称、简介、性别、用车城市、兴趣爱好、通迅地址、是否展示我的车辆、是否展示我的社群等信息；账号绑定信息（包括微信、微博、Apple账号）；安全管理信息（包括是否开通面容ID）；支付管理信息（包括是否开通免密支付、自动支付等功能）及隐私管理信息（包括是否允许通过手机号码找到您，能够看到您的主页的范围、黑名单）"。	1分
		2. 更正、补充权❌ 相较于W公司，隐私声明中没有详细说明具体路径，仅笼统列出权利行使路径。	0分	2. 更正、补充权✅ 详细地列出用户如何通过App行使更正、补充权。如"更正或补充个人信息：	1分

第三章 场景：商业视角下的数据处理合规问题 / 43

续表

序号	要点	T公司	得分	W公司	得分
				在'我的→设置→个人信息'中更正或补充您的头像、昵称、简介、性别、用车城市、兴趣爱好、我的地址（即收货地址）、是否展示我的车辆以及是否展示我的社群"。	
		3. 转移权✗ 隐私声明没有列举出具体路径，仅笼统列出权利行使路径。	0分	3. 转移权✗ 隐私政策中提及若用户请求将个人信息转移至指定的个人信息处理者，符合国家有关规定且技术可行的，W公司将提供转移的途径，但没有具体说明。	0分
		4. 删除权✗ 根据隐私声明，删除个人信息有两种途径： （1）注销账户： （a）隐私声明中没有详细说明具体路径，仅笼统列出权利行使路径； （b）在《如何创建、更新或删除T公司账户》中介绍了注销账户的路径，包括从网站上删除账户（登录账户，选择"数据和隐私"＞"删除账户"，按照提示进行操作）和从应用程序中删除账户（打开应用程序，点击右上角的菜单按钮，点击您的账户名＞"安全和隐私"，点击底部的"删除账户"，按照提示进行操作）； 申请通过审核，则账户和与之相关的个人数据将被永久删除或无法识别，用户将无法登录或访问账户	0分	4. 删除权✓ 根据隐私政策，删除个人信息有两种路径： （1）直接申请： 用户可以通过"联系我们"部分的联系方式提出删除个人信息的请求，但已进行个人信息匿名化处理或法律法规另有规定的除外，删除时需对用户进行身份核验且和用户明确需删除的具体个人信息类型，W公司将根据国家法律法规及监管的要求决定是否响应用户请求，当个人信息删除后，W公司可能不会立即在备份系统中删除相应的信息，但只会做存储不会进行其他用途直至达到法定保存期限时删除，同时不会开展除存储和采取必要的安全保护措施之外的处理。 （2）注销账户： 通过本隐私政策"联系我们"部分的联系方式，或者	1分

续表

序号	要点	T 公司	得分	W 公司	得分
		内的数据、内容或服务，部分数据可能应法律法规的要求而未予删除。相较于 W 公司，并未将注销账户的具体路径方式在隐私政策中予以说明。 (2) 车辆出售或转让后的出厂重置：根据隐私声明，路径为"控制" > "服务" > "出厂重置"。		通过 W 公司 App "我的→设置→申请注销账号" 注销此前注册的账户，W 公司将根据国家法律法规及监管的要求决定是否响应您的请求。用户注销账号后，W 公司将根据适用法律的要求和用户具体请求删除用户个人信息，或进行匿名化处理。	
		5. 个人行使权利的申请受理和处理机制：【笼统列出，反馈时限未明确】✖ 相较于 W 公司，隐私声明整体而言仅笼统地列出用户行使权利的路径，且未列明收到用户请求后的具体反馈时限。	0 分	5. 个人行使权利的申请受理和处理机制：【详细罗列，反馈时限明确】✔ 详细地列出各种权利的具体 App 设置路径，并列明将在收到请求并验证身份后的十五（15）天内回复处理意见或结果；如果是请求删除敏感个人信息，将在十（10）个工作日内回复处理意见或结果。	1 分
	小计	5 分	—	0 分	—	4 分
8	个人信息保护措施	✔ 隐私声明中声称已采取行政、技术和物理保护措施，包括安全保障功能（多重身份认证、车辆行车密码）或隐私保护功能（如一般情况下不会将车辆数据与用户身份信息或账户相关联、匿名化传输数据等）。	1 分	✔ 列出三大项保护措施：(1) 数据保护措施（如采用加密技术、部署访问控制机制等）；(2) 安全认证［国家信息安全等级保护（三级）、ISO 27001 信息安全认证］；(3) 安全事件响应机制（成立专项应急小组，启动应急预案）。	1 分
	小计	1 分	—	1 分	—	1 分

第三章　场景：商业视角下的数据处理合规问题 / 45

续表

序号	要点	T 公司	得分	W 公司	得分
9	未成年人个人信息保护	【未列专章说明】❌ 未列专章说明，仅在"个人数据的保护"一章末尾中提及其要求十六周岁以下的人群不向其提供任何信息（"我们的产品和服务不适用于十六周岁以下的人群，我们要求此类个体不要向我们提供任何信息"），但并未说明如果无意收集信息后的处理。	0 分	【列专章说明】✅ 列专章"未成年人的个人信息保护"，并说明若无意收集未成年人信息后的处置方式。 如"如果我们发现在未事先获得可证实的监护人同意的情况下收集了未成人的个人信息，我们会设法尽快删除相关信息，如果您发现我们无意收集了未成年人的个人信息，请您通过下文中的联系方式通知我们，我们会尽快设法删除相关数据"。	1 分
小计	2 分	—	0 分	—	1 分
10	隐私政策的更新	1. 更新内容说明：【未阐明何为重大变更】❌ 提出可能会基于不时开发新功能、特征或提供其他服务，面对隐私声明进行重大变更，但并未进一步说明何为"重大变更"。 2. 更新通知路径：【通知路径不明显】❌ 提出将通过更改隐私声明在网站上的最后更新日期来通知用户：有时，可能会向用户提供其他通知（如电子邮件），其中包含有关修订情况的更多信息。 3. 历史版本查看路径：【未提供】❌	0 分	1. 更新内容说明：【对重大变更进行具体描述】✅ 以列举的方式阐述何为"重大变更"，包括：（1）服务模式重大变化；（2）所有权结构、组织架构重大变化；（3）个人信息共享、转让或公开披露的主要对象变化；（4）个人信息保护权利及行使方式重大变化；（5）个人信息安全责任部门、联络方式及投诉渠道发生变化；（6）个人信息安全影响评估报告表明存在高风险时。 2. 更新通知路径：【通知路径更加明显、明确】✅ 提出会发出更新版本并在生效前通过公告或以其他适当方式提醒相关内容的更新，也请用户及时登录 W 公司官方网站和 App、小程序以了	0 分

续表

序号	要点	T公司	得分	W公司	得分
				解最新的隐私政策。如果隐私政策有重大变更，将提供更明显的通知，如当用户登录App时使用弹出窗口、短信或直接向您发送电子邮件等。 3. 历史版本查看路径：【未提供】✖	
小计	1分		0分		0分
总计	20分		7分	—	14分

我们欣喜地发现，T公司和W公司在个人信息保护措施以及个人信息存储及跨境传输方面，都达到了合规标准：

在个人信息保护措施方面，T公司和W公司均采取了相应措施。如T公司声明其已采取行政、技术和物理保护措施，包括安全保障功能（多重身份认证、车辆行车密码）或隐私保护功能（如一般情况下不会将车辆数据与用户身份信息或账户相关联、匿名化传输数据等）。

W公司则声明已采取三大项保护措施：（1）数据保护措施，如采用加密技术、部署访问控制机制等；（2）安全认证，包括国家信息安全等级保护（三级）、ISO27001信息安全认证；（3）安全事件响应机制，如成立专项应急小组，启动应急预案等。

在个人信息存储及跨境传输方面，T公司和W公司在隐私政策中均提起其在中国境内建立了数据中心，用于储存在境内运营过程中收集的个人信息，符合《汽车数据安全管理若干规定（试行）》要求的重要数据境内存储的原则。

然而，T公司和W公司在个人信息处理者主体信息、个人信息主体的转移权行使方面还存在欠缺：

在个人信息处理者主体信息方面，T公司和W公司在隐私政策中均未明确写明个人信息处理者的主体信息，将关联企业也一并纳入作为个人信息处理者，主体指代不清。

在个人信息主体的转移权行使方面，T 公司和 W 公司的隐私政策都没有列举"转移权"具体路径，仅笼统列出权利行使路径。

但总体而言，T 公司除在用户友好度 sup = 1① 及自动化决策（画像）sup = 2② 方面优于 W 公司外，在其他测评维度相较于 W 公司还是略逊一筹。

例如，在个人信息共享、委托处理方面，T 公司在隐私政策中并未区分罗列个人信息共享及委托处理的场景，仅笼统于"分享您的信息"一章中阐述；W 公司则以清单方式清晰列出共享、委托处理情形及第三方 SDK 处理情形，并附以超链接方便用户查看。

又如，在个人行使权利的申请反馈机制方面，T 公司未明确其收到用户请求后的具体反馈时限；W 公司的反馈时限明确，并明确如果用户要求删除敏感个人信息，其将在 10 个工作日内收到处理意见或结果，这符合《汽车数据安全管理若干规定（试行）》的规定。

二、智能汽车《隐私政策》最佳实践

基于上文中两家头部智能汽车运营商在隐私政策合规评测中暴露的合规风险，我们对应总结的核心最佳实践做法如下：

（一）用户友好度

隐私政策是个人信息处理者告知用户如何处理个人信息的重要文件，用户勾选《隐私政策》并点击同意的行为代表其对于个人信息处理者处理其个人信息的同意。

然而，不少智能汽车客户端的隐私政策动辄上万字，篇幅冗长，用户往往失去阅读的耐心，但不同意又无法使用该客户端，只得是囫囵看过、匆匆

---

① T 公司隐私政策的篇幅不长，且细节内容可打开/折叠或通过超链接在当前页面跳转；而 W 公司隐私政策整体篇幅较长，仅能通过页面滑动阅读。

② T 公司隐私声明中明确列出权利行使路径：(1) 在线提交隐私数据申请。(2) 通过电子邮件联系。(3) 通过邮件联系。(4) 访问账户更新个人信息。(5) 拨打用户权益事务官专线。W 公司未明确提及自动化决策、画像相关内容，亦未明确拒绝权利行使路径。

同意。

为方便用户阅读隐私政策、提升用户友好度，智能汽车运营商可以在隐私政策的开始/顶部，包含一个（可折叠的）带有标题和副标题的目录，以显示《隐私政策》包含的各个段落。同时，单个段落的名称应清楚地引导用户了解确切的内容，并允许他们快速识别和跳转到他们正在寻找的部分。

（二）明确个人信息主体

"我们"不清，罚责无边。究竟是谁在搜集和处理用户信息？这是隐私政策最核心的起点问题。

我们在《成功 CEO 的临门一脚：数据合规管理》一书第三章专门针对隐私政策中"我们是谁"进行了梳理，并列举了各大平台《隐私政策》中关于"我们"的表述，以及"我们"不明晰的合规风险。

如果"我们"的定义不清晰，一旦存在违法处理个人信息，或者处理个人信息未履行《个人信息保护法》规定的个人信息保护义务，且情节严重，智能汽车运营商将面临"双罚制"下的严厉处罚：

针对智能汽车运营商自身而言，除有关部门责令改正、没收违法所得外，将并处 5000 万元以下或上一年度营业额 5% 以下的罚款，并可以责令暂停相关业务或者停业整顿、通报有关主管部门吊销业务许可或者营业执照。

针对个人信息处理者的直接责任人，其将被处 10 万元以上 100 万元以下罚款，且可能被禁止在一定期限内担任相关企业的董事、监事、高级管理人员和个人信息保护负责人。

因此，智能汽车运营商应当在《隐私政策》中明确清晰界定"我们"是谁，个人信息处理者的名称必须清楚准确。若智能汽车运营商将"我们"的范围拓宽至包括关联公司，则应当对"关联公司"的定义及范围予以清晰界定。

（三）个人信息收集、共享与委托处理

对于多业务条线、多层级公司架构的智能汽车运营商而言，集团内外部

的数据共享与融合不可避免。在不同数据共享、融合场景下，智能汽车运营商应重点注意以下合规要点（关于数据融合我们将在本章第二节场景（2）数据融合篇进一步阐述）：

1. 提供场景：智能汽车运营商需要保障用户知情权，告知接收方名称或者姓名、联系方式、处理目的、处理方式和个人信息的种类，并获得其单独同意。在告知具体形式上，智能汽车运营商可以考虑通过表格清单＋超链接跳转的方式予以明确，方便用户对照查看。

2. 共同处理场景：智能汽车运营商与共同个人信息处理者均需要向用户明确主体身份及范围（"我们"是谁）、处理目的以及处理方式等信息。

3. 委托/受托处理场景：智能汽车运营商需要在隐私政策中明确委托处理的情形，方便用户知晓具体委托处理场景。

（四）自动化决策

为了向用户提供个性化的服务，不少智能汽车运营商会对车辆数据、用户数据等进行整理、分析及自动化决策，以实现商业化目的。

根据《个人信息保护法》的规定，智能汽车运营商在进行自动化决策时，应当事先做好个人信息影响安全评估，确保"用之有度"。在开展自动化决策活动过程中，可以采取以下两种路径：（1）为个人提供不针对个人特征的选项；（2）为用户提供便捷的拒绝方式。

如果选择后者，智能汽车运营商还应当注重用户行使"拒绝权"的便捷度与彻底度，嵌入保障用户各项合法权益的功能设计，畅通用户权利响应通道，及时处理用户的各项请求。[①]

（五）个人信息保护权利

为用户设立便捷的个人行使权利的申请受理和处理机制是智能汽车运营

[①] 参见《成功CEO的临门一脚：数据合规管理》第八章数据合规商业热点第二节"个性化推荐实践与监管的冲突"。

商的法定义务，为此，智能汽车运营商可以考虑在《隐私政策》对应板块设置方便的快捷链接，方便用户快速定位到相应板块。

同时，建议在用户个人账户设置页面呈现"数据保护目录"，以列表的形式让用户知悉其所享有的法定权利，并可方便地管理和设置其"同意"，如开启、关闭系统权限、个性化推荐，行使查阅权、复制权等权利。

（六）隐私政策的更新

当隐私政策发生修改时，建议智能汽车运营商通过系统弹窗等方式，以清楚、明显的方式通知用户。同时，建议智能汽车运营商将以前的版本通过发布日期维度进行访问，并突出显示修改的部分，供用户查看比对。

三、结语

智能汽车之所以智能，其大数据的分析处理能力是关键的一环。数据效用与用户个人隐私之间的博弈与平衡，是智能汽车行业的永恒课题。

通过对两家头部智能汽车行业运营商《隐私政策》的合规测评，我们发现，智能汽车行业的数据合规问题，仍任重道远。由此延伸，其他同类智能产业在数据合规管理方面同样面临发展需求与合规要求之间的矛盾困境。希望笔者提出的最佳实践做法，能够为智能汽车运营商提供有益参考，助力其在保障用户数据安全的同时，为用户提供更加智能高质的服务。

我们在数据合规的管理困境中，已经提出了较为可行的解决思路——问责制视角下的合规匹配原则。若将本书第二章的管理困境解题思路融入，将助力企业重新定义隐私政策中的数据处理内容与边界。

第二节　场景（2）数据融合——
上市公司旗下"启信宝"
与"名片全能王"的数据融合

上一节，关于车企的数据融合问题笔者做了一个简要的分析，并结合

《成功 CEO 的临门一脚：数据合规管理》一书中对于数据融合问题，对蚂蚁集团与阿里巴巴集团数据共享问题的上市信息披露内容展开分析。

本节以科创板第一个数据上市公司合合信息为例，分析其如何在数据合规3轮问询中阐明数据融合的核心问题。

2024年9月26日，作为一家以智能文字识别及商业大数据服务为核心竞争力的企业，上海合合信息科技股份有限公司（以下简称合合信息）成功上市，这一方面意味着合合信息自身进入新的发展阶段，另一方面，其上市过程中在上海证券交易所的3轮问询直戳数据合规，内容涉及数据来源、数据权属、数据使用/储存及提供、资质许可、数据安全保障措施、数据跨境、科技伦理等方面，合合信息的详尽回应，展示了其严格的数据合规体系，为其他拟上市的大数据企业提供了可借鉴的"作业"。

然而，关于合合信息的数据合规的争议仍在继续，特别是合合信息旗下两款热门应用——启信宝和名片全能王——的数据处理方式的问题。启信宝这款专注于企业信用信息服务的应用，是否真的触及了名片全能王用户的个人信息"奶酪"？这不仅是技术与合规层面的问题，更是关乎用户信任与企业社会责任的议题。本节将探讨不同数据主体之间的界限与融合难题，并深入分析数据利用效率与个人隐私保护之间的微妙平衡。

一、隐私防线：启信宝是否动了"名片全能王"的个人信息

合合信息的C端业务主要为有3款核心App产品，包括扫描全能王、名片全能王、启信宝。有网友质疑，合合信息将用户于"名片全能王"中上传的个人信息于启信宝产品中使用，并认为这一行为违背了个人信息使用的最小必要原则。

那么，这一质疑是真实的吗？我们通过分析合合信息上市材料及启信宝、名片全能王的《隐私政策》，对比启信宝及名片全能王的数据来源及处理方式，得出以下要点（见表3-2-1）：

（1）在数据来源方面：启信宝的数据来源为供应商采购/互换、自动化采集、用户自主上传/授权采集，不包括名片全能王收集的信息。

(2) 在使用及用途方面：名片全能王的运营主体合合信息使用收集的个人信息的目的均在 C 端 App 的《隐私政策》等文件中明确列示；而名片全能王的《隐私政策》中个人数据共享规则明确规定，"我们为向用户提供服务而向支持我们功能的关联方共享您的个人信息，支持我们功能的关联方无权将您的个人信息用于与本隐私政策所载明的目的无关的其他用途"。

(3) 在销售或交换方面：合合信息明确提出名片全能王不涉及销售或交换的信息内容；启信宝涉及销售或交换的信息数据均为企业数据，不涉及个人数据。

(4) 在数据合规管理措施方面：合合信息在组织架构建设、制度制定、数据采集、数据使用、数据存储与销毁、数据安全方面均制定了合规管控措施，确保数据安全。

经对比公开信息，我们未得出启信宝动了名片全能王个人信息"奶酪"的结论。

表 3-2-1　启信宝和名片全能王隐私政策对比要点

序号	要点	启信宝	名片全能王
一	基本信息概况		
1-1	运营主体	上海生腾数据科技有限公司（合合信息全资子公司）	合合信息
1-2	核心功能	企业商业信息查询	智能名片及人脉管理
二	数据处理方式（源自合合信息 3 轮问询函的回复）		
2-1	数据来源	(1) 供应商采购/互换［采购数据类型包括工商信息、企业经营信息等；互换数据类型换出的仅是关于企业公开的工商信息、法院公告、司法诉讼、对外投资等维度的数据，换入的数据类型包括工商信息、企业经营信息（企业招投标、招聘信息等）、舆情、行业等信息］； (2) 自动化访问（数据类型主要包括工商信息、企业公开经营信息、司法诉讼信息等）； (3) 用户自主上传/授权采集	用户自主上传/授权采集

续表

序号	要点	启信宝	名片全能王
2-2	数据类型	(1) 从供应商采购/互换、自动化访问获取、使用的各类数据：工商信息、司法诉讼、法院公告、经营信息、行政及环保处罚、新闻舆情、知识产权、许可认证以及招投标数据、知识产权数据以及企业关系挖掘数据； (2) 从用户获取、使用的数据：用户的注册登录信息、订单开票数据、订单支付数据、用户的一键登录信息、设备信息、日志信息、联系方式、实名认证数据、联系方式、设备信息、网络状态数据、第三方注册登录信息等	从用户获取、使用的数据：用户的注册信息、登录信息、上传文档、图片、订单开票数据、订单支付数据、用户的一键登录信息、设备信息、日志信息、联系方式、实名认证数据、联系方式、设备信息、网络状态数据、第三方注册登录信息等
2-3	存储方式	本地服务器和/或第三方云平台	本地服务器和/或第三方云平台
2-4	数据权属	(1) 从供应商采购/互换的数据：数据权属为合合信息； (2) 自动化访问获取、使用的数据：未明确权属，合合信息为数据处理者； (3) 用户自主上传或同意被采集的数据：数据权属为用户	用户自主上传或同意被采集的数据：数据权属为用户
2-5	使用及用途	(1) 从供应商采购/互换、自动化访问获取、使用的各类数据：为C端启信宝App用户查询企业信息及单次报告服务提供数据支撑； (2) 用户自主上传：使用目的均在C端App的《隐私政策》等文件中明确列示，发行人在用户勾选并授权同意隐私政策后方可采集	用户自主上传：使用目的均在C端App的《隐私政策》等文件中明确列示，发行人在用户勾选并授权同意隐私政策后方可采集
2-6	是否涉及销售或交换	涉及的销售或交换的信息数据内容主要为工商信息、司法诉讼、法院公告、经营信息等企业数据，**不涉及个人数据**	不涉及销售或交换的信息数据内容

续表

序号	要点	启信宝	名片全能王
三	个人信息共享、转让（源自《隐私政策》）		
3-1	共享	您同意我们（上海生腾数据科技有限公司）为向您提供服务而向支持我们功能的关联方共享您的个人信息。这些支持包括为我们提供基础设施技术服务、支付服务、数据处理等，支持我们功能的关联方无权将您的个人信息用于与本隐私政策所载明的目的无关的其他用途；如要改变个人信息的处理目的，他们将另行征得您的授权同意。我们目前不会将您的个人信息共享给除关联方以外的第三方，如需将您的个人信息共享给除关联方以外的第三方，我们会另行征求您的同意	<u>您同意我们（上海合合信息科技股份有限公司）为向您提供服务而向支持我们功能的关联方共享您的个人信息。</u>这些支持包括为我们提供基础设施技术服务、支付服务、数据处理，<u>支持我们功能的关联方无权将您的个人信息用于与本隐私政策所载明的目的无关的其他用途；如要改变个人信息的处理目的，他们将另行征得您的授权同意。</u>我们目前不会将您的个人信息共享给除关联方以外的第三方，如需将您的个人信息共享给除关联方以外的第三方，我们会另行征求您的同意
3-2	转让	我们不会将您的个人信息转让给任何公司、组织和个人，但在涉及合并、收购或破产清算时，如涉及个人信息转让，我们会向您告知，并要求新的持有您个人信息的公司、组织继续受此个人信息保护政策的约束，否则我们将要求该公司、组织重新向您征求授权同意	我们不会将您的个人信息转让给任何公司、组织和个人，但在涉及合并、收购或破产清算时，如涉及个人信息转让，我们会向您告知，并要求新的持有您个人信息的公司、组织继续受此个人信息保护政策的约束，否则我们将要求该公司、组织重新向您征求授权同意
四	数据合规管理措施（源自3轮问询函的回复）		
4-1	组织架构建设	发行人制定的《安全与合规管理制度》中，规定了公司合规与信息安全的组织架构，明确了安全与合规管理委员会在业务合规、网络安全、数据安全和用户个人信息保护等方面的责任以及安全与合规部和各事业部的职责，并规定网络安全、数据安全和个人信息保护等相关责任机构的汇报层级要求	

续表

序号	要点	启信宝	名片全能王
4-2	制度制定方面	发行人已制定并完善了覆盖全部数据生命周期的数据合规管理制度，包括数据采集、数据使用、数据访问权限控制、数据导出和数据删除相关的制度，并设计了相应的管理流程，实现全数据生命周期的管理	
4-3	数据采集方面	(1) **对于用户自主输入的数据采集，公司获取用户勾选并授权同意隐私政策后，方可主动采集用户的数据；** (2) 对于自动化访问获取的数据，公司设计了外部数据的采集管理流程，使用监控平台对自动化访问的运行进行监测和告警，并定期检查自动化访问目标网站的 Robots 协议、网站声明和内容安全； (3) 对于数据采购，公司制定了数据采购的管理流程，包括数据供应方的尽职调查和数据采购合同的评审流程。同时，与数据供应商补充签署了《数据信息使用确认书》，确认数据来源合法合规性	
4-4	数据使用方面	公司制定了用户个人信息的使用限制以及数据分析需求的处理流程，制定了访问授权流程，在权限管理中遵循职责分离原则。**公司通过权限管理对扫描全能王、名片全能王、启信宝 App 的应用系统及后台支撑系统的访问权限进行限制，以保护用户个人信息免受未经授权访问、公开披露、使用、修改、损坏或丢失**。公司制定了数据资源的申请审批流程，并限制了数据库的访问授权	
4-5	数据存储与销毁方面	公司定义了个人信息的存储方式、存储期限，以及个人信息的到期删除或匿名化处理标准	
4-6	数据安全方面	公司制定了数据安全相关的管理制度，明确了数据分级分类的标准和不同类型数据的保护要求，并定期实施所有数据资产的分级分类梳理及标注。公司制定了个人信息安全评估流程。 公司规范了不同安全等级的数据在传输和存储中的加密要求以及密钥的全生命周期管理机制，**对扫描全能王、名片全能王、启信宝 App 等产品涉及的个人信息均使用了加密算法进行去标识化处理**	

二、数据共享：数据共享场景下的合规路径如何设计

虽然我们没有得出启信宝动了名片全能王个人信息"奶酪"的结论，但在大数据背景下，数据共享已成为挖掘数据价值、促进商业模式创新的重要途径。而对于多业务条线的集团公司而言，集团内部的数据融合（一个集团内不同业务子公司之间的业务、产品数据进行融合）不仅不可避免，反而是

主动而为的选择。比如抖音旗下的"巨量算数",以今日头条、抖音、西瓜视频等内容消费场景为依托并承接巨量引擎的数据与技术优势,输出内容趋势、产业研究、广告策略等洞察与观点。

我们认为,在数据共享的场景下,应通过如下方式,设计合规路径:

(一)确定共享目的

在决定是否进行数据共享前,首先需要确定共享的目的,知道共享的数据类型(如是否包括个人信息、重要数据等)以及与谁共享,并形成书面记录。

(二)明确共享范围

应只共享实现目的所需的最少数据,以便遵循最小必要原则,并明确是否包括敏感个人信息、重要数据等特殊种类的数据,对于特殊种类数据,应当匹配相应的加密传输、去标识化等技术安全措施。

(三)界定各方角色

作为数据提供方,应当明确共享场景及各自角色(提供、共同处理或委托处理),并基于此明确双方各自权利、义务及责任承担问题。

表 3-2-2　数据提供方角色与义务梳理

角色	提供方义务
提供	(1)应当向个人告知接收方的名称或者姓名、联系方式、处理目的、处理方式和个人信息的种类; (2)取得个人的单独同意
共同处理	(1)需约定各自的权利和义务,但约定不影响个人向其中任何一个个人信息处理者要求行使权利; (2)侵害个人信息权益造成损害的,双方应当依法承担连带责任
受托处理	(1)应当与受托人约定委托处理的目的、期限、处理方式、个人信息的种类、保护措施以及双方的权利和义务等; (2)对受托人的个人信息处理活动进行监督

（四）适配风控措施

基于数据共享场景，明确数据共享可能会给数据主体带来的风险（如是否侵犯个人信息及隐私权）、是否符合与第三方的约定以及是否会给公司的独立性以及数据安全带来风险，并制定适配相应的风控措施（包括制度建设、组织架构、技术措施、风险评估、应急预案等）。

（五）签署数据处理协议

根据《网络数据安全管理条例》的相关规定，网络数据处理者向其他网络数据处理者提供、委托处理个人信息和重要数据的，应当通过合同等与网络数据接收方约定处理目的、方式、范围以及安全保护义务等，并对网络数据接收方履行义务的情况进行监督。

三、结语

合合信息在上市过程中历经了上海证券交易所的3轮问询，内容涵盖数据来源、权属、使用、存储、资质许可、安全保护、跨境流动及科技伦理等方面，合合信息详尽的回复为其他拟上市大数据企业提供了宝贵的经验。然而，合合信息的数据处理方式仍为关注热点，特别是合合信息旗下启信宝和名片全能王的数据处理方式，启信宝是否使用了名片全能王用户的个人信息仍存在争议。

本节通过梳理公开信息对启信宝和名片全能王的数据来源、处理方式和使用目的进行对比分析，我们可以发现，启信宝数据来源并未涉及名片全能王的用户个人信息，名片全能王在其《隐私政策》中明确列示了个人信息的使用目的、不涉及个人信息的销售或交换；并且合合信息在组织架构建设、制度制定、数据采集、数据使用、数据存储与销毁以及数据安全等方面均制定了严格的合规措施，以确保数据安全，由此，根据公开资料，未得出启信宝存在使用名片全能王用户个人信息的行为。

即便如此，随着数据共享成为常态，如何设计合理的合规路径仍然是一个重要课题。我们建议，企业应明确数据共享的目的、限定共享范围、界定各方角色、采取适当的风险控制措施，并签署数据处理协议。我们在《成功CEO的临门一脚：数据合规管理》一书第六章关于数据合规管理资源如何配置的第四节，援引了蚂蚁集团在上市审核过程中被证监会问及其与阿里巴巴集团的数据共享问题的情况，其与本节的启信宝案例十分相似，可与本节比对阅读。

多主体的集团公司在各业务场景中的数据融合不可避免会成为商业开发的一个巨大诱惑，同时也是监管必究之地。

第三节　场景（3）数据变现——流量"劫持"与反不正当竞争案中，数据"抓取"天平的设计

数据抓取，已成为企业获取资源、优化服务的重要手段，但其应用边界模糊常引发流量劫持、数据滥用等法律争议。

如何在技术创新的自由与法律规范的约束之间找到平衡？如何界定数据抓取行为的正当性边界？

本节通过对四起典型案例进行对比分析，结合《个人信息保护法》《反不正当竞争法》等法律条文，揭示法院在裁判中对数据抓取行为的核心考量逻辑，探讨数据"抓取天平"的设计规则。

一、数据抓取的双重面孔：创新工具与竞争利器

数据抓取技术本身具有中立性，其既可作为提高效率的工具（如信息聚合、跨平台管理），也可能异化为攫取他人数据资源的竞争手段。

表3-3-1所总结的4起案件正体现了这一"天平"的倾斜方向：

表 3-3-1　数据抓取涉不正当竞争典型案例梳理

案例名称	行为模式	法院核心逻辑
合规案例：不构成不正当竞争		
案例1：逸橙公司关联招聘网站账号案①	用户授权下，通过账号密码同步前程无忧简历数据至第三方平台，实现简历统一管理	(1) <u>技术手段正当</u>：逸橙公司未实施破解前程无忧网站技术措施的行为，其通过用户自主授权的账号密码实现数据同步，并通过程序读取验证码（而非绕过或破解验证机制），技术手段本身具有正当性； (2) <u>未实质替代原平台</u>：逸橙公司的服务本质为简历管理，其功能依赖于前程无忧等平台的数据来源，用户仍需通过前程无忧完成职位发布、简历购买等，两者功能互补而非替代； (3) <u>用户权益无损害</u>：逸橙公司未强制或欺骗用户使用关联功能，企业用户基于效率提升的合理需求自主选择服务，且平台承诺严格保密用户数据（"不会出售任何用户数据给第三方"），符合市场自由竞争原则，未损害求职者或招聘方的合法权益
案例2：M某招聘管理系统同步猎聘网功能案②	通过M某招聘管理系统在用户自主授权下，利用技术手段实现与猎某网的数据交互	(1) <u>技术手段合规</u>：某科技公司通过浏览器插件在用户本地设备完成数据交互，未侵入猎某网服务器或破坏其技术措施，属于互联网领域常规技术手段，符合技术中立原则； (2) <u>无替代性损害</u>：猎某网定位为招聘信息发布与人才互动平台，M某招聘管理系统定位为招聘流程管理工具，两者服务内容互补。被诉行为未实质性替代猎某网功能，用户仍需依赖猎某网完成职位发布、简历获取等核心服务； (3) <u>用户授权充分</u>：M某招聘管理系统在用户明确授权下关联猎某通账号及接收简历邮箱，数据收集范围限于用户可合法获取的信息，且遵循"告知—同意"原则

---

① 一审案号：上海市杨浦区人民法院（2017）沪0110民初25167号；二审案号：上海知识产权法院（2019）沪73民终263号。
② 案号：北京市海淀区人民法院（2020）京0108民初40673号。

续表

案例名称	行为模式	法院核心逻辑
\multicolumn{3}{	c	}{违规案例：构成不正当竞争}
案例3：简亦迅公司等抓取微博数据案①	通过不断变换IP地址、微博用户UID和伪装用户代理（UA）信息等欺骗性技术手段，规避新浪微博服务器设置的安全防护机制，非法调用应用程序编程（API）接口抓取微博后台数据（包括付费内容），并将这些数据商业化售卖	（1）<u>技术手段不正当</u>：简亦迅公司及其深圳分公司使用欺骗性的技术手段绕过微博服务器的安全防护措施，未经授权获取微博数据； （2）<u>实质性替代效果</u>：简亦迅公司及其深圳分公司未经授权获取大量微博后台数据后直接转卖获利，这不仅侵夺了微梦公司依法对外授权使用微博数据的交易机会，还可能导致竞争对手利用这些数据快速充实自身平台内容，从而显著增加微博平台被实质性替代的风险，形成"搭便车"效应； （3）<u>市场秩序破坏</u>：简亦迅公司及其深圳分公司的行为严重扰乱了数据市场的正常竞争秩序，削弱了微博平台积累数据的动力，影响公共利益。根据《反不正当竞争法》第2条的规定，该行为属于不正当竞争行为，其应当承担相应的法律责任
案例4：深圳小某本有限公司抓取某脉用户数据案②	在运营小某本App及小某本网站的过程中，通过技术手段私自爬取、存储、使用并展示、分析某脉App中的大量用户数据	（1）<u>数据获取违法</u>：深圳小某本有限公司绕过某脉平台的技术保护措施（如登录权限、反爬虫规则等），直接抓取某脉用户数据，且该行为超出了用户的授权范围； （2）<u>功能高度重合</u>：深圳小某本有限公司利用抓取的某脉数据，在小某本平台上提供与某脉高度重合的功能服务，如查看用户详细资料、建立人脉关系等。这种行为对某脉平台形成了实质性替代效果，分流了某脉的用户流量，削弱了其市场竞争力； （3）<u>市场竞争失衡</u>：深圳小某本有限公司未付出相应的努力，而是通过非法手段获取某脉的竞争性数据资源，破坏了公平竞争的市场秩序，不仅削弱了某脉平台积累数据的动力，也违反了《反不正当竞争法》第2条所规定的诚实信用原则和公认的商业道德； （4）<u>虚假宣传认定</u>：深圳小某本有限公司谎称某脉App用户为"小某本用户"，虚构平台用户规模及服务质量，构成《反不正当竞争法》第8条规定的虚假宣传行为，误导消费者

① 一审案号：广东省深圳市中级人民法院（2020）粤03民初4626号；二审案号：广东省高级人民法院（2022）粤民终4541号。
② 案号：广东省深圳市中级人民法院（2021）粤03民初5302号。

二、法院裁判的核心维度：技术、授权与商业模式的三角平衡

在审视法院如何裁定数据抓取行为时，我们可以发现其考量并非单一维度，而是涉及技术合法性、授权完备性和商业合理性等多个维度。这些维度共同构建了数据抓取行为的"合规天平"。

（一）技术合法性：从"合规工具"到"攻击武器"的分野

技术手段的正当性直接影响法律评价。而其判断核心在于是否干扰原平台正常运营或突破技术防护措施。

根据《反不正当竞争法》第12条的规定，经营者不得利用数据和算法、技术、平台规则等妨碍、破坏其他经营者合法提供的网络产品或服务正常运行。《数据安全法》第32条亦规定，任何组织、个人收集数据，应当采取合法、正当的方式，不得窃取或者以其他非法方式获取数据。

结合案例实践，典型的正当手段和不正当手段如下：

（1）正当手段：通过开放API或用户授权登录实现数据交互；遵守原平台反爬规则，不破解验证码或伪造身份信息；尽量进行本地化交互，数据操作限于用户本地设备。

（2）不正当手段：进行欺骗性爬取，伪造身份、变换IP规避反爬措施；高频请求或破解技术防护措施，导致原平台运行负担。

（二）授权完备性：从"形式同意"到"实质控制"的升级

用户授权的有效性需满足"知情同意、范围限定、路径规范"三重标准，法院审查重点从形式合规转向实质控制。

（1）知情透明：明确告知数据用途、范围及风险；

（2）范围限定：仅抓取用户本人数据，禁止涉及关联方信息；

（3）路径规范：通过原平台接口或用户主动发起的数据携带请求（《个人信息保护法》第45条第3款）转移数据。

案例4中深圳小某本有限公司的行为因超出授权范围被认定违法；案例

2 中 M 某系统通过"告知—同意"原则限定数据范围,符合合规要求。

(三)商业合理性:从"生态互补"到"恶性替代"的界限

商业模式的合理性是法院判定竞争行为正当性的关键,核心在于是否形成实质性替代或破坏市场秩序。

《反不正当竞争法》第 2 条规定,"经营者在生产经营活动中,应当遵循自愿、平等、公平、诚信的原则,遵守法律和商业道德,公开参与市场竞争。本法所称不正当竞争行为,是指经营者在生产经营活动中,违反本法规定,扰乱市场竞争秩序,损害其他经营者或者消费者的合法权益的行为"。

结合案例实践,典型合规和违规的商业模式如下:

(1)合规模式:功能互补,如将公司定位为原平台的辅助工具。

(2)违规特征:功能替代,直接复制原平台核心业务(如案例 4 中深圳小某本有限公司提供相同职场社交服务);流量攫取,通过低价或免费数据分流用户(如案例 3 中简亦迅公司售卖微博数据)。

三、合规路径设计:技术、机制与商业模式的系统性构建

企业需从技术路径、授权机制、商业模式三个维度协同设计合规路径,确保数据抓取行为在合法框架下释放价值。

(一)技术路径:透明化交互与反爬尊重

(1)透明化交互:利用浏览器插件或用户本地设备完成数据交互,避免直接侵入服务器。

(2)反爬虫合规:其一,遵守 Robots 协议,限制爬取频率(如根据对目标对象造成的压力不同,每小时请求少于一定次数),仅抓取公开非敏感信息;其二,避免破解验证码、伪造身份信息或变换 IP。

(3)技术审计与风控:其一,留存数据交互日志,定期评估对原平台服务器的影响;其二,设置流量阈值告警,防止触发原平台反爬机制。

（二）授权机制：分层管控与动态合规

（1）分层授权设计：其一，让用户数据与平台数据分离，仅抓取用户有权授权的数据，禁止涉及平台衍生数据；其二，明确告知义务，如在用户授权界面标注数据用途、风险及退出机制。

（2）规范转移路径：由用户主动发起，遵循《个人信息保护法》第45条，通过"用户申请—原平台配合"流程完成数据转移。

（3）动态授权管理：其一，设计实时撤销功能，允许用户随时撤回授权并删除已转移数据；其二，建立定期清理机制，设定数据存储期限，超期后自动清除。

（三）商业模式：差异化服务与生态协作

（1）功能互补性设计：聚焦原平台未覆盖的细分需求，避免直接复制原平台核心功能。

（2）生态协作模式：通过数据授权分成或联合运营实现利益平衡。

四、结语：在合规与创新之间构建"黄金天平"

数据抓取行为的正当性判定，本质是数字经济时代利益平衡的艺术。结合4起典型案例，我们试图寻找数据自由流动与权益保护之间的"黄金天平"，总结出技术手段合法性、授权机制完备性、商业模式合理性的三维框架。

随着数据产权分置、流通交易等规则将进一步细化，企业应在"取之有道、用之有界"的框架下，探索合规与创新的共生之道。企业需以"技术可控、授权闭环、价值共创"为核心，构建系统性合规路径：

（1）技术可控：通过开放接口与本地化交互实现透明化数据获取，避免攻击性爬取。

（2）授权闭环：严格限定数据范围与转移路径，确保用户知情权与选择权。

（3）价值共创：聚焦差异化服务与生态协作，推动行业效率提升而非零和博弈。

我们在本书第八章"数据资源的价值释放实践路径"的第三节中，专门讲解数据采集合规在数据资产价值实现中的重要性，及其作为数据资源入表必须踩实的技术路径。唯有如此，数据的价值释放才能真正成为推动社会进步的引擎，而非引发无序竞争的导火索。

第四节 场景（4）数据责任——保险平台案中，数据处理主体的连带责任

从隐私政策的对比案例中的SDK，到数据共享融合中的关联方，再到数据变现中的技术路径，层出不穷的数据商业化设计，都需要依赖生态合作伙伴，而多主体协同处理数据的模式暗藏巨大的数据法律风险的责任问题。2024年上海市第一中级人民法院审理的"欧某华诉京某财产保险有限公司上海分公司等个人信息保护纠纷案"[1]，正是这一风险的现实映射。

该案中，京某财产保险有限公司上海分公司（保险公司，以下简称京某保险公司）、明某保险经纪股份有限公司（保险中介平台，以下简称明某公司）与北京顺某信息技术有限公司（数据技术服务商，以下简称顺某公司）因合作销售保险产品卷入纠纷，最终顺某公司与明某公司被判承担连带责任，而京某保险公司得以免责。这一判决不仅揭示了数据合作中多方主体的责任边界差异，更凸显了"实际控制力"在法律责任划分中的核心地位。

如何在多主体协作中厘清责任归属，避免因连带责任陷入法律旋涡？

本节将以该案为切口，结合《个人信息保护法》，拆解数据处理各参与者的义务边界与风险防范路径，为行业提供深度思考与实操指南。

---

[1] 一审案号：上海市浦东新区人民法院（2023）沪0115民初42087号；二审案号：上海市第一中级人民法院（2024）沪01民终410号。

一、案例回溯：技术漏洞引发的信息泄露风波

（一）案件始末

2019年，原告欧某华在明某公司的介绍下，在线购买了京某保险公司的保险产品。投保过程中，欧某华被引导至顺某公司运营的"7××度"网站填写个人信息（含身份证号码、行业、职业信息等）。保险单生成后，顺某公司通过电子邮件向欧某华发送电子保单下载链接。然而，在2022年11月，欧某华在百度搜索其手机号时，发现该保险单链接可被公开访问并下载，敏感个人信息一览无余。

（二）三方角色与责任定位

1. 顺某公司——数据技术服务商

作为数据技术服务商，顺某公司负责搭建投保平台、收集并处理用户数据以及发送电子保单链接。其系统存在安全漏洞，导致链接被百度爬虫抓取，使其成为本案信息泄露的直接责任人。

2. 明某公司——保险经纪平台

作为保险经纪平台，明某公司代为销售京某保险公司的保险产品，并与顺某公司合作，由其提供线上下单相关技术服务。明某公司负责引流用户至顺某公司的投保页面，并深度参与数据流转设计，被法院认定为共同处理者。

3. 京某保险公司——保险产品提供方

作为保险产品提供方，京某保险公司授权明某公司通过互联网销其保险产品，合作模式为明某公司在自有或合作的有资质的网站上展示京某保险公司合作的保险产品，并促成保险产品的成功销售。由于京某保险公司在合作协议中对明某公司通过第三方平台进行互联网销售作出了明确限制，且未直接对外与本案原告欧某华对接，最终得以免责。

（三）判决结果

（1）顺某公司：因技术缺陷与安全保障义务缺失，赔偿10,000元；

（2）明某公司：因与顺某公司构成共同处理者，承担连带责任；

（3）京某保险公司：因合规授权与风险隔离得当，无责。

本案凸显数据全生命周期中各参与方的角色差异：技术处理方可能因系统漏洞直接担责，业务运营方也可能因实质参与数据处理卷入连带风险，而合规授权方通过法律风险隔离可以成功避险。

二、责任划分逻辑：何以认定为共同处理者

（一）京某保险公司：合规授权框架下的责任切割

根据《个人信息保护法》第21条第1款的规定，个人信息处理者委托处理个人信息的，应当与受托人约定委托处理的目的、期限、处理方式、个人信息的种类、保护措施以及双方的权利和义务等，并对受托人的个人信息处理活动进行监督。

京某保险公司虽授权明某公司通过第三方平台销售保险，但其责任止步于"合理授权与监督"：

其一，授权边界清晰。京某保险公司与明某公司的合作协议中明确约定明某公司通过"7××度"网站开展业务，未允许其擅自使用其他系统。

其二，义务约束到位。京某保险公司与明某公司的合作协议要求明某公司应当妥善管理、使用获取的用户信息，不得侵犯用户的合法权益。

其三，风险隔离设计。保险单生成后直接回传到"7××度"网站，并未直接对外与原告欧某华对接，从而避免认定为数据处理责任链的一环。

法院最终认定京某保险公司未与顺某公司形成共同处理合意，且通过合同尽到监督义务，故不承担责任。

（二）顺某公司：技术缺陷与过错推定的双重归责

作为直接数据处理者，顺某公司的责任源于技术防护失守与举证责任倒置。

根据《个人信息保护法》第51条的规定，个人信息处理者应当根据个人信息的处理目的、处理方式、个人信息的种类以及对个人权益的影响、可能存在的安全风险等，采取相应的措施确保个人信息处理活动符合法律、行政法规的规定，并防止未经授权的访问以及个人信息泄露、篡改、丢失。本案中，顺某公司自身系统安全存在漏洞，导致链接被百度爬虫抓取并长期公开，构成安全保障义务的实质性违反。

依据《个人信息保护法》第 69 条的规定，处理个人信息侵害个人信息权益造成损害，个人信息处理者不能证明自己没有过错的，应当承担损害赔偿等侵权责任。本案中，顺某公司辩称被泄露的信息可能系欧某华通过网络发送至他方的过程中被百度搜索引擎爬虫抓取，但无法提供充分证据证明其不具有过错。

是以，法院认为，顺某公司作为个人信息处理者，其行为违反安全保障义务，且过错直接导致信息泄露，承担主要赔偿责任。

（三）明某公司：共同处理关系的实质化认定

《个人信息保护法》第 20 条规定："两个以上的个人信息处理者共同决定个人信息的处理目的和处理方式的，应当约定各自的权利和义务。但是，该约定不影响个人向其中任何一个个人信息处理者要求行使本法规定的权利。个人信息处理者共同处理个人信息，侵害个人信息权益造成损害的，应当依法承担连带责任。"

本案中，明某公司被认定为共同处理者的核心依据在于：

其一，共同处理目的与外观表象。明某公司与顺某公司通过业务合作引导用户使用"7××度"网站完成投保，但由于用户无法区分两家公司的内部关系，两家公司实质上形成了共同处理个人信息的外观表象。

其二，合作模式与合意形成。明某公司与顺某公司共同设计了"用户填写信息→顺某传输至保险公司→回传保单"的数据流转路径，共同决定了个人信息处理的方式。

其三，责任承接与延续性。在顺某公司因资质问题停运后，明某公司直接承接用户数据管理职责，体现了其对数据的实际控制权。

是以，法院认为，明某公司与顺某公司构成共同处理者，需就泄露后果承担连带责任。

数据处理者的责任边界由其对信息处理活动的控制力决定。委托方通过明确授权与监督可切割责任，而技术处理方需以完备的安全措施自证无过错，业务合作方一旦深度介入数据处理流程，则可能突破"受托人"身份，被认定为共同处理者。

三、合规启示：如何规避连带责任风险

（一）角色判断：锚定数据处理责任的前置要件

在数据合作中，厘清各方参与者的真实角色是避免连带责任的第一步。

欧盟 GDPR 与我国《个人信息保护法》在各方主体的责任划分逻辑上存在趋同，核心均为数据处理活动的"实际控制力"。

结合欧盟 GDPR 和《GDPR 下数据控制者及数据处理者概念的指南》（Guidelines 07/2020 on the concepts of controller and processor in the GDPR Version 2.1），各方参与者大致扮演以下角色：

（1）控制者（Controller）：独立或与其他主体共同决定个人数据处理目的与方式的自然人、法人、公共机构、政府部门或其他主体，其义务包括但不限于确保数据处理的合法性基础、制定明确的处理规则、监督受托方操作，并承担因数据处理活动引发的首要责任。

（2）共同控制者（Joint Controller）：共同决定个人数据处理目的和方式的控制者（可以通过共同决策的形式或决策合并的形式），需在合作方式中明确各自的责任，且各方均应履行 GDPR 对数据控制者的实质性要求，数据主体亦有权向任何一名控制者主张权利。

（3）处理者（Processor）：代表控制者处理个人数据的自然人、法人、公共机构、政府部门或其他主体，其核心责任在于根据数据控制者的指示处理数据，并采取相应的技术和管理措施保障数据安全。

我国《个人信息保护法》中的"个人信息处理者"、"共同处理者"与"受托人"概念与之对应：

（1）个人信息处理者：在个人信息处理活动中自主决定处理目的、处理

方式的组织、个人（类比 GDPR 控制者），需承担与"控制力"相匹配的合规义务。

（2）共同处理者：共同决定个人信息的处理目的和处理方式的个人信息处理者（类比 GDPR 共同控制者），需就数据处理后果承担连带责任。

（3）受托人：接受个人信息处理者委托处理个人信息的组织、个人（类比 GDPR 处理者），其权限严格限于合同约定范围，不得超出约定的处理目的或方式。

无论是 GDPR 还是我国法律，责任分配均以"实际控制力"为核心标准。当事人对数据处理活动的决策权（决定目的设定、核心方式选择）越强，其合规义务与法律责任越重。

（二）责任分层：构建合规闭环

在明确了各自角色之后，各参与方需要采取具体措施来管理和切割责任，以确保合规性。

1. 控制者：以风险隔离与监督机制切割责任

以本案为例，作为保险产品提供方和类数据控制者，京某保险公司成功免责的核心在于授权限定、监督履行与流程隔离。

其一，授权限定。作为数据处理的委托方，可以通过委托协议明确限定受托方的数据处理目的、方式和范围。例如，仅允许投保人通过指定平台完成投保流程，禁止擅自引入其他系统或扩大数据使用场景。

其二，监督履行。作为数据处理的委托方，可建立第三方审计机制，如个人信息保护影响评估，以确保处理者的操作符合约定。

其三，流程隔离。委托方可采用"数据最小接触"原则，避免直接介入数据处理环节（如数据存储、传输）。例如，将保单链接直接链接到下单网站，保险公司不直接对外与数据主体对接。

2. 处理者：以技术自证与过错排除筑牢防线

作为直接处理者，顺某公司的责任源于其安全保障义务的履行瑕疵。结合《个人信息保护法》第 51 条规定，处理者需通过技术硬约束与管理软约束双重机制自证合规。

其一，技术硬约束。对敏感信息（如身份证号）实施端到端加密，可生成单次有效、限时访问的下载链接，并部署反爬虫机制（如动态验证码、IP访问频率限制）。此外，建立实时日志监控系统，记录数据访问、修改、传输的全链路轨迹，也是提高安全保障能力的重要举措。

其二，管理软约束。处理者应当定期开展员工数据安全培训，签订保密协议并设置内部举报通道；留存系统安全测试报告、漏洞修复记录等证据，以便在诉讼中证明已履行合理注意义务。

3. 受托中介：以"有限参与"规避共同处理者认定

明某公司之所以被判承担连带责任，主要是因为其在数据处理流程中深度参与并形成了共同处理的外观。若其仅作为信息流转通道，未实质参与处理决策，则其很有可能可避免被认定为共同控制者。为了有效规避被认定为共同处理者的风险，受托中介需要采取一系列措施来确保其角色明确且不涉及数据处理的核心决策过程。

其一，在用户界面明确披露各方角色（如"技术支持：顺某公司；承保方：京某保险公司，明某公司负责业务推广，不涉及数据处理决策"），消除共同处理的外观表象。

其二，在与转委托公司的协议中，要求其独立承担数据处理合规责任，并限定其数据处理的目的，避免引发其他连带风险。在合作终止后彻底删除或匿名化用户数据，防止因历史数据滞留被认定为事实控制者。

四、结语

数据责任的核心在于对处理活动的实际控制力。京某保险公司通过合规授权实现责任切割，顺某公司因技术缺陷被直接追责，明某公司则因实质参与数据处理卷入连带风险。这三重结局共同印证了"实际控制力—法律义务—法律责任"的传导链条。

无论是欧盟 GDPR 中的"控制者"还是我国《个人信息保护法》中的"个人信息处理者"，其定义均聚焦于对数据处理目的与方式的决定性控制。

"决定"要件体现了控制者对整个数据处理过程的控制权的来源，即法律规定或事实影响。而"目的和方式"要件明确了控制者需要决定什么，即处理的目的和"核心方式"。欧盟《GDPR下数据控制者及数据处理者概念的指南》对此有极为详细的解读，阐释了这些要件的具体适用场景，为企业实践提供了操作性指引。

数据治理的本质是控制力与责任的匹配游戏。对于参与数据处理的各方主体而言，唯有厘清角色定位，将法律合规要求转化为技术参数和业务流程，在系统架构中内置隐私保护引擎，方能在数据价值挖掘与法律风险防范间实现平衡。这不仅是应对监管审查的防御之策，更是数字经济时代构建核心竞争力的必修课。

第五节 场景（5）数据提供——访问权：个人信息权利保障的"根据地"

"访问权"（Right of Access by the Data Subject），是指个人有权访问其正在被平台处理的个人信息并取得相应副本的权利。映射到我国，对应《个人信息保护法》第45条规定的"查阅、复制权"。通俗来说，就是个人作为平台用户，有权"查看"并"带走"其被平台收集的个人信息。

基于访问权，在数据处理者视角下，即是对数据主体访问权的相应下的数据提供。因此，属于不同视角下的同一个问题。

2024年5月9日，欧盟理事会正式通过《数据法》（Data Act），这是欧盟自2020年提出数据战略以来实施的第二个重要立法举措。该法案是对欧盟《通用数据保护条例》项下个人信息访问权的延伸，一方面延展了访问权的范围（从个人信息进一步拓展至非个人信息），另一方面系统性地构建起企业（B2B）+政府（B2G）的访问权的实现路径。

放眼国内，关于访问权的关注度还太少，近年有关"个人信息访问权"

纠纷的案件仅发生 4 起①。不过，原本处于绝对强势地位的互联网平台，在保卫访问权这场拉锯战中，也并未占得上风。在国内"个人信息访问权"第一案中，二审法院最终判定唯品会平台未能充分保障用户的访问权，没有完全披露及提供其所收集的用户个人信息及个人信息处理的相关情况，特别是与第三方数据共享的具体情况。而这并非互联网平台第一次败下阵来。

访问权是监督平台个人信息处理活动的"重要武器"。通过行使该权利，个人能够清晰地了解到平台所掌握的个人信息范围，从而验证其在个人信息收集、使用、共享、存储、删除方面是否合规。

同时，访问权也是行使其他个人信息权利的"核心地基"。毕竟，我们只有知道哪些个人信息被平台收集，才能进一步向平台提出更正补充（"更正权"）、转移到其他平台（"可携带权"）、解释说明（"解释说明权"）乃至删除（"删除权"）这些个人信息的要求。这也是不少平台"忌惮"访问权的核心原因。

对于互联网平台而言，应当如何合规地提供这些数据：让用户查看并带走数据？在响应这一权利的过程中，平台是否拥有"say no"的权利？对此，我们将对国内 4 起访问权纠纷案进行全景解析，结合我国和欧盟对于访问权的规制，一探究竟。

一、实操：4 起"访问权"案例全景解析

虽然我国《个人信息保护法》第 45 条明确规定了"查阅、复制权"，但这一权利在实践中的运用并不多。我们以该条款为关键词进行检索，仅检索到 4 起案例。

显然，相较于欧美等国家，这个案例总量还太少。不过，这对于进一步解构"访问权"、了解司法实践中对于"访问权"的认定，还是具有极大的实操借鉴意义。为此，我们从访问权行使主体、行使范围、响应方式、响应

---

① 以"个人信息查阅复制"为关键词在裁判文书网进行检索，至 2025 年 5 月 16 日检索到 4 起案例（共 5 份裁判文书，其中 2 份为西瓜视频案的一、二审判决）。

时间等维度，将这4起案例进一步梳理，如表3-5-1所示：

表3-5-1 4起"访问权"案例梳理

互联网平台	行使主体	行使范围	响应方式	响应时间	判决结果
唯品会	平台用户（个人信息主体）	（1）平台收集到的个人信息；（2）个人信息处理情况（包含第三方数据共享情况）	用户填写的信息可在App个人信息中心查看	及时响应了用户的客服咨询，但未回复用户邮件申请	平台败诉
51Talk	平台用户（个人信息主体）	（1）平台所收集的个人信息；（2）用户提供的全部个人信息	平台提供了CRM系统截图且较为模糊	三个多月	平台败诉
西瓜视频	平台用户（个人信息主体）	用户在使用账号时的<u>个人行为记录信息</u>（用户在西瓜视频观看过的全部视频数据信息，包含视频名称、创作者账号名称以及所看视频的观看时长、观看时间、视频发布时间、播放量等信息）	平台以Excel表格的形式提供了账号的视频观看时间、观看完成度（百分比）、视频链接	用户首次提出请求时，回复暂无相关功能，后于用户提起诉讼后以邮件形式提供	平台胜诉
某员工管理平台	平台用户亲戚（死者近亲属）	死者的<u>考勤记录</u>等个人信息	死者去世后其账号被平台停用，但平台提供了调取死者个人信息的其他合理途径	判决未明确	平台胜诉

由表3-5-1可知：

（1）行使主体。访问权的行使主体并非仅指个人信息主体，还包括其近亲属（当个人信息主体死亡时），但应当满足以下条件：①范围限于死者的个人信息；②行使权利系为了维护自身合法、正当利益；③死者生前未另有安排。

对此，互联网平台有权对行使主体进行身份认证，个人有配合的义务，否则互联网平台有权以此为由拒绝响应访问权的行使请求。

(2) 行使范围。根据《个人信息保护法》的规定，访问权的范围似乎只限定在"个人信息"；但在"唯品会案"中，法院认为其不仅包括个人信息，还包含个人信息处理的相关情况（包括与第三方共享个人信息的情况等）。

同时，当个人请求的访问权行使范围涵盖了其他个人信息主体的个人信息时，法院认为平台还应当结合下述要素进行充分评估（"西瓜视频案"）：①查阅、复制的主体应对个人信息享有合法合理利益；②不应侵害其他主体合法权益，并尽可能对其他个人信息主体影响较小。如可以将个人信息分割后提供；或者虽无法分割但平台亦取得了其他个人信息主体提供其个人信息的同意，且前述个人信息不包含敏感个人信息等。

(3) 响应方式。《个人信息保护法》并未对访问权的响应方式作出规定。在这 4 起案例中，法院普遍认为平台应当采取书面形式进行响应，包括纸质介质或者电子介质，如 Excel 表格、Word 文档等。

至于平台应该是"主动提供"还是"被动响应"，法院在"西瓜视频案"中对二者均予以了肯定：

①主动提供：由个人信息主体通过自行查阅、下载或导出的方式实现不特定主体的个人信息查阅、复制请求；

②被动响应：通过设置专门的系统或人工客服渠道，由平台受理并响应个人信息主体提出的个人信息查阅、复制请求。

(4) 响应时间。《个人信息保护法》并无明确约定，只模糊地要求"及时提供"。法院一般是参照国标《个人信息安全规范》的规定（30 日或法律法规规定的期限内），结合平台自身制定的隐私政策进行判定，通常是以接到请求的 15 日为限。

(5) 豁免情形。《个人信息保护法》仅规定了访问权响应的两种例外情形：①有法律、行政法规规定应当保密或者不需要告知；②告知将妨碍国家机关履行法定职责。

这两种例外情形，对于互联网平台而言都很难适用。首先，互联网平台一般不属于国家机关，可排除第二种情形的适用；想要适用第一种情形，则需要证明是有"法律""行政法规"的规定要保密或不需告知，亦存在很大的证明难度。

由此可见,互联网平台想要拒绝响应访问权,并不是一件容易的事情。

二、规则:互联网平台应当如何响应个人的访问权

当下,我国虽然通过《民法典》《个人信息保护法》将"访问权"正式确立下来,但并未就"访问权"的具体行使与响应出台细化规则或指南,可参考的仅有《个人信息安全规范》,但也仅明确了行使范围和响应时间,给互联网平台的参考意义极为有限。

相较而言,欧盟在这一点走在很前面,不仅在专门针对 GDPR 项下个人数据的访问权实践出台了《Guidelines 01/2022 on data subject rights – Right of access(Version 2.0)》(以下简称《EDPB 数据主体访问权指南》),更是在 2023 年年末通过《数据法》将物联网项下的非个人数据也纳入访问权的范围,从而与 GDPR 互为补充,构成欧盟访问权规制的一体两面。

为了帮助互联网平台明确访问权行使的核心"踩分点",我们就《EDPB 数据主体访问权指南》及《数据法》中有关访问权的规制要点梳理如下,供互联网平台借鉴参考。

(一)个人数据的访问:《EDPB 数据主体访问权指南》

该指南通过编写案例的形式,将 GDPR 项下个人数据的访问权行使主体、行使范围、响应方式、响应时间进行了生动形象的阐述。我们摘录其中核心要点如下:

(1)验证用户身份时应满足最小必要原则。平台如有合理理由怀疑用户的身份,可以要求用户提供额外的信息以进行确认。然而,平台也必须同时遵循"最小必要"原则,确保不会在身份验证环节收集用户不必要的个人信息。

(2)数据访问方式的恰当性。根据 GDPR 规定,平台应当采取适当措施,以简明、透明、易懂和容易获得的形式,使用清晰和通俗的语言向用户提供个人信息访问路径。在具体判断规则上,该指南建议平台同步考虑数据的数量和复杂性。对于处理大量数据的平台而言,可以考虑通过采用分层的方式向用户提供数据，但亦强调不得以此限制用户访问权的行使，不应为用户带来额外的负担。

（3）明确拒绝响应访问权的判断要点。根据 GDPR，平台可以基于下述理由拒绝响应访问权：①访问权的行使可能对他人的权利和自由产生不利影响；②访问权请求明显没有依据；③访问权请求是过度的。该指南对此进一步作出了细化的规定，如针对"访问权请求是否过度"，平台可以综合考量数据本身更新的频率、数据的性质（是否包含敏感个人信息）、数据处理目的等要素进行判定。

（二）非个人数据的访问：《数据法》（Data Act）

《数据法》将"访问权"进行了细化和扩展。其关键条款包括：

（1）强化数据可访问性（Article 4–5）。用户与企业数据共享：允许用户（包括个人和企业）从联网设备或服务中获取其生成的数据，如智能家电、流媒体平台的使用数据。跨平台数据迁移：要求企业提供标准化接口，使用户能够将数据无缝转移至其他服务提供商。

（2）打破平台数据垄断（Article 6）。防止大型平台通过数据"锁定效应"限制竞争，如要求 Netflix 等流媒体平台允许第三方基于用户授权获取其观看行为数据（用于个性化推荐或其他合法用途）。

（3）企业间数据共享义务（Article 8–9）。在特定场景（如公共利益、紧急情况）下，企业需向政府或其他企业共享数据，但需确保用户权利不受侵犯。

比较 Data Act 与 GDPR 可以发现，GDPR 聚焦于个人数据的控制权（如访问、更正、删除）；Data Act 则扩展至数据的经济价值分配，强调数据在用户、企业、政府间的流动规则，尤其是物联网（IoT）环境下的数据权益。

同时，作为 GDPR 的补充，《数据法》首次将访问权的范围拓展至非个人数据［个人数据以外的数据，指不能识别到个人（数据主体）的任何数据］，并重点规定了下述要点：

（1）响应方式：默认提供＋禁止"黑模式"。

《数据法》确立了"默认提供"的访问权规则。根据《数据法》规定，在设计和提供物联网产品及相关服务时，应当使产品及服务数据在默认情况下，以全面、结构化、常用和机器可读的格式，将收集的数据方便、安全、免费地提供给用户，并在相关和技术可行的情况下，直接提供给用户。

而且，《数据法》强调平台不得通过"黑模式"阻碍用户行使访问权，包括但不限于以非中立的方式向用户提供选项，或通过用户界面、操作方式等颠覆或损害用户的自主权、决策或选择等，以充分保障用户行使权利。

（2）豁免情形+豁免主体。

《数据法》同样规定了访问权响应的例外情形，即平台可以商业秘密保护为由不予公开（withhold）或暂停与用户共享数据，或是在个案情形下直接拒绝用户访问权的行使。

不过，适用这一豁免情形的前提，在于平台需要证明其已采取一切必要措施保护其数据秘密性而用户未能予以执行，包括在相关元数据等处标明作为商业秘密受保护的数据，并与用户商定必要的技术和组织措施（如示范合同条款、保密协议、严格的访问协议、技术标准和行为守则的应用）。同时，平台还需要履行通知义务，告知有关当局其拒绝响应的事实及理由等。

除此之外，《数据法》还特别规定了豁免主体，为小微企业及中型企业"减负"。其中小微企业适用完全豁免，对于中型企业则给了一定的宽限期（产品使用或投入市场后1年内，以较早者为准）。

（3）权利限制。

《数据法》在保障用户访问权的同时，也不忘把"权利关在笼子里"，给用户行使访问权施加一定的约束限制，以在一定程度上保障平台对于数据享有的合法竞争权益。根据《数据法》规定，用户不得将获得的数据用于开发与数据来源的产品相竞争的产品，也不得以此为目的与另一第三方分享数据，且不得使用这些数据来了解数据持有者的经济情况、资产和生产办法。

三、结语

访问权既是个人信息主体权益的核心基础，也是促进平台合法化、透明化、公平化地处理个人信息的重要抓手。只有让数据不再成为"黑箱"，让数据实现"解锁",才能真正促进数据要素的流通,从而让数据在流通中真正实现价值。

对此,互联网平台应当充分重视用户访问权的保障,在数据提供维度,根据国内《个人信息保护法》的规定,参照欧盟发布的访问权最佳实践,以简明、透明、易懂和容易获得的形式,使用清晰和通俗的语言向用户提供个人信息访问路径。

第六节　场景(6)数据泄露——快递产业数据泄露,数据流转的利益产业链

快递在我们经济生活的每个角落随处可见,而快递产业链中客户的数据安全,已成为整个快递物流产业的痛点。2025 年 3 月 19 日,国家邮政局官网发布关于依法对上海韵达货运有限公司进行立案调查的消息,该公司为韵达快递总部。

针对快递信息泄露问题,国家市场监督管理总局、国家标准化委员会早于 2023 年 2 月就实施了《快递电子运单》和《通用寄递地址编码规则》两项新国标,要求加密快递面单,更好地保护个人信息。同年 5 月 23 日,国家市场监督管理总局、国家标准化管理委员会发布并于 2023 年 12 月 1 日实施的《信息安全技术　个人信息处理中告知和同意的实施指南》,其附录 K 中明确了快递物流场景下的告知和同意细则,以保护消费者个人信息主体权益。

在消费者快递信息频频泄露及实施指南生效一年多的背景下,我们以上海警方首度破获物流公司电脑植入木马案与韵达的数据处理违规被立案为讨论基础,分析快递信息泄露黑产链条,以及消费者快递信息的相关处理角色和处理内容,最终为电商平台、物流公司构建个人信息保护体系提出应对方略。

一、快递信息违规处理案

2023 年 6 月 15 日,上海市公安局召开"净网 2023"专项行动新闻发布

会，介绍了上海市首例在物流公司电脑植入木马非法获取公民信息的侵犯公民个人信息的案件①。案情经过如下：2023年3月，上海市公安局闵行分局接警，被害人薛小姐被诈骗分子冒充客服以快递丢件赔付为由骗去2万余元。侦查中警方发现，不法分子准确掌握被害人的身份、网购订单和快递信息是诈骗得手的关键。

在刑侦、网安等部门的支持下，警方将信息源锁定某物流公司，发现该公司部分电脑被种植了特定的木马程序，该程序通过攻击物流公司的派单系统窃取相关消费者信息并传输至境外，境外不法分子实施电信诈骗行为。警方最终发现该物流公司前员工彭某有重大作案嫌疑。据彭某交代，其通过某境外社交软件结识了欲购买公民信息的上家，对方指使彭某入职物流企业盗取公民信息，并承诺以每条2.5元的价格购买。

更早的案例是，2020年11月，圆通内部员工与外部不法分子勾结导致40万条个人信息泄露，这一事件引发了社会广泛关注。上海市网信办组织约谈了圆通公司，责令圆通公司认真处理员工违法违纪事件，做到信息对称、及时公开、正面应对，加快建立快递运单数据的管理制度②。

2023年2月12日，即时通讯软件Telegram机器人爆出国内大规模个人信息泄露事件。据称，这次泄露所涉数据规模十分庞大，包含45亿条、435.35GB数据，所涉及数据源自各物流企业以及电商平台购物网站③。

2025年3月19日，韵达总部被立案的公告显示："韵达快递部分加盟企业对协议客户安全管理存在重大漏洞，导致涉诈骗宣传品进入寄递渠道，造成受害人重大财产损失。上海韵达货运有限公司对其加盟商管理缺位，负有

---

① 李一能：《网购信息原来是这样被泄露的，上海警方首度破获物流公司电脑植入木马案》，载新民网2023年6月15日，http：//news.xinmin.cn/2023/06/15/32405254.html；《直播录像｜上海警方介绍深入开展"净网2023"专项行动》，载澎湃网2023年6月15日，https：//www.thepaper.cn/newsDetail_forward_23476140。

② 《上海市网信办约谈圆通速递责令整改》，载微信公众号"网信上海"2020年11月25日，https：//mp.weixin.qq.com/s/Bmlnl7lpMzAx3RrJan1A_A。

③ 南财合规科技研究院：《疑似大量个人信息被泄露 信息贩卖成暗网"潜规则"？》，载微信公众号"合规科技研究"2023年2月14日，https：//mp.weixin.qq.com/s/P4JVV_-iTbEHIT9RsQPhaQ。

未按规定实行安全保障统一管理责任。"

根据公安部门侦查统计，韵达因对加盟商数据处理管理不到位，2024年短短4个月的时间内，诈骗团伙至少发送了90万个带有诈骗信息的快递。2024年7月至9月，只其中一款包含诈骗信息的二维码卡片，在全国范围内就引发诈骗案件200多起。

二、快递信息谁在处理

屡次三番的快递信息泄露事件，让消费者战战兢兢，隐蔽的信息流转也让监管部门难以下手。若想防止信息泄露，则需要从数据的源头下手，摸清究竟是"谁"在处理消费者的快递信息。本节我们从某电商平台的《隐私政策》及个人信息保护相关规范入手，明确消费者快递信息处理主体及责任承担情况。

（一）多主体处理消费者快递信息

从图3-6-1某电商平台隐私政策我们可以看到，电商平台、电商平台关联方、供应商、商家或配送公司均可接触到消费者的收货人姓名、收货地址及手机号码等快递信息。

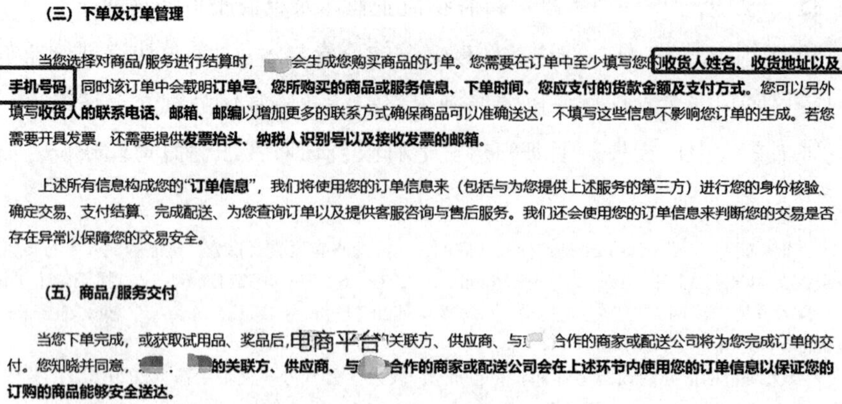

（三）下单及订单管理

当您选择对商品/服务进行结算时，▇▇会生成您购买商品的订单。您需要在订单中至少填写您的**收货人姓名、收货地址以及手机号码**，同时该订单中会载明订单号、您所购买的商品或服务信息、下单时间、您应支付的货款金额及支付方式。您可以另外填写收货人的联系电话、邮箱、邮编以增加更多的联系方式确保商品可以准确送达，不填写这些信息不影响您订单的生成。若您需要开具发票，还需要提供**发票抬头、纳税人识别号以及接收发票的邮箱**。

上述所有信息构成您的"**订单信息**"，我们将使用您的订单信息（包括为为您提供上述服务的第三方）进行您的身份核验、确定交易、支付结算、完成配送、为您查询订单以及提供客服咨询与售后服务。我们还会使用您的订单信息来判断您的交易是否存在异常以保障您的交易安全。

（五）商品/服务交付

当您下单完成，或获取试用品、奖品后，**电商平台**关联方、供应商、与▇▇合作的商家或配送公司将为您完成订单的交付。您知晓并同意，▇▇▇的关联方、供应商、与▇▇合作的商家或配送公司会在上述环节内使用您的订单信息以保证您的订购的商品能够安全送达。

图3-6-1　某电商平台隐私政策

具体的消费者快递信息处理流程为：电商平台收集消费者快递信息后，根据消费者下单为自营配送或入驻商家配送的不同，将信息通过内部数据共享的方式共享至集团内关联方——快递公司，或通过后台数据传输的方式，共享至商家或配送公司（如图3-6-2所示）。

二、关联方共享个人信息列表

为向您提供商品或服务浏览、完成交易等功能，您的个人信息可能与以下关联方进行共享，具体共享情况说明如下：

产品/类型	使用目的	使用场景	共享信息名称	共享方式	第三方公司名称	隐私保护说明
支付	完成订单支付	使用支付功能时	订单号、交易金额信息	内部数据共享		
交付配送	完成商品或服务交付	进行商品或服务交付配送时	账号、订单信息、收货地址、联系人及联系方式	内部数据共享		

三、第三方共享个人信息列表

为向您提供商品或服务浏览、完成交易等功能，您的个人信息可能与以下第三方进行共享，具体共享情况说明如下：

产品/类型	使用目的	使用场景	共享信息名称	共享方式	第三方公司名称	隐私保护说明
支付	完成订单支付	使用支付功能时	订单号、交易金额信息	后台接口传输		
提供商品或服务	商品或服务展示、交易及交付	使用平台下单购买第三方商家商品或服务时	订单信息（包括商品或服务信息、下单时间、货款金额及其他必要信息）	后台接口传输		第三方商家隐私政策

图3-6-2 某电商平台个人信息共享清单

(二) 各主体的角色定位与责任承担

那么，在多方主体处理消费者快递信息的场景下，各方的角色定位是什么？需要承担何种责任？根据《个人信息保护法》的规定，在不同个人场景下，不同角色的责任义务并不相同，我们梳理如下（见表3-6-1）：

表3-6-1 多方主体处理消费者快递信息场景下各方角色定位与责任义务梳理

处理场景	含义	责任义务
提供	个人信息处理者向其他个人信息处理者提供其处理的个人信息	1. 个人信息提供行为需要保障用户对于接收方及其处理行为的知情权，且本身需要用户的单独同意； 2. 提供方与接收方**均应当各自遵循**《个人信息保护法》规定的**个人信息处理者所应当履行的义务与责任**（否则将面临最高可被处以上一年度营业额5%的罚则）； 3. 若接收方变更原先的个人信息处理目的、处理方式，还应当重新取得个人同意
委托/受托处理	委托/受托处理个人信息	1. **受托人**区别于个人信息处理者，并**不需要承担《个人信息保护法》规定的个人信息处理者应当遵循的义务**； 2. 若受托人违反了《个人信息保护法》第五章"个人信息处理者的义务"项下第59条的规定（受托人应当依照《个人信息保护法》和有关法律、行政法规的规定，采取必要措施保障所处理的个人信息的安全，并协助个人信息处理者履行《个人信息保护法》规定的义务），**是否可以单独追究受托人的行政责任**，《个人信息保护法》并未给出答案，**尚有待进一步的细则及解释的出台**
共同处理	共同决定个人信息的处理目的和处理方式	1. **均应遵循《个人信息保护法》中的个人信息处理者义务**，且需约定各自的权利和义务，但约定不影响个人向其中任何一个个人信息处理者要求行使权利； 2. 侵害个人信息权益造成损害的，**双方应当依法承担连带责任**

在电商平台（含其关联方）、商家、物流公司之间对于消费者快递信息共享场景下，由于各方均为自主决定或共同决定消费者个人信息的处理目的、处理方式，彼此之间并未建立起委托/受托处理的法律关系，因此均扮演个人信息处理者角色，需要承担《个人信息保护法》项下的相关义务。

三、如何保护消费者个人信息

建立个人信息保护机制刻不容缓。在监管侧，我国自 2021 年起就搭建起《网络安全法》《数据安全法》《个人信息保护法》的数据安全治理体系治理三部曲，各类实施细则及国家标准也层出不穷，针对快递信息泄露问题，市场监督管理总局更是于近年密集推出国家标准，体现对于个人信息强监管态势。

在行业侧，电商平台、物流公司等企业更应积极遵循个人信息保护义务，如我们曾经总结的个人信息保护"MACTOP"规则：

1. M："Management"，企业需要建立与个人信息保护相关的内部管理制度和管理规程，落实个人信息保护负责人岗位设置，申请获得 ISO 27001 信息安全管理体系认证、网络安全等级保护等资质，从系统资质、人员岗位设置及管理细则等方面"自外而内"管理职责和要求。

2. A："Authorization"＆"Assessment"，其一，企业需要合理确定个人信息处理的操作权限，根据业务流、个人信息流，授权不同部门、人员进行相应的处理；其二，企业需要依法定期进行合规审计，并依法履行个人信息保护影响评估义务，予以记录与留痕。

3. C："Category"，企业需要对个人信息进行分类管理，根据不同的类别赋予不同的数据保护工具。如区分一般个人信息、敏感个人信息等类别给予不同维度的保护层级。

4. T："Technology"，企业需要采取相应的加密、去标识化等安全技术措施，来保护经分类和授权处理的个人信息。

5. O："Organization"，企业需要定期对从业人员进行安全教育和培训。如通过签署保密协议、进行背景调查、定期开展安全教育、定期开展培训等方式，增强企业从业人员对于个人信息保护的合规意识，亦可以进一步明确内部涉及个人信息处理不同岗位的职责和处罚机制。

6. P：“Plan”，企业需要制订个人信息安全事件应急预案，并定期组织相关人员进行演练，履行个人信息泄露通知、补救等各项义务与流程，明确各主体责任。

四、结语

我们总结的 MACTOP 规则，在《成功 CEO 的临门一脚：数据合规管理》一书第六章第一节《个人信息保护法》应对七步攻略中有详细的解读。个人信息保护的举证责任倒置，要求数据处理企业需要具备极强的"自证清白"的能力。这与本章数据合规场景企业管理困境中的突破思路一致，即问责制下企业如何有效实现自证。

我们通过对电商平台隐私政策及个人信息共享清单的分析，了解了消费者快递信息的处理主体，并认为各主体均扮演个人信息处理者角色，应当承担相应的个人信息保护义务，否则将面临最高可被处以上一年度营业额 5% 的罚则。数据违规，更进一步，亦有可能像韵达公司类似事件或需承担刑事责任。

快递物流是与每一个消费者都息息相关的生活工作场景，在监管侧密集出台规范细则和行业整顿的背景下，平台企业应严格履行个人信息保护义务（如"MACTOP"规则），践行数据合规，并构建数据合规管理体系，尤其如韵达公司等，在松散的加盟等商业模式下，数据处理者之间的关系复杂的同时，管理和监督的力度一直在降低，在巨大的利益链条之下，难免失控。

第七节 场景（7）数据溯源——油罐车案中，数据采集追溯监管体系的关键数据要素

2024 年 8 月 25 日，国务院食品安全委员会办公室通报对媒体反映的"罐车运输食用植物油乱象问题"的调查处置情况，沸沸扬扬的"油罐车事件"落下帷幕。国务院通报中除了对运输企业、车主、司机、购买企业及生

产企业的违法事实及责任予以认定，还对涉事食用油的流向进行追查，其中已销售但未被使用的7.78吨食用植物油已全部追回并封存，已被使用的21.6吨食用植物油流向内蒙古鄂尔多斯市，未流向其他地区。

那么已被使用的问题油究竟被谁购买了？监管部门应如何数字化追溯问题油品消费链路的最终端？

本节试以数字化手段建立食品安全追溯机制，由食品供应链各个节点主体录入食品流转关键信息，以护航餐桌安全。

一、屡禁不止：食品运输乱象何时休

"罐车运输食用植物油乱象问题"是由《新京报》记者经过长时间的暗访调查后揭露的。2024年5月21日，一辆罐车在宁东煤制油厂区装载煤制油后运至河北秦皇岛卸油。之后，该车未经清洗，直接前往河北省三河市燕郊镇的汇福粮油集团生产厂区，装载一级豆油驶出。另一辆罐车从宁夏运送煤制油至河北石家庄卸货后，也在未洗罐子的情况下驶往天津的中储粮油脂有限公司，装载35吨大豆油离开。在没有清洗罐子的情况下将工业用油和食用油混装，这批含有致病风险的油将会随着销售链条向下流通，流入千万家百姓的柴米油盐中。

然而这类骇人听闻的消息并非首次曝光。早在2005年，《南国早报》就曾报道"罐车清洗难防交叉污染，拉完危险化学品后又拉食品"的罐车乱象；2015年，湖南电视台记者爆料称，湖南衡阳、永州等地不少罐车装载强腐蚀性化学品运送到目的地后，为节约成本避免车辆放空回程，会在当地装载食用油回程，这些食用油有一部分最终流向了市民的餐桌。

为什么食品运输安全如此重要？经历过1988年上海甲肝疫情的人一定心有余悸，该疫情的元凶是运粪船未经任何消毒处理就运回一船船的青菜、农产品和毛蚶，然后卖到各家各户的饭桌上，最终引发了上海一场波及150万人的甲肝疫情。

为应对上述食品安全事件，我国陆续发布并更新了下述法律法规（见表3-7-1）：

表 3-7-1　我国食品安全相关法律法规梳理

法律法规	具体内容
《食品安全法》	第 33 条第 1 款第 6 项： （六）贮存、运输和装卸食品的容器、工具和设备应当安全、无害，保持清洁，防止食品污染，并符合保证食品安全所需的温度、湿度等特殊要求，**不得将食品与有毒、有害物品一同贮存、运输**。
	第 34 条第 9 项： 禁止生产经营下列食品、食品添加剂、食品相关产品： （九）**被包装材料、容器、运输工具等污染的食品、食品添加剂**。
	第 42 条： 国家建立食品安全全程追溯制度。 食品生产经营者应当依照本法的规定，建立食品安全追溯体系，保证食品可追溯。国家鼓励食品生产经营者采用信息化手段采集、留存生产经营信息，建立食品安全追溯体系。 国务院食品安全监督管理部门会同国务院农业行政等有关部门建立食品安全全程追溯协作机制。
《食品安全法实施条例》	第 18 条： 食品生产经营者应当建立食品安全追溯体系，依照食品安全法的规定如实记录并保存进货查验、出厂检验、食品销售等信息，保证食品可追溯。
	第 25 条第 1 款： 食品生产经营者委托贮存、运输食品的，应当对受托方的食品安全保障能力进行审核，**并监督受托方按照保证食品安全的要求贮存、运输食品**。受托方应当保证食品贮存、运输条件符合食品安全的要求，加强食品贮存、运输过程管理。
《粮食流通管理条例》	第 14 条： 运输粮食应当严格执行国家粮食运输的技术规范，减少粮食运输损耗。**不得使用被污染的运输工具或者包装材料运输粮食，不得与有毒有害物质混装运输**。
《粮食质量安全监管办法》	第 21 条： 运输粮食的运输工具、容器应当完好，并保持清洁、干燥、安全卫生。非专用车（船）应当有必要的铺垫物和防潮湿等设备，铺垫物、防潮湿设备等必备物品应当符合国家有关标准和政策要求。 **不得使用被污染的运输工具、容器或者包装材料运输粮食，不得与有毒有害物质混装运输**。

针对食品运输乱象问题，我国虽有《食品安全法》《食品安全法实施条例》《粮食流通管理条例》等立法规定，但尚不足以解决食品运输实践乱象问题，我们建议，在《食品安全法》第42条、《食品安全法实施条例》第18条要求食品生产经营者建立食品安全追溯体系的基础上，参照并优化境外已有的溯源体系，形成数字化全链追踪的解决方案。

二、关键数据元素（KDE）：美国食品追溯规则

美国食品药品监督管理局（FDA）在食品安全监管方面，提出了全链追踪的数据溯源解决方案，其中对于关键数据元素的科学定义值得我们借鉴学习。

FDA于2022年11月21日颁布了将于2026年1月20日正式生效的 *FSMA Final Rule on Requirements for Additional Traceability Records for Certain Foods*（《关于某些食品额外可追溯性记录要求的最终规则》，以下简称《记录规则》）①，《记录规则》确定的新要求可以用于更快地识别和迅速从市场上清除可能被污染的食品，从而减少食源性疾病，甚至死亡。

从表3-7-2中我们看到，《记录规则》的核心要点集中在FTL的风险评估，到重大事件的CTE，最终确认关键数据元素KDE，这种科学的逻辑保障了全链路数字化最终解决方案的可行性，即数据从采集开始到处理到可被问责的逻辑。

表3-7-2 美国《记录规则》核心要点梳理

序号	要点	内容
1	谁必须遵循	《记录规则》要求的适用人群是**制造、加工、包装或贮藏列入《食品可追溯性清单》（FTL）的食品的人**。

---

① *FSMA Final Rule on Requirements for Additional Traceability Records for Certain Foods*，FDA，https://www.fda.gov/food/food-safety-modernization-act-fsma/fsma-final-rule-requirements-additional-traceability-records-certain-foods.

续表

序号	要点	内 容
2	什么是《食品可追溯性清单》	《食品可追溯性清单》（FTL）确定了根据食品可追溯性规则需要额外可追溯性记录的食品。 FDA 在其网站 https：//www.fda.gov/food/food-safety-modernization-act-fsma/foodtraceability-list 上公布了 FTL。 FTL 的设置逻辑是根据 FDA 开发的食品追踪风险等级模型确定，在根据**七个标准的数据信息**对食品可能污染及危害可能性情况进行评分后确定，该模型具有灵活性。①
3	《记录规则》核心要求是什么	《记录规则》核心是要求受该规则约束的制造、加工、包装或贮存食品的人员保存与**重大追溯追踪事件（CTE）相关的关键数据元素（KDE）**的记录；在 24 小时内或 FDA 同意的合理时间内向 FDA 提供相关信息。
4	什么是 CTE 及 KDE	《记录规则》确定的**重大追溯追踪事件（CTE）**，包括采收、冷却（初始包装前）、对生鲜农产品（从渔船上获得的食品除外）的初始包装、从渔船上获得的食品的首次陆上接收，以及食品的**运输、接收和转化**等环节。 其记录需要包含"**关键数据元素**"（KDE）。所要求的关键数据元素取决于所进行的 CTE。②
5	记录应当如何保存	必须以**纸质或电子记录原件或真实副本**（如复印件、图片、扫描件或原始记录的其他准确复制品）的形式保存记录。电子记录可包括根据《记录规则》需要保存的信息的有效可用电子链接。所有记录必须清晰可辨，并妥善保存以防变质或丢失。
6	记录应保存多长时间	除《记录规则》另有规定外，必须将包含所需信息的记录保存 2 年，自创建或获得记录之日起开始计算。

三、兼收并蓄：建立食品全链路数字化追踪解决方案

在我国，《食品安全法》已提出食品生产经营者建立食品安全追溯体系的要求；在美国，FDA 已提出食品全链追踪的解决方案，然而，由于 FDA 的解决方案在食品运输 CTE 中，只要求记录食品具体运输地点，并未要求记

---

① Methodological Approach to Developing a Risk-Ranking Model for Food Tracing FSMA Section 204, FDA, https：//www.fda.gov/media/142247/download.

② 具体可参考以下内容进行理解：Food Traceability Rule：Critical Tracking Events（CTEs）and Key Data Elements（KDEs），FDA，https：//www.fda.gov/media/163132/download。

录食品的运输路线（包括从一个运输商转到另一个运输商的任何可能情况），并不能完全解决我国的油罐车混装乱象问题。因此，我们建议，在我国食品安全追溯体系要求及美国 FDA 最新实践的基础上，迭代建立食品全链路数字化追踪解决方案（从采集到监管的完整闭环），以解决问题食品召回难的问题。

（一）谁来追踪

根据我国《食品安全法实施条例》的要求，目前仅要求食品生产经营者建立食品安全追溯体系，然而，对于"食品生产经营者"的定义却略显模糊。根据国务院的通报，问题油涉事车辆登记在某物流公司名下，该车亦有实际车主（可能为挂靠关系），实际驾驶涉事车辆的又另有其人，那么仅在运输节点下，谁是食品生产经营者？

我们建议，进一步明确食品安全追溯体系责任主体范围，以食品流转链路为抓手，将食品生产至销售全环节串联起来，明确各节点涉及主体，并要求其采集录入食品关键流转数据信息。

（二）如何追踪

美国 FDA《记录规则》要求必须以纸质或电子记录原件或真实副本（如复印件、图片、扫描件或原始记录的其他准确复制品）的形式保存记录，且在 FDA 要求后 24 小时内提供即可。

我们建议，在数字化背景下，可借助区块链技术防篡改、防损坏、防丢失等特性，通过该技术手段建立溯源链路，促使食品各节点相关主体将食品追踪信息上链（区块链平台可由政府相关主管部门统一构建或促使食品生产销售企业构建），以便于在发生食品安全事件后能够快速确定销售终端范围，进行食品召回。

（三）追踪什么

美国 FDA《记录规则》要求记录 CTE 及 KDE，我国可以参照该数据采集的逻辑，通过制定食品流转关键节点信息录入字段，记录内容的可被验证来落实可被问责。

针对本节的油罐车案例，可将 CTE 规定为食品生产、加工、包装、运输、储存、销售等多个环节，在每个环节设置应留存的食品记录信息；如在运输环节，可额外要求记录该运输载体是否承载过危化产品、高污染产品等内容，是否进行过清洁等关键信息。

四、结语

我们建议借鉴美国 FDA 的监管实践经验，并根据我国《食品安全法》中关于建立"食品安全追溯体系"的要求，利用数据合规的逻辑，从数据采集开始嵌入风险评估模型，利用 CTE，设定 KDE，最终实现数据处理生命周期的闭环，保障完成业务流程可被验证、可被问责。

第八节 场景（8）数据质量——抖音短视频侵权案中，流量平台数据质量与平台责任"之辨"

数据质量缺陷引发的平台侵权争议日益复杂，我们正在进入一个法律和技术交融的模糊领域。

2016 年，具有里程碑意义的"快播案"，标志着中国互联网进入高速发展期，同时将平台用户交互数据引起的法律问题推向司法前沿。该案触发全网首次关于互联网平台适用"避风港原则"[1]还是"红旗原则"[2]的激烈论战，至此"技术中立"抗辩失效。[3]

---

[1] "避风港原则"是指网络服务提供者只有在知道侵权行为或侵权内容的存在后才有义务采取措施，如删除、屏蔽或断开链接等。如果在明确知道侵权事实后，仍不及时采取相关措施，则需要承担责任。

[2] "红旗原则"是指当侵权事实显而易见，像"红旗一样飘扬"时，网络服务提供者不能假装看不见，或者以不知道侵权为由推脱责任。即在按常理和应尽的基本审慎义务的情况下，网络服务提供者应当知道侵权行为的存在却不删除链接，即使权利人没有发出删除通知，网络服务提供者也应当承担侵权责任。

[3] 案号：北京市第一中级人民法院（2016）京 01 刑终 592 号。

2020年首例公共数据不正当竞争案件（"蚂蚁微贷案"），聚焦公共数据使用者与数据原始主体之间因数据使用质量引发的纠纷。该案中，蚂蚁微贷因被某平台信息推送设置问题导致错误清算信息传播，引发重大商誉损害[①]。

在2024年最高人民法院年度十大反不正当竞争典型案例之一的"天某查案"中，天某查公司作为网站平台发布股权相关信息有数据错误，且未及时纠正错误信息。该案法院提出数据使用者应当承担数据质量保证义务。[②]

从2016年具有里程碑意义的"快播案"，到2020年首例公共数据不正当竞争案件（蚂蚁微贷因信息推送错误引发商誉纠纷），再到2024年的"天某查案"，平台因数据质量问题承担侵权责任的边界始终存在法律适用困境。

尽管《数据安全法》《个人信息保护法》等法律初步构建了数据治理规则框架，但数据分类分级标准的模糊性、避风港原则与红旗原则的边界争议，以及算法不可解释性带来的归责难题，仍使司法实践面临巨大挑战。本节从案例出发，结合数据分类分级治理要求与典型案例，系统分析平台侵权责任的划定逻辑，并提出分层治理的基本路径。

一、"天某查案"的法院裁判要点

（一）案件背景与争议焦点

1. 案情概要

长某顺公司指控天某查平台发布的企业征信数据存在偏差，包括遗漏其股权登记信息、错误展示持股关系等，且天某查平台在收到纠错通知后未及时修正，导致长某顺公司市场竞争利益受损。

2. 核心争议

数据使用平台是否对原始数据主体负有数据质量保证义务，包括确保数据完备性、准确性的义务及纠错义务。

---

① 案号：浙江省杭州市中级人民法院（2020）浙01民终4874号。
② 案号：广东省深圳市中级人民法院（2023）粤03民终4897号。

（二）法院裁判要点

1. 义务的法定化

法院认定企业征信平台作为数据使用者,需承担数据质量保证义务,包括:

（1）确保数据完备性:征信数据使用主体应当展示完整而非片面的数据信息,确保覆盖数据原始主体公开的所有关键信息（如股权变动记录）。

（2）确保数据准确性:征信数据使用主体应当呈现与事实相符的数据信息。客观上,应当采用不低于行业准则和规范要求的技术水平对数据进行处理,在合理限度内保证数据的真实性和有效性;主观上,应当恪守行业道德,客观呈现基于技术处理所直接获取的信息,而不能实施人为操控、篡改等行为。

（3）合理纠错义务:使用征信数据的征信企业应当建立合理的信息纠错机制,在收到合理质疑后需快速修正错误数据。

2. 竞争权益的司法保护

长某顺公司的对外持股信息直接影响其市场信誉与融资能力,数据错误导致其竞争地位受损,构成不正当竞争。

3. 责任认定与赔偿

法院判决天某查平台赔偿长某顺公司 3 万余元,修正数据并公开澄清。

二、平台责任划定的复杂性:技术逻辑与法律价值的冲突

（一）避风港原则的适用困境:被削弱的技术中立性

避风港原则要求平台在"不知且不应知"侵权时免责,但数据主动处理行为（如算法推荐、爬虫抓取）削弱了技术中立性。例如,在"微信诉极致了网案"[1]中,法院认定违反 Robots 协议爬取数据即构成不正当竞争,即使技术合法。这表明,平台对数据来源的主动干预行为将直接触发注意义务。

---

[1] 案号:杭州铁路运输法院（2021）浙 8601 民初 309 号。

（二）红旗原则的司法扩张：场景化界定

法院通过以下情形扩张红旗原则的适用：

（1）数据推荐场景：平台通过热搜榜单、首页推送等方式主动展示数据，需审查权属合法性。

（2）重复侵权场景：同一数据源多次错误时，平台需建立技术拦截机制。

（3）经济利益关联场景：平台从数据错误中获益（如虚假流量吸引广告），可推定"应知"过错。

（三）算法黑箱的归责挑战

AI 技术的渗透，深度学习算法的不可解释性导致错误归因困难。平台的算法黑箱是法院在判定责任边界过程中采用过错推定的一个典型场景。平台自身能否在这场责任边界"自证清白"战斗中胜出，很大程度上取决于平台对技术风险的识别和提前预判的能力。

三、司法实践中的责任认定逻辑与突破

（一）典型案例的裁判规则

1. 数据质量保证义务的实质化

本节"天某查案"将数据质量缺陷纳入不正当竞争范畴，要求平台承担纠错义务。若股权信息错误导致经济损失，平台还应承担损失赔偿责任。

2. 爬虫技术的合法性边界

爬虫问题已是构成不正当竞争案例中的"重灾区"，非公开数据即使技术合法，仍可能构成不正当竞争。《成功 CEO 的临门一脚：数据合规管理》一书第八章有四个小节专门分析爬虫如何构成不正当竞争相关的责任，读者可参考阅读。

3. 儿童信息保护的严格标准

未成年保护体系在短视频平台领域的监管要求凸显识别儿童用户的重要

性，不仅要具备儿童模式的界面和后台功能，还逐步要求将动态行为分析能力作为识别儿童行为的一种算法数据分析能力，由此建立分层保护机制。

（二）争议焦点与司法突破

1. 过错推定原则的强化

平台需自证技术措施合理性（如数据校验、时效标注），若无法提供则推定过错成立。

2. 损害赔偿计算的创新

在"蚂蚁微贷案"中，法院在原告无法举证实际损失或侵权获利时，突破单一计算方式，综合考量以下因素：（1）原告市场知名度（蚂蚁微贷系头部金融科技企业）；（2）侵权行为影响范围（百度、搜狗平台关联搜索结果共计超1900万条）；（3）被告主观过错（未标注历史信息导致误导）；（4）合理维权成本［蚂蚁微贷为本案支出公证费+律师费（酌情确定）］。

四、优化数据质量治理的分层路径

（一）数据质量标准的法定化趋势

根据《信息技术数据质量评价指标》，数据质量的核心维度包括规范性、准确性、一致性、时效性、可访问性。

市场监督管理总局制发《企业信用监管数据质量标准及评分规则（试行）》开发数据质量监测系统，从数据的完整性、规范性、冗余性、关联性、准确性、及时性、全面性等七个维度对各省信用监管数据质量进行实时自动监测并反馈，细化了操作规范。

法院在"天某查案"中明确，企业征信平台需履行数据完备性核查、错误修正及风险提示义务，若因股权信息错误导致商业决策失误，可能构成不正当竞争。

（二）数据分类分级治理的差异化策略

依据国家标准《信息安全技术网络数据分类分级要求》，数据可分为核心数据、重要数据、一般数据三级，对应差异化的质量保障标准：

1. 核心数据：零容忍质量保障

核心数据是指对领域、群体、区域具有较高覆盖度或达到较高精度、较大规模、一定深度的重要数据，这些数据一旦被非法使用或共享，可能直接影响政治安全。概言之，核心数据是涉及国家安全、国民经济命脉的数据。

数据质量保障措施：（1）区块链全链路溯源（如银行核心交易数据每15分钟同步至监管节点）；（2）第三方权威机构交叉核验（如国家安全监督管理部门与技术团队双重认证）；（3）多地多中心冗余备份（满足特定行业数据安全管理的容灾要求）。

2. 重要数据：严格管控与动态修正

重要数据是指特定领域、特定群体、特定区域或达到一定精度和规模的数据，这些数据一旦被泄露或篡改、损毁，可能直接危害国家安全、经济运行、社会稳定、公共健康和安全。概言之，重要数据是影响公共利益或企业权益的数据。

数据质量保障措施：AI实时筛查异常值（如证券平台通过NLP识别财报矛盾）；时效性分级管理（疫情数据小时级更新，行业统计可周级延迟）；动态脱敏校验（确保共享符合最小必要原则）。

3. 一般数据：风险适配的包容性治理

一般数据是指核心数据、重要数据之外的其他数据。概言之，一般数据属于低风险的公开信息（如用户浏览记录、商品描述）。但是，互联网社交媒体平台会有大量的信息上传错误，这类数据法院认定属"一般瑕疵"，企业若满足上述数据质量保证的控制体系要求，且有及时的修正通道，则与避风港原则适用匹配，能够降低或减少赔偿，甚至无赔偿。

数据质量保障措施：月度抽样审计（控制设定的误差率）；用户自主纠错通道（如电商开放API更新商品信息）；成本收益平衡策略（技术投入和准确率的边界问题）。

五、结语：从责任规避到价值创造

当前司法实践正从"个案裁判"向"规则建构"过渡，未来需进一步明确数据质量缺陷的过错推定规则，并探索"技术审计＋行业自律"的协同治理模式。

我们从案例出发可以看到，"分类治理"与"场景适配"是责任框架构建的底层逻辑。因为所有的数据问题都发生在不同行业不同领域的场景中。"分类＋场景"责任框架通过分级质量管控清单和场景化风控模型，可以有效通过行业规范去治理。再结合技术创新与合规工具融合（如区块链和可信空间技术），在从技术层面加强保障的同时，增强责任的场景标准化，借助跨平台数据质量联盟和黑白名单共享机制等，最终实现行业协同治理机制。

数据质量治理不应止步于合规防御，而应成为平台核心竞争力。数据质量提升，是合规到价值实现的莫比乌斯环最恰当的验证和场景转换。

更多电商平台正通过优化商品数据质量驱动定向营销转化率的提升。AI时代预料数据中充斥着大量低质数据直接影响 AI 的效率和准确率，这个问题只能从源头解决，而且这个趋势和数量会越发快速加剧。

未来，平台需将质量治理嵌入商业模式，通过高质量数据资产开拓衍品交易、精准营销等新场景，最终实现风险控制与商业价值的共生。在这一过程中，司法需继续细化数据分类标准、完善过错推定规则，推动形成"制度约束＋技术赋能＋行业共治"的生态体系。

第九节　场景（9）数据治理——
　　　　虚假的"评论"与"刷单"数据，
　　　　互联网生态的"白蚁"

电商平台上"万单爆款""千人好评"的繁荣幻象背后，一场数据世界的"白蚁危机"正在悄然蔓延。

上海市杨浦区消费者权益保护委员会与段和段律师事务所高亚平团队联

合发起的"反控评"调研①揭露了触目惊心的现实：75.12%的消费者认为刷单控评行为普遍存在。

虚假交易量突破真实销量、模板化好评占据商品页面，消费者每一次点击都可能踏入精心设计的数字陷阱。这不是简单的商业失信，而是从数据源头开始溃烂的系统性危机——刷单炒信正在瓦解互联网经济的底层逻辑：数据可信度。当算法沦为虚假交易的"放大器"，当灰产链将个人信息倒卖变现，数据全生命周期的合规管理已全面失控。

本节基于上述调研，从数据合规视角切入，通过"采集—处理—应用"三大维度，剖析虚假交易和评价如何污染数据生态，并探索系统性治理路径。唯有厘清合规边界、重构可信机制，方能为数字经济筑牢信任基石，终结"劣币驱逐良币"的恶性循环。

一、数据采集失范：白蚁的"繁殖机制"

电商平台的数据生态链起始于交易数据的采集，而刷单行为恰恰在此环节植入"污染基因"。其虚构交易与伪造评价的行为直接违反了《电子商务法》第17条"保障信息真实准确"的核心原则，形成系统性数据失范。

刷单炒信的核心在于通过虚假交易伪造数据，典型手段有以下几种。

(一) 正向刷单控评

正向刷单控评，是指电商商家自行或通过第三方主体，通过大量虚假交易、虚假评价等方式，提升自身店铺的商品销售量、店铺信誉度或好评率等的行为，达到提高店铺搜索排名和提高销量的目的。

在行为模式上，主要有"拍货空发"类型刷单和"拍 A 发 B"类型刷单两种类型。"拍货空发"，是指通过寄发空包裹虚构交易内容，进而编造用户

---

① 该调研基于607份有效问卷，形成报告《网购评价体系渐趋"失灵"？——重构"反控评"可信网购环境》。

评论的方式提高商品的销量和好评的行为。"拍 A 发 B"，是指通过网上下单 A 商品实际发 B 商品从而提高 A 商品的销量和好评的行为。

(二) 反向刷单控评

反向刷单控评，是指电商商家自行或通过第三方主体，通过大量虚假交易、虚假评价等方式，诽谤竞争对手或者给予好评，制造竞争对手刷单假象，使其触发电商平台的反控评机制，从而被电商平台认定为从事虚假交易而受到信誉降级、店铺关停等处罚。

在行为模式上，主要有"反向恶意好评刷单"和"反向恶意差评刷单"两种类型。反向恶意好评刷单，是指行为人通过刷单平台在竞争对手店铺大量购买商品后确认收货并给予好评，使目标商家在短时间内产生不正常的交易及好评数据从而触发平台基于"虚假交易模型"的排查系统，使该合法商家在被系统确认为进行了刷单虚假交易行为后受到处罚的行为。反向恶意差评刷单，是指行为人通过大量购买电商平台上竞争者的商品并故意给予差评，使受害商家店铺的信誉、销量及权重受到影响，进而达到排斥对手、不正当竞争的目的的行为。

刷单行为通过虚构交易与伪造评价，在数据源头植入"污染基因"，直接违背交易信息的真实性要求。

二、数据处理失控：白蚁的"蛀蚀路径"

在数据采集环节被植入的虚假信息，如同白蚁幼虫进入木质结构，其危害在数据处理环节进一步显现。平台算法作为数据生态的"中枢神经"，本应基于真实交易信息优化资源配置，却因虚假数据的输入沦为"污染放大器"。这一过程不仅暴露了平台技术模型的脆弱性，更揭示了数据治理链条中核心环节的失守。

(一) 失真数据输入：算法误判的起点

电商平台普遍依赖销量、好评率等显性指标构建算法模型，以此判断商品质量与商家信用。然而，刷单行为通过伪造交易量和模板化评价，直接污染了算法的输入源，导致刷单伪造的高销量与好评被算法捕捉。

（二）错误资源分配：流量倾斜的恶性循环

算法误判的直接后果是资源的错配。平台将流量、曝光位等核心资源优先分配给刷单商家，形成"数据造假—资源倾斜—更多造假"的闭环。合规商家因真实销量与好评率难以匹敌虚假数据，逐渐被挤出首页推荐与搜索前列。这种"劣币驱逐良币"的逆向选择，迫使部分诚信经营者为求生存不得不加入刷单行列，进一步加剧数据生态的污染。

（三）市场逆向选择：信用体系的崩塌

当虚假数据主导市场信号，消费者决策的参考系随之扭曲。一方面，用户因高分店铺充斥虚假评价而丧失信任，转而选择评分较低但真实性相对更高的商家，催生"3.5分小馆子现象"；另一方面，平台信用评分体系因公信力下降逐渐失效，商家与消费者间的信息不对称被无限放大。这种信任危机不仅削弱了平台的核心竞争力，更动摇了数字经济"以数据驱动决策"的底层逻辑。

（四）生态持续恶化：系统性风险的蔓延

数据处理失控的长期影响远超个体商家的违规行为。虚假数据通过算法扩散至整个生态链——广告投放基于失真数据优化、供应链依据虚假销量调整产能、投资决策被夸大市场表现误导。最终，平台经济从"数据驱动创新"异化为"造假维持生存"，形成"越刷单越依赖、越依赖越刷单"的恶性依存关系。在这一过程中，真实市场需求被掩盖，资源配置效率持续降低，行业创新动力受到严重抑制。

虚假数据通过平台算法放大资源错配，引发"劣币驱逐良币"的恶性循环，最终导致信用体系崩塌。

三、数据应用失序：白蚁的"毒性扩散"

虚假数据突破采集与处理环节的防线进入应用层时，其破坏力呈指数级扩散。数据使用本应是商业价值的最终兑现，却因失真信息的渗透沦为不正当竞争的工具。在这一阶段，刷单炒信从个体违规行为演变为系统性市场规则破坏，其危害不仅限于平台生态，更波及消费者权益、市场公平乃至宏观经济数据的真实性。

（一）虚假宣传：数据造假的竞争异化

《反不正当竞争法》第 9 条明确禁止通过虚构交易、编造用户评价等方式进行虚假或引人误解的商业宣传。刷单炒信通过伪造销量、好评率等关键指标，人为抬高商品搜索排名与曝光权重，本质上构成"数据驱动的虚假宣传"。其特殊性在于：（1）隐蔽性。其依托平台算法对显性数据（如销量、评分）的依赖，以合规形式掩盖非法目的。（2）扩散性。虚假数据通过平台流量分配机制形成"马太效应"，合规商家因真实数据难以竞争而被迫退出头部市场。

（二）数据滥用：严重侵害消费者权益

《消费者权益保护法》第 20 条规定，经营者应向消费者提供有关商品或服务的真实信息。然而，刷单行为虚构交易数据，实质剥夺了消费者的知情权与选择权：

（1）信息误导：模板化好评（如"物美价廉""回购多次"）掩盖商品真实质量，消费者决策参考系被系统性污染。

（2）信任崩塌：当平台评分体系因虚假数据丧失公信力，消费者被迫转向"逆向验证"，市场信号机制彻底失灵。

（三）数据倒卖：灰产链的"二次变现"与法律冲突

《个人信息保护法》第 5 条虽规定处理个人信息需遵循"合法、正当、必要"原则,但实践中仍存在以下两种情形:(1)个人信息黑洞。刷单灰产链通过"兼职"收集身份证、银行卡等敏感信息,并将其倒卖至暗网市场,直接突破法律底线,使消费者个人信息暴露在高风险环境中。(2)跨境数据暗流。多数刷单平台忽视数据加密,甚至存在利用境外服务器规避监管的情形,导致个人信息跨境流通失控。

虚假数据渗透至应用层后,演变为系统性市场规则破坏,侵害消费者权益并催生灰产链条。

四、生态修复:精准施策围剿"数据白蚁"

(一)采集环节:阻断虚假数据的"繁殖源"

针对数据采集失范的问题,需从源头遏制虚假交易与伪造评价。

(1)动态监测。通过人工智能技术实时监测高频下单、短期销量暴增等异常情形,并结合物流信息校验(如空包裹比例、虚假物流单号)锁定可疑商家,对"拍货空发""拍A发B"等行为自动标记并冻结资金结算。

(2)区块链存证。利用区块链技术对交易关键节点(如下单、支付、物流、评价)进行全程存证,确保数据不可篡改,为后续法律追责提供可靠证据链。

(3)模板化评价识别与折叠。采用自然语言处理技术识别重复率超特定百分比的模板好评(如"物美价廉"),自动折叠或标记警示,降低其权重。

(二)处理环节:消除算法中的"蛀蚀路径"

针对数据处理失控引发的资源错配,需重塑算法逻辑与资源分配机制。

(1)多维度信用评估模型。降低销量、好评率等静态指标权重,引入复购间隔时长(如≥30天)、用户停留时长(如≥5分钟)、售后响应速度(如≤24小时)等动态指标,减少单一数据维度对算法的操控空间。

(2)异常数据熔断与人工干预。对日销量激增(如激增500%)或集中好评的商品,触发"数据熔断"机制,暂停流量分配并启动人工审核。

（三）应用环节：遏制数据滥用的"毒性扩散"

针对数据应用失序导致的系统性风险，需严控数据流向并强化消费者保护。

（1）消费者"一键存疑"。完善平台举报机制，开通如"数据存疑举报"入口，消费者上传虚假好评截图或异常物流记录后，平台需在特定时间内回应反馈，简化举证流程，并对举报属实的用户给予平台积分激励等。

（2）虚假数据追踪与跨境协作。监管部门与平台联合建立"刷单灰产黑名单"，并对境外服务器逃避监管的平台实施 IP 封锁，推动国际司法协作追责。

五、结语：从"数据白蚁"到可信生态的重生

刷单炒信的本质是数据造假，其危害已从局部欺诈升级为系统性生态危机。

治理需以技术为矛、法律为盾、共治为基，切断虚假数据的生产链、净化数据处理流程、严控数据应用边界。

唯有如此，互联网经济方能褪去蛀痕，让每一次点击与评价都成为信任的基石，真正实现"良币驱逐劣币"的市场正循环。这不仅是对乱象的终结，更是数字经济高质量发展的必由之路——唯有真实的竞争，方能催生真正的创新；唯有可信的生态，方能孕育持久的价值。

第十节　场景（10）数据处置——24家破产车企，用户数据去了哪里

2020 年至 2024 年 2 月，我国已有 24 家新能源车企进入破产或重组程序，东风裕隆、华泰汽车、奇点、威马等曾经的行业明星黯然退场，保守估计波及 600 万名车主权益，触目惊心（见表 3-10-1）。

表3–10–1　2020年至2024年2月停摆车企盘点 ①

序号	车企名称	破产节点	销量保守统计（万）
1	东风裕隆	2020年，破产清算，退出中国市场	12
2	华泰汽车	2021年6月，股权变更	20
3	众泰	2021年，破产重整	160
4	宝沃	2022年11月，宣告破产	17
5	北汽银翔	2021年，破产重整	60
6	力帆	2020年，因不能偿还到期债务宣告破产	100
7	广汽菲克	2022年，负债81亿元人民币，宣告破产	95
8	猎豹	2022年，负债100多亿元人民币，倒闭重组	35
9	讴歌	2022年，破产清算	10
10	雷诺	2021年年底，破产重组	16
11	宝能	2022年，被强制执行近8亿元人民币，宣告破产	16
12	三菱	2023年7月，停产退市	64
13	绿驰	2022年5月，吊销营业执照，破产清算	—
14	奇点	2023年6月，破产清算	—
15	自游家	2022年12月，停摆	—
16	赛麟	2020年6月，破产清算	—
17	前途	2020年6月，破产清算	—
18	博郡	2021年12月，申请破产	—
19	天际	2023年4月，停产停工	0.6
20	拜腾	2023年6月，宣告破产	—
21	恒驰	2022年4月，暂缓生产，老板许家印被抓	—
22	威马	2023年3月，申请破产，3年亏损180亿元人民币	10.8
23	爱驰	2023年12月，申请破产	1.2
24	高合	2024年2月，面临停产危机	1.7

---

① 资料来源：流意：《20多家车企停摆，600多万车主被"遗弃"，售后谁来兜底？｜315特辑》，载微信公众号"AC汽车"2024年3月15日，https://mp.weixin.qq.com/s/8LO0A0jYgsuFPhosK6NV4w。

新能源汽车行业蓬勃发展的同时，市场竞争的加剧导致大量车企陷入经营困境甚至破产，急速进入洗牌期，其中不乏"雷诺"这种具有时代感的进口品牌。这些车企的退出不仅涉及与传统企业相似的破产债务清算、员工安置等基础问题，更凸显出一个被忽视的领域——车主数据的安置处理问题。

这些新晋电动车企曾以智能网联为卖点，在运营中积累了大量用户数据，包括车辆状态、驾驶行为、位置轨迹等敏感数据。这些数据既是企业优化服务的"数字燃料"，也可能成为重组谈判桌上的"隐形资产"。在接连倒下的以电动车为代表的车企中，鲜有关于车主数据的处理内容，在我们接触到的车企破产实例中，也极少有破产管理人关注"数据合规问题"。

然而，由于法律对破产场景下数据处理的规制不足，车主数据往往在混乱中被转手、滥用甚至泄露，破产重组车企的真正数据价值也得不到有效识别和利用。

本节以美国车企破产案例中的数据处理实践为基础，从数据采集范围、法律约束、破产后流向等维度进行观测和梳理，系统分析车主数据的安置处理这一问题的本质与解决方向。

一、美国两家电动车企破产案：数据处理最佳实践

（一）"车辆资产+数据服务"捆绑处置：美国电动汽车初创公司Fisker破产案①

美国造车新势力Fisker曾被视为特斯拉的二号"杀手"，由汽车界知名设计师Henrik Fisker创立，旗下有Ocean SUV一款量产车。但因为量产困难、产能提不上、产品质量不稳定等，该公司于2024年6月申请破产保护，

---

① 案例具体信息参见 Fisker's bankruptcy plan approved amid SEC investigation and EV struggles，CBT News（Oct. 15, 2024），https：//www.cbtnews.com/fiskers-bankruptcy-plan-approved-amid-sec-investigation-and-ev-struggles/；Fisker's Bankruptcy Plan Approved, Owners Won't Have To Pay For Recall Repairs，CARSCOOPS（Oct. 15, 2024），https：//www.carscoops.com/2024/10/fiskers-bankruptcy-plan-approved-owners-wont-have-to-pay-for-recall-repairs/。

同年10月法院批准其破产清算计划。

总部位于纽约的American Lease成为Fisker库存3000余辆Ocean电动汽车的买家，但因存储在Fisker服务器上的基本数据和支持服务无法转移到买方运营的新服务器而遭遇障碍。最终，Fisker与American Lease达成协议，将"车辆资产+数据服务"捆绑处置：（1）资产出售。Fisker以4625万美元的价格出售3000余辆库存车和云访问权。（2）数据迁移与云端服务。为保障车辆数据完整性和车辆软件更新等功能，American Lease额外支付5年期250万美元的技术支持服务，以避免因服务器关闭导致数据丢失。

（二）"数据资产证券化"处置：美国知名电动巴士Proterra重组案[①]

Proterra被誉为"大巴界的特斯拉"。2021年，该公司通过SPAC方式登陆美股，市值最高达到40亿美元（约人民币280亿元）。但由于原材料价格上涨和新冠疫情引发的供应链瓶颈等一系列问题，Proterra于2023年向特拉华州的联邦法院申请破产保护。彼时Proterra的计划是对其业务进行资本重组或出售。

根据破产文件（特拉华州破产法院第23－11120号案件），Proterra的数据资产主要包括Proterra Energy业务线的联网汽车智能系统——Proterra Valence。这是一个基于云的数据平台，旨在为客户提供车队性能信息，并帮助管理车辆和充电操作，以降低运营成本。[②]

Proterra计划通过破产拍卖处置资产，涉及其资产的全部或部分（包括任

---

① 具体案件信息参见曹婷婷：《昔日明星造车破产：成立19年难捱风险，曾是大巴界特斯拉》，载微信公众号"超电实验室"2023年8月15日，https：//mp.weixin.qq.com/s/k9LJPoYQb8pQq9WDQlU5Wg；Sidley Advises Anthelion Capital on Acquisition of Energy Business From Proterra，Sidley（Apr. 4，2024），https：//www.sidley.com/en/newslanding/newsannouncements/2024/04/sidley－advises－anthelion－capital－on－acquisition－of－energy－business－from－proterra。

② 该平台与Proterra提供的每辆车和充电系统兼容，车辆或充电系统上的每个网关都会自动与云平台进行安全连接。通过数据探索工具，客户能够获取关键数据，如当前和历史充电指标、见解与报告。此外，Proterra开发了软件功能，使客户的车辆在电价高时能够向电网出售电力。

何业务线的潜在销售）以及其他战略投资。最终，Anthelion Capital 收购了 Proterra Energy 业务线。[1]

二、新型电动车搜集哪些信息

在本章第一节"场景（1）隐私政策——中美头部电动车企隐私政策的合规测评"中，我们对智能网联汽车中的中外头部企业做了隐私政策的对比分析，直观形象地以表格形式进行对比，厘清从数据采集开始到数据删除全生命周期中的数据流脉络，清晰理解了数据像"燃料"一样供应着车企服务车主、立足竞争和配合监管的每一个角落。

本节我们进一步拆解数据的维度，来看看究竟哪些数据"为我所用"。

智能网联汽车通过传感器、车载系统及用户 App 持续生成数据流，其采集范围远超传统燃油车。根据技术架构，可划分为以下三类：

（一）车辆运行数据

（1）基础状态数据：电池电量、电机转速、胎压、故障代码等。

（2）驾驶行为数据：加速/减速频率、方向盘转向角度、刹车力度等。

（3）环境感知数据：通过摄像头、雷达采集的道路标识、行人/车辆位置信息等。

（二）用户交互数据

（1）身份信息：车主姓名、身份证号、联系方式、生物特征（如人脸识别数据）等。

（2）使用偏好：空调温度设定、座椅调节记录、导航历史路径等。

（3）支付数据：充电桩扣费账户、车载娱乐系统充值记录等。

---

[1] Anthelion Capital 收购 Proterra Energy 业务线，具体信息见 *Sidley Advises Anthelion Capital on Acquisition of Energy Business From Proterra*，Sidley（Apr. 4，2024），https：//www.sidley.com/en/newslanding/newsannouncements/2024/04/sidley-advises-anthelion-capital-on-acquisition-of-energy-business-from-proterra。

（三）外部关联数据

（1）地理位置轨迹：通过 GPS 实时记录的车辆移动路径等；

（2）第三方服务数据：与保险公司、充电运营商共享的驾驶评分、充电习惯等。

上述技术本质在于车企通过数据中台（Data Hub）整合上述信息，用于故障预警、用户画像构建、OTA 升级优化等。但这也意味着，一旦车企破产，这些数据可能脱离原使用场景，面临不可控的二次利用风险。

三、数据收集的法律边界与合规矛盾

《个人信息保护法》《数据安全法》等已确立数据处理基本原则，《汽车数据安全管理若干规定（试行）》聚焦汽车行业的数据安全要求，《车联网信息服务 数据安全技术要求》《车联网信息服务 用户个人信息保护要求》《汽车数据通用要求》等一系列标准性文件为汽车行业的数据安全提供了合规指引。

尽管如此，车企数据治理中仍存在现实漏洞。

（一）模糊的隐私政策

1. 数据转移的模糊性

多数车企隐私政策对数据转移的约定极为笼统。例如：

（1）特斯拉客户隐私声明条款："在发生重组、合并、控制权变更或出售的情况下，我们可能会将我们收集的任何个人数据转移至相关第三方。"[1]

（2）吉利汽车隐私政策条款："如我们的组织结构或公司的存续状态发生了变更（如发生重组、并购或破产情形），您的个人信

---

[1] 参见特斯拉《客户隐私声明》，载特斯拉官网，https://www.tesla.cn/legal/privacy#how-we-may-use-your-information。

息可能会转让至变更后的公司主体或我们的关联公司（'数据受让方'）。数据受让方将继续受到本政策各项要求的约束。"①

此类表述未明确告知用户数据接收方的资质要求、使用限制及退出机制，实质上架空了用户的知情权与选择权。②

2. 数据共享的模糊性

车企隐私政策中对数据共享主体的表述不清：

（1）"我们"常笼统指向运营主体及其关联公司，但未明确关联方范围（如蔚来汽车隐私政策中关联企业没有具体名单③）；

（2）共享第三方清单（如电池厂商、充电运营商）长期缺位（如前述美国公司 Proterra 的隐私政策中未列出明确的数据共享范围④）。

在此情况下，车企作为数据收集主体消亡后，原共享协议因主体灭失自动失效，共享主体持有的数据（如充电记录、驾驶行为）极有可能陷入"三无"状态：（1）无约束。共享方可能脱离车企隐私条款，自由使用或转售数据。（2）无追溯。匿名化数据因车企密钥丢失或服务器关闭，可能被逆向还原用户身份。（3）无救济。用户无法通过破产管理人要求删除数据，跨境共享方更可能规避本地法律。

隐私政策数据共享的模糊性，实质将用户数据绑于车企"皮囊"之上。一旦车企破产，共享数据即如"无根之毛"，既无合规依托，亦无技术兜底，沦为黑灰产的"隐形金矿"。

（二）法律规制的滞后性

（1）《企业破产法》未覆盖数据资产。《企业破产法》现行框架仍以有

---

① 吉利汽车《隐私政策》，载吉利银河官网，https：//www.galaxy-geely.com/policy。
② 关于车企隐私政策更多内容，可见本章第一节"场景（1）隐私政策——中美头部电动车企隐私政策的合规测评"。
③ 参见蔚来汽车《隐私政策》，载蔚来汽车官网，https：//www.nio.cn/policies/privacy-policy。
④ See Proterra Privacy Policy, https：//www.proterra.com/privacy-policy/。

形资产清算为核心，未明确数据资产的权属认定、价值评估及处置规则，导致车企破产面临数据处置难的现实问题。

（2）重要数据识别标准尚未健全。尽管《汽车数据安全管理若干规定（试行）》已对汽车行业重要数据作出定义和列示，《中国（北京）自由贸易试验区数据出境管理清单（负面清单）（2024版）》等地方性文件对特定场景作出补充，但是全行业仍缺乏细化的数据分类分级标准，使车辆轨迹、驾驶行为等特殊数据类型在实践中存在认定争议。

（3）跨境传输规则碎片化。部分外资背景破产车企可能将数据转移至境外服务器。针对外资车企破产衍生的数据出境风险，虽已有《中国（上海）自由贸易试验区临港新片区智能网联汽车领域数据跨境场景化一般数据清单（试行）》《中国（北京）自由贸易试验区数据出境管理清单（负面清单）（2024版）》等自贸区试点规范，但国家层面尚未建立针对汽车行业的统一规范要求。

梳理可知，监管部门对破产程序中数据出境行为的审查范围界定、合规边界认定等环节缺乏具有可操作性的实施细则。

四、个人数据保护的四大黑洞

在车企破产场景下，用户数据安全面临系统性风险。

（一）权属认定困境

（1）用户与企业博弈：数据由用户行为产生，但车企通过格式条款主张所有权，法律对此尚无定论。

（2）第三方插手的复杂性：供应链企业（如电池厂商）可能依据合同主张对部分数据的访问权。

（二）技术失控风险

（1）残留数据泄露：破产车企停止系统维护后，黑客可利用未修复漏洞攻击数据库。

(2) 生物信息滥用：人脸、声纹等生物特征数据一旦流入黑市，可能被用于诈骗、伪造身份。

(三) 跨境管辖冲突

外资车企的数据本地化：特斯拉等企业在华子公司破产时，母国法律可能要求将数据传回总部，这可能与我国数据出境制度规范存在冲突。

(四) 消费者救济无力

(1) 维权成本高：单个车主难以举证数据滥用导致的损害。
(2) 救济渠道缺失：目前尚无针对破产场景的数据删除或迁移专项制度。

五、破产之后，数据流向何方

根据破产路径差异，车主数据可能面临两种命运：

(一) 资产重组中的"隐性交易"

在资产重组场景下，车主数据往往被视为"附属于业务的数字资产"，其流向有两种典型路径：

1. 随业务线转移

若车企核心业务被收购方整体承接，车主数据通常以"服务延续"名义转移至新主体。例如，车辆远程控制、OTA 升级等功能依赖的历史数据需同步移交，以确保用户体验的连续性。然而，这种转移隐含权利让渡的隐蔽性——用户虽在形式上仍是数据主体，但对新主体的数据使用范围（如是否用于衍生业务开发）缺乏控制权，与本节第三部分提到的"模糊的隐私政策"形成呼应。

2. 独立分割出售

部分数据资产（如驾驶行为数据集、充电桩使用记录）可能被剥离为独立标的，出售给保险、广告或城市规划等第三方。此类交易中，数据的"匿名化"往往成为规避法律责任的借口，但正如本节第三部分所述，匿名化技术的有效性存疑（如轨迹数据可通过交叉验证重新识别用户），实质上将车主推向"被二次商业化"的风险中。

（二）清算中的"合规真空"

当企业走向彻底清算且无接盘方时，车主数据的合规处置机制面临系统性失效：

（1）无人承接的数据。若企业完全清算且无买家，理论上数据应被销毁。但实践中，清算组往往缺乏验证数据是否彻底删除的技术能力。云端服务器残留的镜像文件、本地硬盘的未覆盖扇区，均可能通过专业工具恢复。这种"伪销毁"实质为数据泄露埋下伏笔，与前文所述的"生物信息滥用风险"形成链条——一旦残留数据流入黑市，人脸、声纹等敏感信息将成为精准诈骗的利器。

（2）服务器托管风险。破产车企停止支付云服务费用后，云厂商通常依据合同直接关闭服务器。此举不仅导致车主无法访问历史数据（如充电记录、升级日志），更可能因数据迁移缺失造成永久性丢失。若服务器硬盘未彻底格式化，残留数据可能被云厂商以"资产抵债"名义转售，或遭内部人员非法提取。若有服务器位于境外，数据关闭后的管辖权归属问题将更加复杂。即便部分数据被定义为"重要数据"，也因企业主体消亡无法启动跨境调取程序，最终形成"数据孤岛"——既无法利用，也难以销毁，成为游离于法律与技术之外的"数字废墟"。

六、结语：数据价值发现或重构破产规则

随着2024年完整年度实践数据资产化的路径设计越发清晰，以上市公司为代表的数据资源入表的节奏加快，车企势必成为数据资产化的"开路先锋"，数字化车企数据无形资产价值的呈现与释放将成为行业的标配。

本节对破产车企的数据出路的探索，仅仅是围绕一个显著的"堵点"问题进行，试图破局车企从数据合规底座到数据价值升维释放的生态困境。

因此，需要借鉴欧美车企破产实践经验，结合中国探索合规与创新的数据价值资产化的道路兼顾下的路径设计，让数据从"负累"变为"杠杆"，在破产重组中撬动资本、技术与市场三重资源。

未来，谁能率先将数据资产纳入破产治理框架，谁就能在产业洗牌中占据先机。

中 篇

数据合规的"热点"场景

第四章

AI 数据合规

第一节 从大模型被下架，看 AI 监管的全球动态

2025 年年初，DeepSeek 在欧洲面临全球硝烟第一战。OpenAI 在意大利的艰难之行是否将成为 DS 的前车之鉴？2024 年 12 月 20 日，意大利个人数据保护局（Garante）因违反 GDPR 对 OpenAI 处以 1500 万欧元罚款。

DS 的故事才刚刚开始，就被敲响人工智能监管警钟。

2025 年 1 月 28 日，Garante 向杭州 DeepSeek 人工智能公司和北京 DeepSeek 人工智能公司发出问询，要求其在 20 天内确认收集的个人数据内容、来源、收集目的，数据处理的法律依据，以及这些数据是否存储于中国的服务器上；此外，还要求这两家公司说明用于训练人工智能系统的数据类型等情况。

DS 回应称：未在意大利开展业务，且欧盟法规对其不具约束力。

2025 年 1 月 30 日，Garante 紧急下令，要求杭州 DeepSeek 人工智能公司和北京 DeepSeek 人工智能公司立即停止处理意大利公民个人数据，并同步启动调查程序。

GPDP | GARANTE PER LA PROTEZIONE DEI DATI PERSONALI

Insert text or web doc

My rights   Businesses and institutions

Home / Press and communication / Press release
/ PRESS RELEASE - Artificial Intelligence: Privacy Guarantor Blocks DeepSeek

PRESS RELEASE - Artificial Intelligence: Privacy Guarantor Blocks DeepSeek

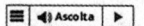

Ascolta

- SEE ALSO PRESS RELEASE OF 28 JANUARY 2025

Artificial Intelligence: the Privacy Guarantor blocks DeepSeek

The Guarantor for the protection of personal data has urgently ordered and with immediate effect, the limitation of the processing of data of Italian users with respect to Hangzhou DeepSeek Artificial Intelligence and Beijing DeepSeek Artificial Intelligence, the Chinese companies that provide the DeepSeek chatbot service.

DeepSeek is the relational artificial intelligence software, designed to understand and process human conversations, which was recently introduced on the global market and has been downloaded by millions of people in just a few days.

The limitation measure - adopted to protect the data of Italian users - follows the communication from the companies received today, the content of which was deemed completely insufficient.

Contrary to what was found by the Authority, the companies have declared that they do not operate in Italy and that European legislation does not apply to them.

The Authority, in addition to ordering the limitation of processing, has simultaneously opened an investigation.

Rome, January 30, 2025

图 4-1-1　Garante 下令要求 DeepSeek 停止处理意大利公民个人数据

我们认为，该命令等同于要求在意大利境内暂停 DeepSeek 服务，且 DeepSeek 应用已从意大利的 Google Play 和苹果 App Store 中下架。

从发出询问到发布禁令，仅仅两天时间，如此快速的禁令展现了监管机构对人工智能数据处理的高度关注及对数据跨境的高度警惕。

我们询问 DS 以下三个问题，看其如何回应这个"红色炸弹"。

一、DS 自己怎么看这个"回应"监管的理由？合规理由是否充足

我们提出问题 1：

意大利在 1 月 30 日对 Deepseek 发布禁令，你怎么分析这个事件，以及根据 GDPR 规则，以不在当地开展业务为由而不受 GDPR 约束，合规理由是否充分？

DS 回复如下（略去思考部分）：

意大利对 DeepSeek 发布禁令的事件可以从以下几个角度进行分析：

1. GDPR 的适用范围

－地域范围：GDPR 适用于所有在欧盟境内处理个人数据的组织，无论其总部位于何处。此外，即使组织不在欧盟境内，但如果其处理活动涉及欧盟居民的数据（如提供商品或服务），也需遵守 GDPR。

－业务活动：如果 DeepSeek 在意大利或其他欧盟国家有用户或客户，即使没有实体存在，也可能被视为在欧盟境内开展业务，从而受到 GDPR 的约束。

2. 合规性分析

－不在当地开展业务的主张：DeepSeek 可能认为自己不在意大利或其他欧盟国家开展业务，因此不受 GDPR 约束。然而，GDPR 的定义较为宽泛，只要有数据处理活动涉及欧盟居民，就可能需要遵守。

－数据处理活动：如果 DeepSeek 收集、存储或处理来自意大利用户的个人数据（如注册信息、使用习惯等），则可能违反 GDPR 的规定。

3. 技术与运营措施

－数据保护措施：即使不在欧盟境内，DeepSeek 仍需确保其数

据处理活动符合 GDPR 的要求，包括数据加密、访问控制、隐私政策透明化等。

-用户同意机制：GDPR 要求明确的用户同意机制，DeepSeek 需要确保其获取用户同意的方式符合规定。

4. 法律风险与后果

-潜在罚款：如果被认定为违反 GDPR，DeepSeek 可能面临高达全球年营业额 4% 或 2000 万欧元的罚款。

-声誉影响：禁令可能对公司的声誉造成负面影响，尤其是在欧盟市场。

5. 应对策略

-法律咨询：建议寻求专业法律意见，评估当前业务模式是否符合 GDPR。

-合规调整：如果确实在欧盟境内有用户或业务活动，应尽快实施必要的合规措施。

-透明沟通：与用户保持透明沟通，明确数据处理政策和目的。

结论

以"不在当地开展业务"为由而不受 GDPR 约束的理由可能不够充分，尤其是当存在欧盟用户时。DeepSeek 应全面评估其数据处理活动，并采取必要措施确保合规，以降低法律风险。

针对上述回答，我们作如下评价：

根据 GDPR 第 3 条地域范围的规定，"1. 本条例适用于在欧盟设立控制者或处理者的活动范围内对个人数据的处理，无论处理是否在欧盟进行。2. 本条例适用于非在欧盟设立的控制者或处理者对欧盟内数据主体的个人数据的处理，其中处理活动与以下方面有关：（a）向欧盟内数据主体提供商品或服务，不论是否需要数据主体付款；或（b）对数据主体发生在欧盟内的行为进行的监控"。

GDPR 的地域范围一直以来是较大的争议点，其长臂管辖将 GDPR 的适用范围直接延伸至全球所有针对欧盟内数据主体提供商品、服务或进行监控的企业。由于 GDPR 原文中并未对地域适用范围作出具体的阐述，监管机构以及企业在实际操作过程中难以判断其是否适用 GDPR，实践中，欧盟监管机构对"长臂管辖"一般会采取扩张解释，企业需采取预防性合规措施降低风险。

欧盟对个人数据处理采取强监管措施，特别是针对算法、人工智能等新兴领域。如在我们本书第一章第一节中列举的全球数据合规十大处罚典型案例，第一名爱尔兰因 LinkedIn 未能获得处理个人数据进行行为分析和定向广告的有效同意等事由对其处以 3.1 亿欧元罚款。再加上意大利监管当局在欧洲以"第一炮"著称，OPENAI 的在先处罚，让他们具备了丰富的实战经验，因此监管认为 DS 回应"完全缺乏实质内容"，值得重视。

同时，DS 自己也充分认知，回应的理由并不充分，作为 GDPR 最早期研究者以及欧盟数据保护的合规实践者，我们建议，即使 DS 主张未在意大利开展业务，仍需从技术可及性、数据处理范围、用户交互设计等角度证明其不适用 GDPR。

二、意大利在数据保护上的处罚机制究竟怎样，这次禁令是什么性质

我们提出问题 2：

　　意大利政府对 DS 的数据合规问题是质询？是调查？还是直接处罚？是什么机构发起的？起因是什么？①

DS 回复如下（略去思考部分）：

　　截至目前，意大利政府并未公开记录显示对中国的深度求索人工智能基础技术研究有限公司（DeepSeek）发起正式的质询、调查或处罚。以下是对类似问题的常规背景说明，供参考：

---

① 提问时间是 2025 年 1 月 31 日北京时间中午 12 点。我们有意没有衔接之前的禁令问题，而且以处罚信息不知情为背景，让 DS 分析意大利的数据保护相关监管和处罚机制。

1. 意大利的监管框架

–意大利对科技公司的监管通常由以下机构负责：

–数据保护局（Garante per la protezione dei dati personali）：负责数据隐私和 GDPR 合规，曾调查 OpenAI、TikTok 等公司。

–反垄断机构（AGCM）：处理市场垄断和消费者权益问题。

–通信监管局（AGCOM）：监管媒体和网络内容。

2. 可能的流程

–质询：监管机构可能要求企业提供信息，解释其合规性。

–调查：若初步发现问题，可能启动正式调查程序。

–处罚：确认违规后，可能处以罚款或运营限制（如 2023 年对 ChatGPT 的临时禁令）。

3. 类似案例参考

–OpenAI 事件（2023 年）：意大利数据保护局因隐私问题对 ChatGPT 展开调查，最终 OpenAI 通过整改措施解除限制。

4. 用户需核实信息

–若该问题源于特定报道，建议核查信息来源的可靠性，并确认涉及机构、时间和具体事由。目前公开渠道未见 DeepSeek 在意大利被监管行动的信息。

5. 潜在起因推测

–若存在监管关注，可能涉及数据跨境传输、隐私保护或内容合规性等问题，但需以官方信息为准。

SD 最后一句话：建议通过意大利政府或监管机构官网、权威媒体报道进一步核实事件细节。

针对上述回答，我们作如下评价：

从上述分析猜测，可能是出现了 DS 信息更新的时差，也有可能是意大利禁令导致意大利官网信息获取"断篇"，还有可能是 DS 非常智能，对于关系自身声誉以及信息不完整的事件，回应审慎。

因此对于新闻和客观事实评价类内容，建议读者参考多方信息。

三、深层次看 AI 的数据合规通用问题、处理路径和改进建议

我们提出问题 3：

Deepseek 在意大利遇到的是数据合规问题，能否具体展开分析一下问题所在，同时分析合规应对和处理路径，以及由此问题提出自身可以改进的建议。

DS 回复如下（略去思考部分）：

Deepseek 在意大利遇到的数据合规问题，本质上是因未充分遵守欧盟《通用数据保护条例》（GDPR）及意大利本地数据保护法规（如《个人数据保护法典》）所致。以下从问题根源、应对路径及改进建议三个维度展开系统分析：

（一）问题根源分析

1. 法律基础缺陷

－同意机制不健全：用户同意未满足 GDPR 要求的"自由、具体、知情、明确"标准，例如通过预选框默认勾选同意，或未提供清晰的数据用途说明。

－合法依据缺失：部分数据处理（如生物识别数据）可能超出"合同履行必要"范围，且未单独取得用户明示同意或缺乏公共利益等法定理由。

－儿童数据保护疏漏：未设置年龄验证机制（意大利要求 13 岁以上可自主同意），导致违规收集未成年人数据。

2. 数据主体权利保障不足

－响应机制滞后：未在 GDPR 规定的 1 个月内回应数据访问/删除请求，或未建立自动化处理系统导致超期。

－数据可移植性缺失：用户无法以结构化格式获取个人数据，阻碍数据迁移至其他平台。

3. 跨境数据传输风险

—第三国传输机制失效：向非欧盟国家（如中国）传输数据时，依赖的《标准合同条款》（SCCs）未完成补充风险评估，或未采取加密等额外保护措施。

—数据本地化争议：意大利监管机构可能质疑核心数据未存储在欧盟境内，尽管 GDPR 未强制本地化，但可能以"风险控制"为由要求调整架构。

4. 技术与管理漏洞

—DPIA（数据保护影响评估）缺位：未对高风险数据处理活动（如 AI 算法训练）开展事前风险评估。

—数据保留超期：用户删除账号后仍保留行为日志超过 6 个月，缺乏必要性证明。

—供应商链管理失控：第三方分析工具（如 Google Analytics）被欧盟法院判定非法传输数据后，未及时替换为合规方案。

(二) 合规应对路径

1. 紧急响应措施

—暂停争议性数据处理：立即停止涉及生物识别、跨境传输等高危活动，直至合规整改完成。

—主动报备监管机构：向意大利数据保护局（Garante）提交违规自检报告，争取减轻处罚（罚款可降低至原额 50%）。

—用户通知与补救：通过邮件/站内信告知受影响用户，提供一键数据导出及删除通道。

2. 系统性合规重构

—法律基础重建：

—重构用户同意流程，采用分层式同意设计（如区分必要功能与营销用途）。

—针对 AI 训练数据，探索"合法利益"（Legitimate Interest）作为处理依据，并完成利益平衡测试。

——技术架构调整：
——在法兰克福/米兰建立欧盟数据中心，实现用户数据本地化存储。
——部署同态加密技术，确保跨境传输中数据不可解密。
——管理流程优化：
——任命欧盟境内数据保护代表（Article 27 Representative）。
——建立自动化 DSAR（数据主体请求）处理系统，确保 72 小时内响应。

3. 持续合规维护
——供应商合规审计：对云服务商、CDN 等供应商开展 GDPR Article 28 审查，要求提供数据处理记录（ROPA）。
——年度穿透式审计：聘请专业审计服务对数据流进行全链路审计，重点关注暗数据（Dark Data）处理。
——监管关系管理：定期参加 Garante 举办的行业研讨会，提前预判监管重点方向。

（三）改进建议

1. 合规体系升级
——动态合规数据库：开发 AI 驱动的合规监测系统，实时抓取欧盟各国监管案例及指南更新（如 EDPB 指导意见）。
——模块化隐私设计：将数据分类（如普通数据、敏感数据）、生命周期管理（收集—存储—销毁）封装为独立微服务，便于快速适配不同法域。

2. 技术创新融合
——差分隐私应用：在用户行为分析中引入差分隐私算法，确保无法反推个体数据。
——区块链存证：利用私有链记录用户同意时间、内容哈希值，构建不可篡改的合规证据链。

3. 生态协同建设

－行业白名单共建：与意大利数字产业协会（Confindustria Digitale）合作制定 AI 伦理标准，争取纳入监管推荐方案。

－用户共治机制：设立数据治理委员会，吸纳欧盟用户代表参与算法审计与政策制定。

4. 危机预案完善

－红队攻防演练：每季度模拟 GDPR 跨境执法检查，重点测试数据可追溯性（如证明某用户数据未离开欧盟）。

－罚款储备金制度：按上年度欧盟营收的 4% 计提专项合规基金，用于应对潜在处罚。

（四）关键实施节点

表 4-1-1　关键实施节点概览

阶段	时间线	里程碑目标
紧急处置	0～30 天	完成高风险业务关停、用户通知
体系重建	31～180 天	通过 ISO 27701 认证、DPIA 全量覆盖
长效治理	181～365 天	建成欧盟数据中心、自动化 DSAR 系统上线
生态赋能	366 天+	牵头制定欧盟 AI 数据标准

DS 结语

此次事件暴露出全球化 AI 企业在属地化合规中的典型短板：过度依赖总部法务团队而忽视欧盟监管特殊性。建议构建"双核驱动"架构——在欧盟设立独立法律实体负责数据管控，同时通过技术中台实现全球业务支撑与本地合规的有机平衡。

最终目标是将合规成本转化为竞争力，例如通过 GDPR 合规认证作为市场准入壁垒，实现商业与法律价值的双赢。

针对上述回答，我们作如下评价：

这段通用的解答非常标准，具备 DS 的典型风格，不得不说接近于标准答案，虽然没有覆盖 GDPR 的所有数据合规问题，但是点出了意大利事件中数据合规问题主要存在于用户同意和数据跨境。在改进建议中，提及"合规体系升级"的两个措施，可圈可点。在隐私保护的产品设计中遵循 GDPR 的 by design 规则，"模块化隐私设计：将数据分类（如普通数据、敏感数据）、生命周期管理（收集—存储—销毁）封装为独立微服务，便于快速适配不同法域"。这个"宜搭"的逻辑非常适合全球的跨境服务。从上文 DS 的回答，我们不仅能看到大模型自身对于数据合规的属地保护性问题和数据跨境的合规问题具备充分的认知，其能深刻理解全球对 AI 的监管动态的相似趋势，这种趋势洞察是以 GDPR 为基本数据保护框架的全球趋同性。

第二节　OpenAI 与 DeepSeek 大模型的隐私政策对比

随着以 OpenAI 推出的 ChatGPT 和深度求索推出的 DeepSeek 为首的一大批生成式人工智能产品相继面世，我们正在经历新的一轮"工业革命"。

然而，生成式人工智能的爆发式增长背后，商业秘密泄露、个人信息泄露、网络安全攻击等问题也引发了各国监管机构的"冷思考"。

2024 年 12 月 10 日，意大利个人数据保护局（Garante）因 OpenAI 违反 GDPR 对其处以 1500 万欧元罚款。DeepSeek 自 2025 年 1 月问世以来，同样受到了以意大利为首的多国的屏蔽或监管。

2025 年 1 月 23 日，美国特朗普政府宣布指定人工智能行动计划。我国早在 2022 年和 2023 年就分别出台了《互联网信息服务深度合成管理规定》和《生成式人工智能服务管理暂行办法》，规范深度合成技术的应用场景与责任边界，对生成式 AI 进行全生命周期管理。

在人工智能技术迭代与监管规则竞速的叠加期，如何构建适配新兴业态的数据治理框架成为中美两国共同的重要议题。DeepSeek 和 ChatGPT 作为中美主流人工智能语言模型，如何保障数据合规性？OpenAI 隐私政策受美国加利福尼亚州法律管辖，DeepSeek 隐私政策受中国法律管辖。二者就个人信息保护的披露是否存在瑕疵，又具有何种差异？本节将审视对比 OpenAI 和 DeepSeek 隐私政策，剖析二者对用户数据保护是否充分，揭示隐私政策背后中美对待人工智能的不同数据治理取向。

一、个人信息处理者——"我们"是谁

OpenAI 隐私政策[1]开篇即表明"我们"的身份，即 OpenAI OpCo，LLC 与其关联方。DeepSeek 隐私政策[2]同样在开篇即指出"我们"为"杭州深度求索人工智能基础技术研究有限公司及其关联公司"。

二者均未将具体的关联方列上，显然对于个人信息处理者的阐释不够清晰。

二、个人信息收集

1. OpenAI

就 OpenAI 的信息收集范围，OpenAI 在隐私政策中披露如下：

（1）标识性信息，如您的姓名、联系方式、IP 地址和其他设备标识符；

（2）商业信息，如您的交易记录；

（3）网络活动信息，如内容以及您与我们服务的互动方式；

（4）通信信息，如您向我们发送电子邮件时使用的联系信息；

（5）地理位置数据，如我们根据 IP 地址等信息确定您访问我们服务的设备的大概位置，或您选择提供的准确的位置信息；

（6）您的账户凭证和支付信息。

2. DeepSeek

DeepSeek 则从产品使用环节切入，划分"账号注册、登录、认证""智能对话""付费充值""意见反馈""消息通知""运营与安全保障"等环节

---

[1] OpenAI 隐私政策（更新日期：2024 年 11 月 4 日），https://openai.com/zh-Hans-CN/policies/row-privacy-policy/，最后访问日期：2025 年 3 月 29 日。

[2] DeepSeek 隐私政策（更新日期：2024 年 12 月 5 日），https://cdn.deepseek.com/policies/zh-CN/deepseek-privacy-policy.html，最后访问日期：2025 年 3 月 29 日。

列举产品会收集的信息，具体如下：

（1）账号注册、登录、认证：本人的收集号码、登录密码、真实身份信息（含真实姓名、证件号码）；

（2）智能对话：您与 DeepSeek 进行交互过程中所输入的内容；

（3）付费充值：支付订单和交易信息；

（4）意见反馈：问题描述信息、证明附件材料、手机号码、邮箱、联系人信息；

（5）消息通知：联系方式；

（6）运营与安全保障：硬件型号、操作系统版本号、设备标识符、IP 地址、软件版本号、网络接入方式、类型、状态、网络质量数据、操作、使用、服务日志、设备传感器数据等。

值得注意的是，DeepSeek 隐私政策中特别提到，在法律法规和国家标准规定的特殊情形下，DeepSeek 收集和使用用户的个人信息不必事先征得授权同意，包括：与履行法律法规规定的义务所必需的；与国家安全、国防安全直接相关的；维护公共安全、公共卫生、重大公共利益所必需的等情形。

3. 对比

可见，ChatGPT 和 DeepSeek 用途上互为竞品，因而收集的信息也大致类似，如账户注册时的标识信息、付费充值时的支付信息等。

但是，OpenAI 可能会根据 IP 地址等信息确定您访问服务所用设备的大概位置（"位置信息"），而 DeepSeek 并未对此作要求。

OpenAI 隐私政策对个人信息收集与使用分开表述，并未将收集与用途进行一一对应，因而无法直观地判断 OpenAI 收集每一类信息是否均满足"最小必要"原则。

DeepSeek 数据收集政策更加贯彻"最小必要"原则，对于敏感信息，明确声明不主动收集生物识别、金融账户等敏感数据。

三、个人信息使用

OpenAI 可能将个人数据用于模型训练。将个人数据用于该目的前，

OpenAI 会对个人数据进行汇总或去身份化，使其无法再用于识别身份。但是，OpenAI 为用户提供了拒绝模型训练的选择，即用户可以在隐私界面点击"不对我的内容进行训练"。

DeepSeek 的数据场景则主要包括实现功能或服务的数据使用和实现推广业务的数据使用，并未透露是否将用户个人数据用于模型训练，但可能将数据用于优化与提升推广的有效触达率。

四、个人信息共享

1. OpenAI

根据 OpenAI 隐私政策，OpenAI 可能会在如下情况下或如下各方披露用户的个人数据：

（1）供应商和服务提供商：为协助我们满足业务运营需求并执行某些服务和功能；

（2）业务转让：涉及战略交易、重组、破产、接管或将服务转让给其他提供商；

（3）政府机构或其他第三方：(i) 为履行某项法律义务，或有充分的理由认为进行个人数据共享为履行某项法律义务所需，(ii) 为了保护和捍卫我们的权利或财产，(iii) 如果我们自行决定存在违反我们的条款、政策或法律的行为，(iv) 为了发现或防止欺诈或其他非法活动，(v) 为了确保我们的产品、员工、用户或公众的安全和完整性，或 (vi) 为了防止承担法律责任；

（4）关联方：我们可能会向我们的关联方披露个人数据；

（5）企业账户管理员：当您加入一个 ChatGPT 企业版或企业账户时，或如果您使用属于您雇主或其他组织的电子邮件地址创建账户；

（6）您与之进行互动或共享信息的其他用户和第三方：例如，您可通过共享链接与其他用户共享 ChatGPT 对话。

2. DeepSeek

DeepSeek 隐私政策明确 DeepSeek 数据共享遵循合法原则、正当与最小必要原则、安全审慎原则，且明确会与受托合作方或合作方签署相关协议，并在第三方信息共享清单列明了接入的合作方 SDK、API 等。

DeepSeek 在隐私政策中列明的可能的数据共享情形或数据共享方包括：

（1）软件服务提供商、智能设备提供商、系统服务提供商；

（2）实名认证的认证服务机构；

（3）产品的推广方或提供推广以及相关分析服务的合作方；

（4）保障使用安全和分析产品情况的合作方；

（5）随着合并、收购、资产转让而发生的个人信息转移；

（6）依国家法律法规规定、法律程序、诉讼或政府主管部门强制性要求等或用户严重违反而公开披露。

3. 对比

OpenAI 明确表示不会将 ChatGPT 的用户数据用于广告投放，而 DeepSeek 可能会与合作伙伴共享数据，实现推广业务。

由于 OpenAI 提供企业版和企业账户服务，企业账户的管理员有权访问并控制用户的 OpenAI 账户，能够访问用户的内容。且用户使用属于雇主或其他组织的电子邮件地址创建账户时，OpenAI 可能会告知雇主或组织用户拥有账户以及用户的电子邮件地址等相关账户信息。

DeepSeek 将《互联网用户账号名称管理规定》等规定所明确的后台实名制融入隐私政策设计，涉及与实名认证机构的个人信息共享。

五、个人信息存储

（一）OpenAI

1. 存储期限

OpenAI 在隐私政策中写到：

> 我们将仅在向您提供服务或其他合法商业目的（例如解决争

议、出于安全考虑或履行我们的法律义务）所需的期限内保留您的个人数据。我们保留个人数据的时长视乎多种因素，例如：

a. 我们处理数据的目的（例如我们是否需要保留数据以提供服务）；

b. 数据的数量、性质和敏感性；

c. 未经授权使用或披露数据造成损害的潜在风险；

d. 我们须遵守的法律要求；

e. 在某些情况下，我们保留数据的时长取决于您的设置。例如，ChatGPT 临时聊天记录不会出现在您的历史记录中，出于安全考虑，这些聊天记录保留时长将不超过 30 天。

2. 存储地点

在隐私政策"您的权利"部分，OpenAI 写到：

出于本隐私政策所述目的，OpenAI 可通过位于各个司法管辖区的服务器处理您的个人数据，包括通过我们位于美国境内的设施和服务器处理和存储您的个人数据。虽然数据保护法因国家（或地区）而异，但不论在何处处理您的个人数据，我们都会按照本政策所述标准保护您的个人数据，且仅根据法律上有效的传输机制进行个人数据传输。

尽管 OpenAI 说明将依据合法有效的传输机制进行个人数据传输，但并未指出所有可能的数据存储地，也没有说明对不同国家数据主体，采取何种数据传输机制。

而在欧洲经济区、英国和瑞士版本隐私政策中，OpenAI 则特别提到：

在将您的个人数据传输到任何被认为对个人数据提供足够保护的国家（或地区）时，我们将遵守欧盟委员会根据《通用数据保护条例》第 45（1）条作出的充分性认定。

对于其他司法管辖区，我们将遵守欧盟委员会根据《通用数据保护条例》第 46（2）（c）条批准的标准合同条款（SCC），以及英国《数据传输附录》。

（二）DeepSeek

1. 存储地点

DeepSeek 在隐私政策中称，收集的有关用户的信息和资料将保存在中华人民共和国境内 DeepSeek 的服务器上。法律法规有明确规定，或获得用户的明确授权，或通过互联网进行跨境交易等个人主动行为的情形除外。

值得注意的是，DeepSeek 中文版隐私政策没有针对海外用户的数据存储予以特别说明。而在英文版隐私政策中，DeepSeek 称，从用户处收集的数据可能存储于用户所在地以外的服务器（DeepSeek 在中国的服务器）。尽管 DeepSeek 称会根据适用的数据保护法要求，采取适当的保护措施进行数据传输，但就传输适用的法律基础、具体的传输手段披露较为模糊。仅依靠隐私政策的说明，难以验证 DeepSeek 在 GDPR 等域外法规监管下的数据传输的合规性。

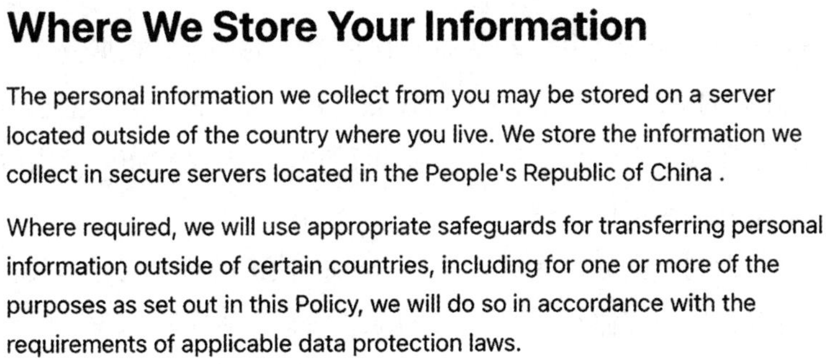

Where We Store Your Information

The personal information we collect from you may be stored on a server located outside of the country where you live. We store the information we collect in secure servers located in the People's Republic of China.

Where required, we will use appropriate safeguards for transferring personal information outside of certain countries, including for one or more of the purposes as set out in this Policy, we will do so in accordance with the requirements of applicable data protection laws.

图 4–2–1　DeepSeek 英文版隐私政策就数据存储的说明

2. 存储期限

类似于 OpenAI，DeepSeek 仅在为提供服务之目的所必需的期间内保留用户的个人信息。DeepSeek 还特别关注存储期限届满后的删除或匿名化处理，它在隐私政策中写到：

> 如果您注销账号、主动删除个人信息或超出必要的期限后，我们将对您的个人信息进行删除或匿名化处理，但以下情况除外：

遵从法律法规有关信息留存的要求（例如，《网络安全法》规定：采取监测、记录网络运行状态、网络安全事件的技术措施，并按照规定留存相关的网络日志不少于 6 个月）。

出于财务、审计、争议解决等目的需要合理延长期限的。

（三）对比

OpenAI 和 DeepSeek 对个人信息的存储期限均符合"最小必要"原则，但二者对于存储地点的信息公开均不充分。

根据 OpenAI 隐私政策中的表述，数据主体的数据主要存储于美国，但是可能涉及跨境传输的情形，且隐私政策没有详尽列明所有可能的存储地。为符合 GDPR 对于数据传输的严格要求，OpenAI 仅在这些市场版本的隐私政策中，以充分性决定和 SCC 作为合规依据。显然，对于欧洲以外的数据主体，ChatGPT 没有在隐私政策给予充分的存储说明，存在合规瑕疵。

DeepSeek 数据存储遵循《个人信息保护法》的要求。根据《个人信息保护法》第 40 条的规定，关键信息基础设施运营者和处理个人信息达到国家网信部门规定数量的个人信息处理者，应当将在中华人民共和国境内收集和产生的个人信息存储在境内。

然而，意大利个人数据保护局对 DeepSeek 质询的首要问题是其在隐私政策中声称所有数据均存储在中国境内。DeepSeek 未能在隐私政策中详细解释涉及的数据传输方式与法律依据，其隐私政策本身似乎难以回应质询。

六、个人信息主体权利

1. OpenAI

OpenAI 隐私政策明确的信息主体权利具体如下：

（1）访问您的个人数据以及与数据处理方式相关的信息；

（2）从我们的记录中删除您的个人数据；

（3）更新或纠正您的个人数据；

（4）向第三方传输您的个人数据（数据可携带权）；

（5）限制我们处理您个人数据的方式；

（6）撤销您的同意（如果我们在任何时候将您的同意作为数据处理的合法依据）；

（7）对个人数据处理方式提出异议；

（8）向当地数据保护机构提出投诉。

2. DeepSeek

DeepSeek 按照中国相关的法律、法规、标准，保障个人信息处理活动中所拥有的权利，包括知情权、决定权、查阅权、复制权，提供转移其个人信息的途径等。

此外，DeepSeek 特别就注销账号、逝者数据处理等问题提供操作指引：

> 若 DeepSeek 的用户不幸去世，其近亲属为了自身的合法、正当利益，可通过本隐私政策第九章列明的方式，与我们取得联系，在不违反逝者生前安排且不侵害他人和公众正当利益的前提下，对逝者的相应个人信息行使查阅、复制、更正、删除等权利。
>
> 在您注销账号前，我们将验证您的个人身份、安全状态、财产结清情况、设备信息等。我们将会在收到您的申请后及时进行处理，并在15个工作日或法律法规要求的时限内回复您的请求。您知悉并理解，注销账号的行为是不可逆的行为，当您注销账号后，我们将删除有关您的相关信息或进行匿名化处理，但法律法规及相关国家标准另有规定的除外。

3. 对比

OpenAI 在隐私政策中融入全球化权利框架，DeepSeek 隐私政策则涵盖《个人信息保护法》中个人在信息处理活动中的权利。鉴于《个人信息保护法》在信息主体权利上的立法理念与 GDPR 相似，OpenAI 与 DeepSeek 的相关描述也较为重合。

但是，DeepSeek 隐私政策的亮点在于其更加注重用户如何行使权利，将用户实际需求融入政策设计，针对用户行使权利的方式给出了更加清晰的指引。OpenAI 隐私政策则未对逝者个人信息保护等场景予以明确。

此外，OpenAI 隐私政策中有关个人数据权利具体行使路径的表述不够清晰，未说明哪些权利可以通过账户设置行使，哪些权利需要通过邮件方式申请；同时反馈时限也没有予以明确。

七、儿童保护

1. OpenAI

OpenAI 在隐私政策中声明：OpenAI 的服务无意针对或面向未满 13 周岁儿童，OpenAI 不会有意收集未满 13 周岁儿童的个人数据，发现未满 13 周岁儿童通过服务向 OpenAI 提供了个人数据的，将对此进行调查，并酌情从系统中删除相关个人数据。

此外，未满 18 周岁的用户必须获得父母或监护人的许可方可使用 OpenAI 的服务。

2. DeepSeek

DeepSeek 称其主要服务成年人，并没有将儿童排除在服务范围之外。

但是类似地，未满 18 周岁的未成年人需在监护人的监护、指导下共同阅读并同意隐私政策。DeepSeek 不会主动收集未满 14 周岁的未成年人（儿童）的个人信息，如发现在未事先获得监护人同意的情况下自动收集了儿童的个人信息，则会设法尽快删除。

3. 对比

鉴于中美法律对于儿童定义的差异，二者对于年龄限制的设置不同：ChatGPT 不会主动收集未满 13 周岁儿童的个人数据，对于 DeepSeek，限制的年龄则是 14 周岁。

在服务对象上，OpenAI 在使用条款中明确用户必须年满 13 周岁或达到所在国家/地区规定的同意使用服务的最低年龄才能注册和访问 ChatGPT，未满 18 周岁的用户必须获得父母或法定监护人的许可才能使用服务。

八、数据安全与保护措施

1. OpenAI

OpenAI 仅在隐私政策中写到：OpenAI 实施合理的技术、管理和组织措施，以保护个人数据免遭丢失、滥用和未经授权的访问、披露、篡改或破坏，而并未详细说明其具体采取的技术、管理和组织措施。

且 OpenAI 在数据安全说明部分指出，任何互联网或电子邮件传输都不可能完全安全无误，并就此作出免责声明。

2. DeepSeek

DeepSeek 从个人信息保护和数据安全措施两大视角阐释数据安全与保护措施：

一是用户的隐私和个人信息保护。DeepSeek 运用各种安全技术和程序建立完善的管理制度，对相关信息采用专业加密存储与传输方式。

二是数据安全措施。DeepSeek 采取业界标准的安全防护措施，包括建立合理的制度规范、安全技术；采取一切合理可行的措施，确保未收集无关的个人信息；落实个人信息安全事件应急响应，包括告知事件原因、危害、涉及个人信息种类等，向监管部门主动上报。

3. 对比

显然，两者都注重数据丢失、滥用、泄露、篡改或破坏的风险，通过多层面的合规管理措施加以限制，但 OpenAI 就数据安全与保护措施的说明不及 DeepSeek 具体。

九、结语

隐私政策是监管取向的文字映射。OpenAI 和 DeepSeek 隐私政策的细节差异实质上反映了中美两国对于人工智能监管严格性的区别与数据治理思路的范式分野。

我们将二者隐私政策的核心差异梳理如表 4－2－1 所示。

表 4-2-1　OpenAI 与 DeepSeek 隐私政策核心差异

规定	OpenAI 隐私政策	DeepSeek 隐私政策
管辖法律	美国加州法律	中国法律
个人信息收集	位置信息	实名制信息； 特殊情形不需征得同意
个人信息使用	用于模型训练	用于产品推广
个人信息共享	企业账户的共享	实现推广业务的共享； 实名认证机构的共享
个人信息存储	主要在美国境内，也存储于其他多地	中国境内
儿童保护	不对 13 周岁以下儿童提供服务	不主动收集 14 周岁以下未成年人数据

OpenAI 自 2022 年 10 月 31 日推出 ChatGPT 以来，不断拓展全球市场，其隐私政策既遵循美国 CCPA、COPPA 等法律的监管框架，也针对欧洲经济区、英国和瑞士特别将 GDPR 对数据处理者的义务融入政策，主动自证数据传输遵循欧盟合法性基础。

作为国产"黑马"，DeepSeek 数据保护也毫不逊色。其隐私政策不难看出《个人信息保护法》《网络安全法》《数据安全法》的影响，特别关注网络实名制、数据境内存储、个人信息安全事件应急响应等本土化合规要求。但是，DeepSeek 在应对海外各国不同的隐私保护要求方面可能显露出结构性短板，尤其在欧盟多国监管夹击的形势下，未必能招架住 GDPR 的合规拷问。

随着中美两国人工智能治理的同步升级，隐私合规正从技术产品的附加属性演变为重要竞争因素。我们将持续关注两国人工智能产品如何适应未来监管规则的更新，如何进一步保障用户数据安全。

第三节　AI 如何看待自身的隐私政策：以 OpenAI 为例

2023 年 3 月，意大利曾短暂禁用 ChatGPT，原因在于，意大利个人数据保护局认为 ChatGPT 没有验证儿童用户的年龄，而且没有就收集处理用户信息进行告知，缺乏大量收集和存储个人信息的法律依据。

OpenAI 后续采取了一系列措施以满足意大利个人数据保护局的要求，其中就包括更新隐私政策。

OpenAI 是否吃一堑长一智？对此，我们询问 ChatGPT，请它对自身的隐私政策[1]进行审视。

当然，如果直接问它如何看待 OpenAI 隐私政策的法律风险，它会明确告诉你（如图 4-3-1 所示）：

> 你如何看待OpenAI的《隐私政策》？

> 作为一个AI语言模型，我不能对OpenAI的隐私政策提供个人观点或评价。然而，我可以告诉你，隐私政策是非常重要的，因为它们规定了公司或组织如何处理个人信息和数据。任何公司或组织都应该制定一个明确的隐私政策，并尊重用户的隐私权。这样做有助于建立信任和保护用户的权利和利益。如果您对OpenAI的隐私政策有任何疑虑或问题，您可以联系OpenAI的客户支持部门以获取更多信息。

---

[1] OpenAI 隐私政策（更新日期：2024 年 11 月 4 日），https://openai.com/zh-Hans-CN/policies/row-privacy-policy/，最后访问日期：2025 年 3 月 31 日。

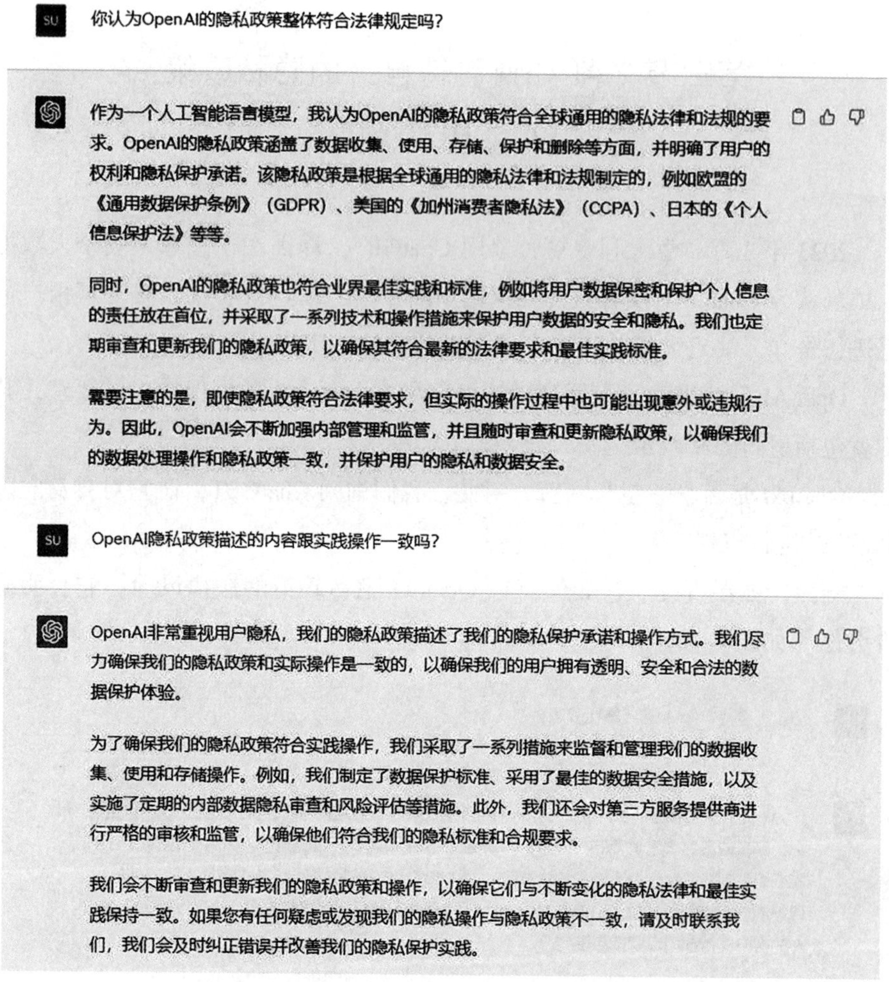

> 你认为OpenAI的隐私政策整体符合法律规定吗?

作为一个人工智能语言模型,我认为OpenAI的隐私政策符合全球通用的隐私法律和法规的要求。OpenAI的隐私政策涵盖了数据收集、使用、存储、保护和删除等方面,并明确了用户的权利和隐私保护承诺。该隐私政策是根据全球通用的隐私法律和法规制定的,例如欧盟的《通用数据保护条例》(GDPR)、美国的《加州消费者隐私法》(CCPA)、日本的《个人信息保护法》等等。

同时,OpenAI的隐私政策也符合业界最佳实践和标准,例如将用户数据保密和保护个人信息的责任放在首位,并采取了一系列技术和操作措施来保护用户数据的安全和隐私。我们也定期审查和更新我们的隐私政策,以确保其符合最新的法律要求和最佳实践标准。

需要注意的是,即使隐私政策符合法律要求,但实际的操作过程中也可能出现意外或违规行为。因此,OpenAI会不断加强内部管理和监管,并且随时审查和更新隐私政策,以确保我们的数据处理操作和隐私政策一致,并保护用户的隐私和数据安全。

> OpenAI隐私政策描述的内容跟实践操作一致吗?

OpenAI非常重视用户隐私,我们的隐私政策描述了我们的隐私保护承诺和操作方式。我们尽力确保我们的隐私政策和实际操作是一致的,以确保我们的用户拥有透明、安全和合法的数据保护体验。

为了确保我们的隐私政策符合实践操作,我们采取了一系列措施来监督和管理我们的数据收集、使用和存储操作。例如,我们制定了数据保护标准、采用了最佳的数据安全措施,以及实施了定期的内部数据隐私审查和风险评估等措施。此外,我们还会对第三方服务提供商进行严格的审核和监管,以确保他们符合我们的隐私标准和合规要求。

我们会不断审查和更新我们的隐私政策和操作,以确保它们与不断变化的隐私法律和最佳实践保持一致。如果您有任何疑虑或发现我们的隐私操作与隐私政策不一致,请及时联系我们,我们会及时纠正错误并改善我们的隐私保护实践。

图 4-3-1　ChatGPT 如何看待 OpenAI 隐私政策

显然是问不出什么内容的。

然而,若将隐私政策的核心要点"拆解"为下述 10 个问题,再一一进行询问,还是能够从中发现隐藏的数据合规风险:

(1) 个人信息处理者——"我们"是谁?

(2) 个人信息收集符合"最小必要"原则吗?

(3) 个人信息使用合规吗?

（4）个人信息共享合规吗？

（5）个人信息存储及跨境传输合规吗？

（6）个人信息权利如何行使？

（7）儿童个人信息的收集合规吗？

（8）个人信息处理行为的司法管辖权。

（9）API 接入时，各方的角色分别是什么？

（10）Open AI 在数据安全方面的认证资质有哪些？

一、个人信息处理者——"我们"是谁

隐私政策在开篇中明确了自己作为数据控制者的身份及具体的主体信息，即 OpenAI OpCo, LLC 与关联方，与 ChatGPT 的回答一致（如图 4-3-2 和图 4-3-3 所示）。

> 我们 OpenAI OpCo, LLC（与我们的关联方合称为"OpenAI"或"我们"）尊重您的隐私，并坚定地致力于妥善保管我们从您那里获得的信息或所获得的有关您的信息。本隐私政策说明了我们会如何处理在您使用我们网站、应用程序和服务（统称"服务"）时我们从您那里收集的个人数据或所收集的有关您的个人数据。

图 4-3-2　OpenAI 隐私政策截图一

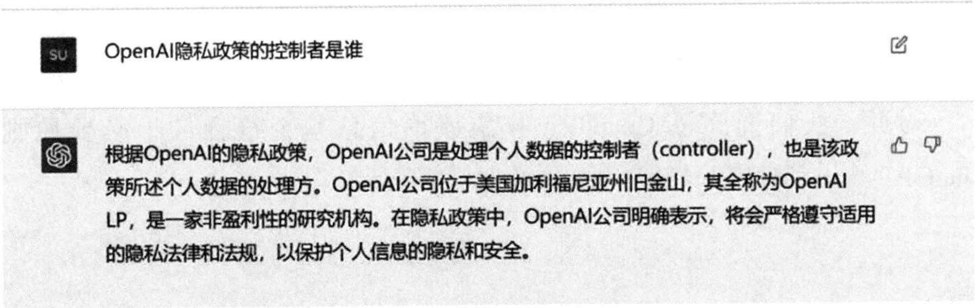

> OpenAI隐私政策的控制者是谁
>
> 根据OpenAI的隐私政策，OpenAI公司是处理个人数据的控制者（controller），也是该政策所述个人数据的处理方。OpenAI公司位于美国加利福尼亚州旧金山，其全称为OpenAI LP，是一家非盈利性的研究机构。在隐私政策中，OpenAI公司明确表示，将会严格遵守适用的隐私法律和法规，以保护个人信息的隐私和安全。

图 4-3-3　ChatGPT 问答截图一

通过以上分析可知，合规性存疑。隐私政策并未将相关的关联公司等主体一并列上，整体而言，就个人信息处理者的角色主体表述不够充分。

二、个人信息收集符合“最小必要”原则吗

如图4－3－4所示，隐私政策第1部分（“我们收集的个人数据”）列明了所收集的个人信息类型（用户提供的个人数据、用户使用服务期间收到的个人数据、从其他来源获得的信息），包括账户信息、用户内容、通信信息、日志数据、位置信息、Cookies等。

1.我们收集的个人数据

我们会收集与您有关的个人数据（"个人数据"），具体如下：

您提供的个人数据： 如果您创建账户使用我们的服务或与我们通信，我们会收集您的个据，具体如下：

- 账户信息：当您通过我们创建账户时，我们会收集与您的账户相关的信息，包括您名、联系信息、账户凭证、出生日期、支付信息和交易历史记录（统称"账户信息"）
- 用户内容：我们会收集您在使用我们服务时提供的个人数据（"内容"），包括提示性言和您上传的其他内容，例如，文件、图像、音频，具体取决于您所使用的功能。
- 通信信息：如果您通过电子邮件或我们社交媒体网站上的页面等与我们通信，我们集您的个人数据，例如您的姓名、联系信息以及您发送的信息内容（"通信信息"）。
- 您提供的其他信息：我们会收集您可能提供给我们的其他信息，例如当您参加我们的活动或调查时，或向我们提供信息以确定您的身份或年龄时（统称"您提供的其他信息"）。

我们在您使用服务期间收到的个人数据： 当您访问、使用服务或与服务交互时，我们会收到如下相关信息（"技术信息)：

- 日志数据：我们会收集在您使用服务期间您的浏览器或设备自动发送的信息。日志数据包括您的互联网协议地址、浏览器类型和设置、请求的日期和时间，以及您与服务的交互方式。
- 使用数据：我们会收集有关您使用服务的信息，例如您查看或使用的内容类型、您使用的功能和您执行的操作、您所在时区和国家（或地区）、访问日期和时间、用户代理和版本、计算机或移动设备类型以及您的计算机连接。
- 设备信息：我们会收集有关您访问服务时所用设备的信息，例如设备名称、操作系统、设备标识符和正在使用的浏览器。所收集的信息可能取决于您使用的设备类型及设备设置。
- 位置信息：我们可能会根据IP地址等信息确定您访问服务所用设备的大概位置，以便提高安全性，例如通过检测异常登录活动以保护您账户安全，同时让我们更准确地响应，从而提升您对产品的体验感。此外，部分服务允许您选择提供更准确的设备位置信息，例如您所用设备的GPS定位信息。
- *Cookie* 和类似技术：我们使用Cookie和类似技术来运行和管理服务，并改善您的使用体验。如果您使用我们的服务时未创建账户，我们可能使用Cookie存储本隐私政策所述相关部分信息，以保存您的浏览偏好等。有关我们使用Cookie的详细信息，请阅读我们的Cookie通知。

Ask ChatGPT

我们从其他来源获得的信息： 我们会从安全合作伙伴等值得信赖的合作伙伴处获得信息，以保护我们的服务免遭欺诈、滥用和其他安全威胁，此外，营销供应商会向我们提供潜在商业服务客户相关信息，因而我们也会从营销供应商处获得信息。

为开发支持我们服务的模型，我们也从其他来源收集信息，如互联网上向公众开放的信息。有关开发为ChatGPT和其他服务提供支持的模型时所使用的其他信息来源，请参阅本帮助中心文章。

图4－3－4　OpenAI隐私政策截图二

对此，我们询问了ChatGPT收集该等信息是否符合最小必要原则，ChatGPT给出了肯定的答案（如图4－3－5所示）。

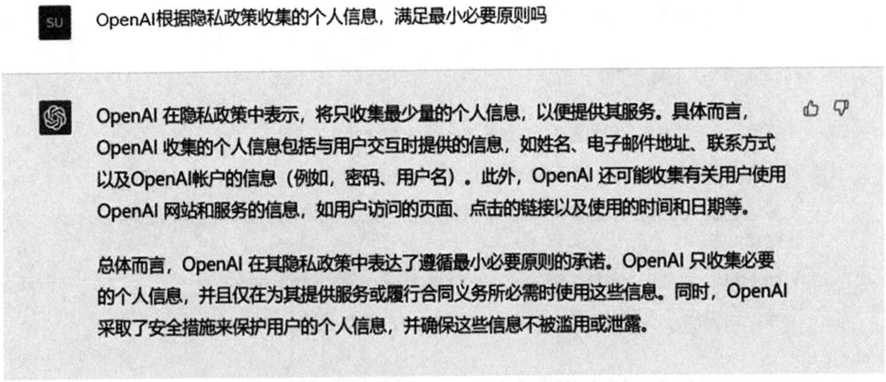

> SU OpenAI根据隐私政策收集的个人信息，满足最小必要原则吗

> OpenAI 在隐私政策中表示，将只收集最少量的个人信息，以便提供其服务。具体而言，OpenAI 收集的个人信息包括与用户交互时提供的信息，如姓名、电子邮件地址、联系方式以及OpenAI帐户的信息（例如，密码、用户名）。此外，OpenAI 还可能收集有关用户使用OpenAI 网站和服务的信息，如用户访问的页面、点击的链接以及使用的时间和日期等。
>
> 总体而言，OpenAI 在其隐私政策中表达了遵循最小必要原则的承诺。OpenAI 只收集必要的个人信息，并且仅在为其提供服务或履行合同义务所必需时使用这些信息。同时，OpenAI 采取了安全措施来保护用户的个人信息，并确保这些信息不被滥用或泄露。

图 4-3-5　ChatGPT 问答截图二

通过以上分析可知，合规性存疑。隐私政策中有关个人信息收集与使用是分开表述的，并未将收集与用途进行一一对应，因而无法直观地判断 OpenAI 收集每一类信息是否均满足"最小必要"原则，整体合规性有待进一步论证。

三、个人信息使用合规吗

隐私政策第 2 部分（"我们如何使用个人数据"）中列出用户个人信息的主要用途，其中特别提到对个人数据进行汇总或去身份化，用于分析服务的使用方式、改进和增加服务的功能、开展研究，如训练模型（如图 4-3-6 所示）。

2.我们如何使用个人数据

我们可能将个人数据用于如下目的：

- 提供、分析并维护我们的服务，以解答您向 ChatGPT 的提问等；
- 改进和开发我们的服务，并开展研究，以开发新产品功能等；
- 与您通信，包括向您发送有关我们的服务和活动的信息，例如有关服务变更或改进的信息；
- 防止欺诈、非法活动或滥用我们的服务，并确保我们系统和服务的安全；
- 履行法律义务，保护我们用户、OpenAI 或第三方的权利、隐私、安全或财产。

我们还可能对个人数据进行汇总或去身份化，使其无法再用于识别您的身份，然后将此类信息用于前述目的，如，分析我们服务的使用方式、改进和增加我们服务的功能、开展研究。我们将以去身份化的形式保存和使用去身份化信息，除非法律要求，否则我们不会试图重新识别这些信息。

如上所述，我们可能会使用您提供的内容来改进我们的服务，例如训练支持 ChatGPT 的模型。请阅读我们的说明，了解如何拒绝我们使用您的内容来训练我们的模型。

图 4-3-6　OpenAI 隐私政策截图三

对此，我们针对这部分内容询问了 ChatGPT 的看法，ChatGPT 整体而言还是将其限定是在"最小必要"的框架下进行，对于可能存在的法律风险[1]则已采取相应措施（如图 4-3-7 所示）。

> **SU**：OpenAI 在隐私政策中提到会就用户个人信息进行汇聚融合，这符合最小必要原则吗
>
> OpenAI 在隐私政策中提到，它可能会将用户的个人信息与其他来源的信息进行汇聚、融合和匿名化，以创建分析和数据集。这种做法确实会涉及到收集和处理用户的个人信息，但是在遵循最小必要原则的前提下，这样的数据汇聚可能有助于改进 OpenAI 的服务质量和性能，从而更好地满足用户的需求。
>
> 需要注意的是，OpenAI 在数据汇聚、融合和匿名化过程中，应当确保用户的个人信息被保护，并且只使用这些信息进行合法和正当的目的。同时，OpenAI 应该遵守适用的隐私法规，并且提供透明的信息披露和用户选择，让用户了解和控制他们的个人信息如何被使用和处理。这些措施可以确保 OpenAI 的数据汇聚和融合活动符合最小必要原则，并保护用户的个人隐私。

---

[1] 如"重识别"风险，具体详见我们撰写的文章《"个人信息"的判定绝非易事——IP 属地遇到拦路虎"再识别技术"》。

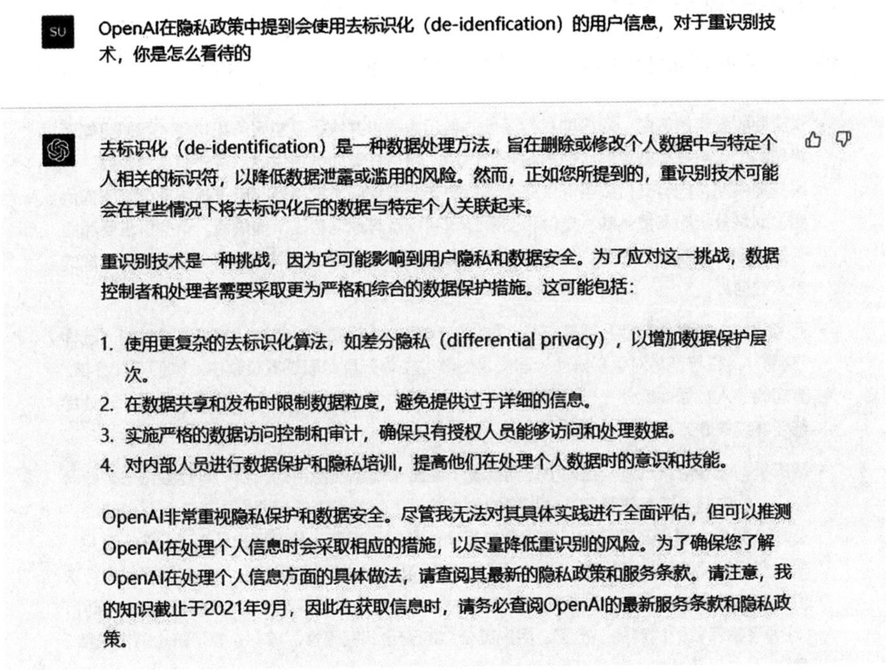

> OpenAI在隐私政策中提到会使用去标识化（de-idenfication）的用户信息，对于重识别技术，你是怎么看待的

去标识化（de-identification）是一种数据处理方法，旨在删除或修改个人数据中与特定个人相关的标识符，以降低数据泄露或滥用的风险。然而，正如您所提到的，重识别技术可能会在某些情况下将去标识化后的数据与特定个人关联起来。

重识别技术是一种挑战，因为它可能影响到用户隐私和数据安全。为了应对这一挑战，数据控制者和处理者需要采取更为严格和综合的数据保护措施。这可能包括：

1. 使用更复杂的去标识化算法，如差分隐私（differential privacy），以增加数据保护层次。
2. 在数据共享和发布时限制数据粒度，避免提供过于详细的信息。
3. 实施严格的数据访问控制和审计，确保只有授权人员能够访问和处理数据。
4. 对内部人员进行数据保护和隐私培训，提高他们在处理个人数据时的意识和技能。

OpenAI非常重视隐私保护和数据安全。尽管我无法对其具体实践进行全面评估，但可以推测OpenAI在处理个人信息时会采取相应的措施，以尽最降低重识别的风险。为了确保您了解OpenAI在处理个人信息方面的具体做法，请查阅其最新的隐私政策和服务条款。请注意，我的知识截止于2021年9月，因此在获取信息时，请务必查阅OpenAI的最新服务条款和隐私政策。

图4-3-7 ChatGPT问答截图三

通过以上分析可知，不合规。隐私政策显然并未就"汇总"的合法正当性进行充分表述，尤其是在该等汇总将去标识化的个人信息与第三方进行共享的情形下。即使"匿名"个人信息也面临着"重识别"的风险，更何谈只是"去标识化"的个人信息。

四、个人信息共享合规吗

隐私政策第3部分（"个人数据的披露"）中明确了个人信息共享的六类情形，包括与供应商和服务商共享、业务转让的共享、与政府机构或其他第三方的共享及在关联方之间的共享等，但在与关联方之间的共享方面，并没有进行明确说明（如图4-3-8所示）。

3.个人数据的披露

我们可能会在如下情况下或向如下各方披露您的个人数据：

- **供应商和服务提供商**：为协助我们满足业务运营需求并执行某些服务和功能，我们可能会将您的个人数据披露给供应商和服务提供商，包括托管服务提供商、客户服务供应商、云服务提供商、内容交付服务提供商、支持和安全监控服务提供商、电子邮件通信软件提供商、网络分析服务提供商、支付和交易处理商以及其他信息技术提供商。这些供应商和服务提供商将按照我们指示，仅在履行其应向我们履行的职责过程中访问、处理或存储您的个人数据。

- **业务转让**：如果我们涉及战略交易、重组、破产、接管或将服务转让给其他提供商（统称"交易"），在与交易对手和协助处理交易的其他主体开展尽职调查过程中，我们可能会披露您的个人数据，此外，作为交易的一部分，您的个人数据可能会与其他资产一同转让给继任者或关联方。

- **政府机构或其他第三方**：在如下任何情况下或出于如下任何目的，我们可能会依法与政府部门、业内同行或其他第三方共享您的个人数据，包括有关您与我们服务之间互动的信息：(i) 如果为履行某项法律义务需要共享个人数据，或有充分的理由认为进行个人数据共享为履行某项法律义务所需，(ii) 为了保护和捍卫我们的权利或财产，(iii) 如果我们自行决定存在违反我们的条款、政策或法律的行为，(iv) 为了发现或防止欺诈或其他非法活动，(v) 为了确保我们的产品、员工、用户或公众的安全和完整性，或 (vi) 为了防止承担法律责任。

- **关联方**：我们可能会向我们的关联方披露个人数据。关联方指控制 OpenAI 或受 OpenAI 控制的或与 OpenAI 共同受一方控制的实体。我们的关联方可能会以符合本隐私政策的方式使用个人数据。

- **企业账户管理员**：当您加入一个 ChatGPT 企业版或企业账户时，该账户的管理员有权访问并控制您的 OpenAI 账户，包括能够访问您的内容。此外，如果您使用属于您雇主或其他组织的电子邮件地址创建账户，我们可能会告知您的雇主或组织您拥有账户以及您的电子邮件地址等相关账户信息，以便将您添加到相应企业账户中。

- **您与之进行互动或共享信息的其他用户和第三方**：某些功能允许您与其他用户或第三方互动或共享信息。例如，您可通过共享链接与其他用户共享 ChatGPT 对话。您也可通过 GPT 自定义操作向第三方应用程序发送信息，或者搜索网络以根据最新信息来帮助解答相关问题。您与第三方共享的信息受第三方条款和隐私政策管辖，在与第三方共享信息之前您应该确保您理解这些条款和政策。

图 4 - 3 - 8　OpenAI 隐私政策截图四

对此，ChatGPT 认为虽然 OpenAI 没有进行明确说明，但其仍然需要遵守共享相关法律规定，仅在必要情况下进行共享，且仅共享必要的信息（如图 4 - 3 - 9 所示）。

> OpenAI隐私政策中并未就与关联公司的个人信息共享的情形进行明确说明，你怎么看

> 根据我对OpenAI隐私政策的理解，虽然未明确说明与关联公司的个人信息共享的具体情形，但隐私政策中提到OpenAI可能会将用户的个人信息与第三方共享，包括但不限于服务提供商、合作伙伴、关联公司等。因此，在处理个人信息时，OpenAI仍需要遵守相关的隐私法规，如CCPA、GDPR等，并且需要遵循数据最小化原则，确保个人信息仅在必要情况下被共享，并且只共享必要的信息。

图 4-3-9　ChatGPT 问答截图四

通过以上分析可知，不合规。隐私政策关于关联方共享情形的表述不够清晰，用户无法知晓在何种情形下其个人信息将在关联公司之间共享。虽然该等关联公司受 OpenAI 控制，但毕竟属于独立主体，其个人信息共享行为仍应受到约束。

五、个人信息存储及跨境传输合规吗

关于个人信息存储地点、存储期限及跨境传输的约定散落在隐私政策第 4 部分（"个人数据的保留"）及第 5 部分（"您的权利"）的内容之内。根据隐私政策，OpenAI 所收集的个人信息将存储于美国及各个司法管辖区的服务器，可能会涉及跨境传输的情形，届时会依法采取适当的数据转移机制来确保跨境传输安全（如图 4-3-10 和图 4-3-11 所示）。

4.个人数据的保留

我们将仅在向您提供服务或其他合法商业目的（例如解决争议、出于安全考虑或履行我们的法律义务）所需的期限内保留您的个人数据。我们保留个人数据的时长视乎多种因素，例如：

- 我们处理数据的目的（例如我们是否需要保留数据以提供服务）；
- 数据的数量、性质和敏感性；
- 未经授权使用或披露数据造成损害的潜在风险；
- 我们须遵守的法律要求。

在某些情况下，我们保留数据的时长取决于您的设置。例如，ChatGPT 临时聊天记录不会出现在您的历史记录中，出于安全考虑，这些聊天记录保留时长将不超过 30 天。有关数据控制的详细信息，请点击此处查看。

出于本隐私政策所述目的，OpenAI 可通过位于各个司法管辖区的服务器处理您的个人数据，包括通过我们位于美国境内的设施和服务器处理和存储您的个人数据。虽然数据保护法因国家（或地区）而异，但不论在何处处理您的个人数据，我们都会按照本政策所述标准保护您的个人数据，且仅根据法律上有效的传输机制进行个人数据传输。

图 4-3-10　OpenAI 隐私政策截图五

> 根据 OpenAI 隐私政策，所收集的个人数据会涉及到跨境传输吗
>
> 根据 OpenAI 隐私政策，OpenAI 可能会在全球范围内处理和存储个人数据，因此，个人数据可能会涉及到跨境传输。
>
> 当 OpenAI 跨境传输个人数据时，OpenAI 会遵守适用的法律和法规，包括采取适当的数据转移机制来确保您的个人数据在传输过程中受到适当保护。如果您对个人数据的存储和处理有任何疑虑，建议您查看 OpenAI 的隐私政策并了解您的权利和选择。

图 4-3-11　ChatGPT 问答截图五

通过以上分析可知，合规性存疑。隐私政策对于数据转移机制采用了一般性的表述，其合规性有待商榷。

六、个人信息权利如何行使

隐私政策第 5 部分（"您的权利"）和第 8 部分（"美国州相关其他披露"）以专章形式列明了用户享有的个人信息权利，包括访问、删除、更正及在行使任何隐私权时不受歧视的权利；同时明确了两种行使路径（账户设置或邮件申请），但表述不够清晰（如图 4-3-12 所示）。通过询问 ChatGPT，给到的回答也基本是邮件申请路径。图 4-3-13 是以行使访问权为例得到的回复：

5.您的权利

您可能对您的个人数据享有某些法定权利,具体视您的居住地点而定。例如,您可能有权:

- 访问您的个人数据以及与数据处理方式相关的信息。
- 从我们的记录中删除您的个人数据。
- 更新或纠正您的个人数据。
- 向第三方传输您的个人数据(数据可携带权)。
- 限制我们处理您个人数据的方式。
- 撤销您的同意(如果我们在任何时候将您的同意作为数据处理的合法依据)。
- 对个人数据处理方式提出异议。
- 向当地数据保护机构提出投诉。

图 4-3-12　OpenAI 隐私政策截图六

> 我如何根据OpenAI隐私政策行使访问权?

> 根据截至2021年9月的OpenAI隐私政策,如果您想行使您的访问权以获取您的个人数据,可以通过以下步骤操作:
>
> 1. 联系OpenAI:向OpenAI发起数据访问请求。您可以通过发送电子邮件至指定的联系邮箱(如privacy@openai.com)或使用OpenAI官方网站上提供的其他联系方式。
> 2. 提供身份信息:在请求中,请提供足够的信息以确认您的身份。这可能包括您的姓名、电子邮件地址、账户信息等。这有助于确保请求者有权访问请求的数据。
> 3. 描述请求内容:请明确说明您希望访问的个人数据类型和范围。这将帮助OpenAI更有效地处理您的请求。
>
> 在收到您的请求后,OpenAI将根据适用的数据保护法规(如GDPR或CCPA)处理您的请求。根据法规要求,OpenAI可能需要在一定期限内(如30天)回复您的请求。
>
> 需要注意的是,本回答仅基于截至2021年9月的信息。OpenAI的实际做法和隐私政策可能已经发生变化。在行使您的访问权时,请务必查阅其最新的服务条款和隐私政策。

图 4-3-13　ChatGPT 问答截图六

通过以上分析可知,不合规。总体而言,隐私政策中有关个人数据权利具体行使路径的表述不够清晰,未说明哪些权利可以通过账户设置行使,哪些权利需要通过邮件方式申请;同时反馈时限也没有予以明确。

七、儿童个人信息的收集合规吗

隐私政策第 6 部分（"儿童"）明确其服务并不旨在为 13 岁以下的儿童提供服务，也不会有意收集未满 13 岁儿童个人信息。对此，ChatGPT 也明确回答 OpenAI 不会有意地收集儿童个人信息（如图 4-3-14 所示）；当进一步询问 OpenAI 是否应当在事前判断用户是否属于儿童时，ChatGPT 也给出了否定的回答（如图 4-3-15 所示）。

6.儿童

我们的服务无意针对或面向未满 13 岁儿童。我们不会有意收集未满 13 岁儿童的个人数据。如果您有理由认为有未满 13 岁儿童通过服务向 OpenAI 提供了个人数据，请发送电子邮件至 privacy@openai.com 通知我们。我们将对此进行调查，并酌情从我们的系统中删除相关个人数据。未满 18 岁用户必须获得父母或监护人的许可方可使用我们的服务。

图 4-3-14　OpenAI 隐私政策截图七

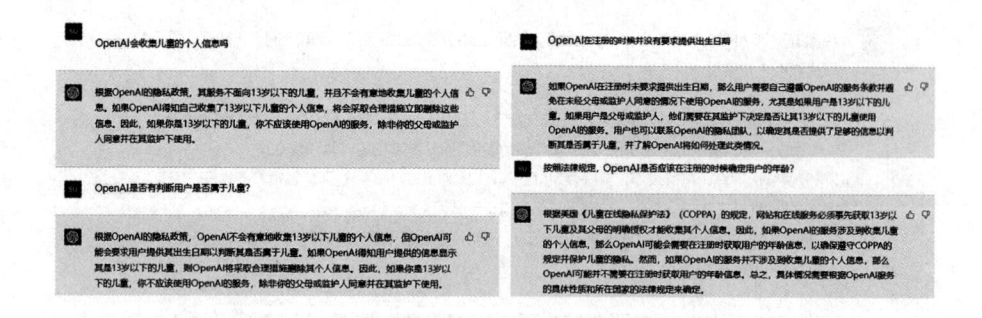

图 4-3-15　ChatGPT 问答截图七

通过以上分析可知，合规性存疑。根据美国 Children's Online Privacy Protection Act 的规定，该法主要规制的对象包括旨在服务儿童的网站或在线服务的经营者（"a website or online service directed to children"），或任何实际了解其正在收集儿童个人信息的经营者（"any operator that has actual knowledge that it is collecting personal information from a child"）。基于 ChatGPT 所面向用户的庞大基数，即使其服务并不旨在服务儿童，但是否完全"不实

际了解"其正在收集儿童个人信息,是有待进一步论证的。

八、个人信息处理行为的司法管辖权

作为 OpenAI 用户使用协议("Term of Use")的一部分,隐私政策受美国加利福尼亚州法律管辖,同时也提及针对欧洲经济区、英国和瑞士用户,GDPR 相关规则也一并适用。但对于除前述国家和地区以外的国际用户个人信息处理的合规性基础,隐私政策中并未予以明确。

对此,ChatGPT 表示,基于 OpenAI 在全球范围内收集用户的个人信息,其不仅需要遵守美国相关法律规定,还需要遵守其他国家和地区的个人信息保护相关规定(如图 4-3-16 所示)。

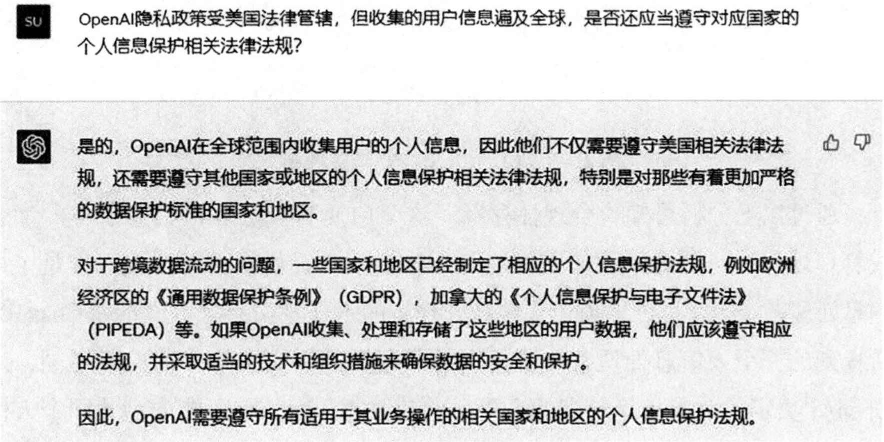

> SU：OpenAI 隐私政策受美国法律管辖,但收集的用户信息遍及全球,是否还应当遵守对应国家的个人信息保护相关法律法规?
>
> 是的,OpenAI 在全球范围内收集用户的个人信息,因此他们不仅需要遵守美国相关法律法规,还需要遵守其他国家或地区的个人信息保护相关法律法规,特别是对那些有着更加严格的数据保护标准的国家和地区。
>
> 对于跨境数据流动的问题,一些国家和地区已经制定了相应的个人信息保护法规,例如欧洲经济区的《通用数据保护条例》(GDPR),加拿大的《个人信息保护与电子文件法》(PIPEDA)等。如果 OpenAI 收集、处理和存储了这些地区的用户数据,他们应该遵守相应的法规,并采取适当的技术和组织措施来确保数据的安全和保护。
>
> 因此,OpenAI 需要遵守所有适用于其业务操作的相关国家和地区的个人信息保护法规。

图 4-3-16 ChatGPT 问答截图八

通过以上分析可知,不合规。正如 ChatGPT 所回复的,既然 OpenAI 是面向全球提供服务,仅遵守美国及欧盟有关数据合规的法律显然是不足够的。

九、API 接入时,各方的角色分别是什么

根据 OpenAI 在其官网公示的《数据处理附录》(Data Processor Addendum)及 ChatGPT 的回答,当以 API 接入的方式封装 ChatGPT 以对外提供人工智能服务时,接入方通常属于数据控制者(对应我国个人信息处理者),

OpenAI 通常属于数据处理者（对应我国受托人）（如图 4-3-17 所示）。

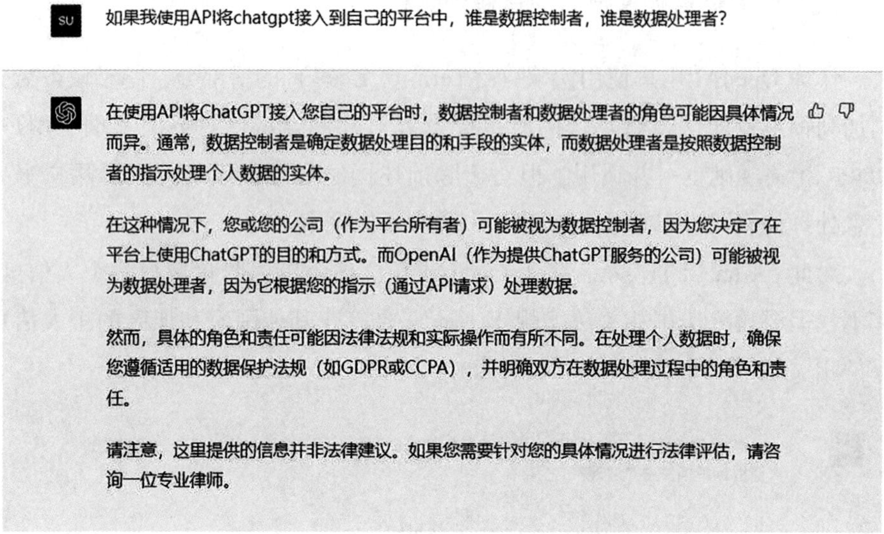

> SU 如果我使用API将chatgpt接入到自己的平台中，谁是数据控制者，谁是数据处理者？

> 在使用API将ChatGPT接入您自己的平台时，数据控制者和数据处理者的角色可能因具体情况而异。通常，数据控制者是确定数据处理目的和手段的实体，而数据处理者是按照数据控制者的指示处理个人数据的实体。
>
> 在这种情况下，您或您的公司（作为平台所有者）可能被视为数据控制者，因为您决定了在平台上使用ChatGPT的目的和方式。而OpenAI（作为提供ChatGPT服务的公司）可能被视为数据处理者，因为它根据您的指示（通过API请求）处理数据。
>
> 然而，具体的角色和责任可能因法律法规和实际操作而有所不同。在处理个人数据时，确保您遵循适用的数据保护法规（如GDPR或CCPA），并明确双方在数据处理过程中的角色和责任。
>
> 请注意，这里提供的信息并非法律建议。如果您需要针对您的具体情况进行法律评估，请咨询一位专业律师。

图 4-3-17 ChatGPT 问答截图九

通过以上分析可知，合规性存疑。这个回复与《互联网信息服务深度合成管理规定》一脉相承，即在封装 ChatGPT 对外提供服务时，接入方是个人信息处理者，需要对外承担个人信息处理者的责任及义务。不过正如 ChatGPT 所提到的，个人信息处理者与受托人的角色可能因实践操作而有所不同，当 OpenAI 决定了个人信息处理的主要目的和方式，则其有可能成为共同个人信息处理者。

十、OpenAI 在数据安全方面的认证资质有哪些

隐私政策第 7 部分（"Security"）就 OpenAI 的数据安全措施作了一般性的表述，没有披露认证资质。

而 OpenAI "Security & Privacy" 网页显示，OpenAI 取得了 SOC 2 Type 2 和 CSA STAR Level 1 认证（如图 4-3-18 所示）。

Product compliance features

SOC 2 Type 2

ChatGPT business products and the API have been evaluated for their compliance with the SOC 2 Type 2 Security and Confidentiality principles. Access our SOC2 report to learn more.

CSA STAR Level 1

ChatGPT business products and the API have been evaluated by the Cloud Security Alliance Security Trust Assurance and Risk (STAR) registry for key principles of transparency and cloud security best practices. View our listing to learn more.

图 4-3-18　OpenAI "Security & Privacy" 截图

通过以上分析可知，合规。

十一、结语

综上，我们总结 ChatGPT《隐私政策》的合规性分析如表 4-3-1 所示：

表 4-3-1　ChatGPT《隐私政策》的合规性分析

问　　题	合规性分析
个人信息处理者——"我们"是谁？	合规性存疑
个人信息收集符合"最小必要"原则吗？	合规性存疑
个人信息使用合规吗？	不合规
个人信息共享合规吗？	不合规
个人信息存储及跨境传输合规吗？	合规性存疑
个人信息权利如何行使？	不合规
儿童个人信息的收集合规吗？	合规性存疑
个人信息处理行为的司法管辖权	不合规
API 接入时，各方的角色分别是什么？	合规性存疑
OpenAI 在数据安全方面的认证资质有哪些？	合规

基于对隐私政策自身文本的分析，结合 ChatGPT 的回复，我们凝练为六大核心数据合规问题，如图 4-3-19 所示。

152 / 数据资产升维：从场景合规到价值释放

ChatGPT极易被忽视的六大核心数据合规风险
- 管辖权——提供全球服务，ChatGPT仅遵守美国法律就够了吗？
- 个人信息共享合规——"我们"有界，"共享"无边？
- 个人信息处理角色——封装ChatGPT，谁才是个人信息处理者？
- 儿童个人信息合规——不旨在为儿童提供服务，ChatGPT要遵守儿童个人信息保护规定吗？
- 个人信息存储合规——ChatGPT可以永久存储你的个人信息吗？
- 个人信息权利行使——如何向ChatGPT要求行使你的个人信息权利？

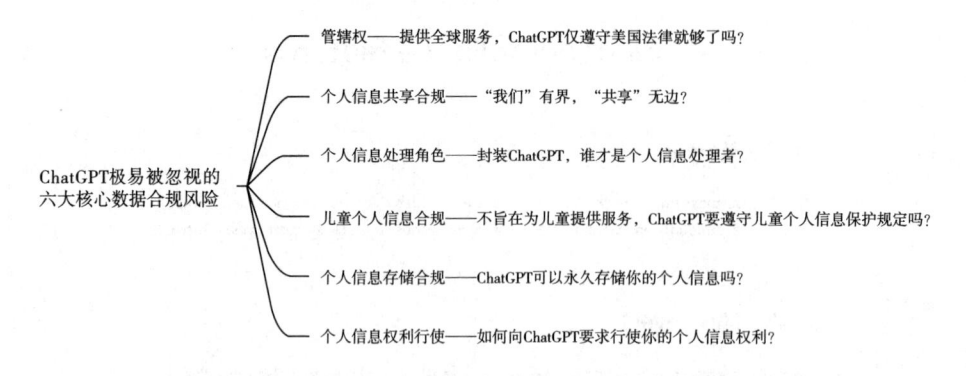

图4-3-19　ChatGPT六大核心数据合规问题

第四节　AI数据管辖权之困：以OpenAI为例

本节围绕ChatGPT第一个风险——"数据合规管辖权"问题展开，探讨类似ChatGPT大模型在面向全球用户提供服务时，其"主动"或"被动"收集个人信息的行为，所应遵从的合规要点。

作为生成式人工智能巨头，ChatGPT在全球范围内广受欢迎，彼时上线短短2个月即已经积累了1亿全球活跃用户，这些用户分别来自美国、印度、日本、法国等国家与地区。

作为一家美国企业，OpenAI遵从美国法律毋庸置疑。但其所服务的用户并不仅限于美国居民，因此，OpenAI单独设计针对欧洲经济区、英国和瑞士的隐私政策版本[1]，特别明确这些地区用户的个人信息权益保护。

然而，该版本隐私政策只适用于欧洲经济区、英国和瑞士地区，而根据OpenAI的《用户使用协议》（Term of Use），OpenAI提供服务支持的国家范围更为宽泛（总计163个国家和地区[2]，以下简称支持地域范围）。

---

[1] OpenAI隐私政策（欧洲经济区、英国和瑞士版本，更新日期：2024年11月4日），https://openai.com/zh-Hans-CN/policies/eu-privacy-policy/，最后访问日期：2025年3月31日。

[2] *Supported countries and territories*，https://platform.openai.com/docs/supported-countries，2023年5月3日第一次访问。

OpenAI 除了在上述支持地域范围"主动"收集的用户个人信息外，也有可能"被动"收集到范围之外的个人信息。众所周知，ChatGPT 背后连接着大量的语料库以进行模型训练，而庞大的语料库中有可能涉及来自全球各地的已公开的个人信息；与此同时，大量支持地域范围外的用户也会通过各种技术措施绕开网站限制以使用 ChatGPT 服务。

针对这部分或"主动"或"被动"收集的个人信息，OpenAI 所应适用的司法管辖权范围究竟有哪些？

一、OpenAI"主动"收集个人信息项下的司法管辖权

根据隐私政策，国际用户的个人信息将从其所在地传输至位于美国的设备和服务器中。但对于国际用户个人信息处理（包含数据跨境传输）的合规性基础，OpenAI 仅在欧洲经济区、英国和瑞士版本隐私政策中明确数据传输依赖充分性认定、标准合同条款以及针对英国的《数据传输附录》，并未对其他地域的国际用户予以专门说明（如图 4-4-1 所示）。

10.数据传输

出于本隐私政策所述目的，OpenAI 可通过位于欧洲经济区、瑞士和英国境外的服务器处理您的个人数据。这包括通过我们位于美国境内的设施和服务器处理和存储您的个人数据。虽然数据保护法因国家（或地区）而异，而且这些国家（或地区）可能无法提供与您所在国家（或地区）相同水平的数据保护措施，但不论在何处处理您的个人数据，我们都会按照本政策所述标准保护您的个人数据。在将个人数据传输至欧洲经济区、瑞士和英国境外时，我们会采用如下传输机制，以遵守适用的数据保护法：

- 在将您的个人数据传输到任何被认为对个人数据提供足够保护的国家（或地区）时，我们将遵守欧盟委员会根据《通用数据保护条例》第 45(1) 条作出的充分性认定。
- 对于其他司法管辖区，我们将遵守欧盟委员会根据《通用数据保护条例》第 46(2)(c) 条批准的标准合同条款（"SCC"），以及英国《数据传输附录》。

如需了解更多信息，或想取得我们就个人数据传输采取的适当保障措施相关副本，请发送电子邮件至 privacy@openai.com 与我们联系。

图 4-4-1　OpenAI 隐私政策截图八

以 OpenAI 支持的地区之一——新加坡为例，根据其数据保护法案（Personal Data Protection Act 2012，PDPA），任何组织，无论是否依据新加坡法律成立，只要涉及在新加坡处理个人信息或处理新加坡居民个人信息，均需受制于 PDPA 的规定；且任何组织不得将任何个人信息转移到新加坡以外的国家或地区，除非具备对应合法性依据（如获得个人同意、确保数据接收国可以提供与 PDPA 同等级别的数据保护等）。显然，OpenAI 在 PDPA 的约束范围之内，理应遵从 PDPA 的相关规定。

二、OpenAI"被动"收集个人信息项下的司法管辖权

对于支持地域范围外"被动"收集的个人信息，OpenAI 是否需要受制于该等地域范围内的司法管辖权？

答案是不一定，取决于有关域外管辖权的具体规定。

以中国香港特别行政区为例，《个人资料（私隐）条例》仅适用于在香港或从香港控制个人信息的个人信息处理者，没有域外管辖权的规定。OpenAI 的运营主体并不在中国香港特别行政区，且其个人信息处理的全生命周期（收集、持有、处理和使用）中也没有任何部分发生在香港，因而不适用于《个人资料（私隐）条例》的规定。

而从中国内地来看，其虽然在《个人信息保护法》中规定了域外管辖权，但 OpenAI 是否适用，还需具体分析。

根据《个人信息保护法》的规定，在中华人民共和国境外处理中华人民共和国境内自然人个人信息的活动，有下列情形之一的，将受制于境内法律管辖：（1）以向境内自然人提供产品或者服务为目的；（2）分析、评估境内自然人的行为；（3）法律、行政法规规定的其他情形。

显然，OpenAI 并不符合上述第 1 项的规定，其支持地域范围并不包含中国内地，且已通过 IP 地址拦截阻止中国内地用户访问其网站；其也不符合第 3 项的兜底规定。

至于第 2 项，《个人信息保护法》并未对这一行为的具体含义作出解释，但一般认为是对标 GDPR 第 3.2 条关于域外效力的规定①，即在欧盟之外设立的数据控制者/处理者处理欧盟数据主体的个人信息是为了对发生在欧盟范围内的数据主体的活动进行监测（monitor）的，则受 GDPR 管辖。根据 GDPR 对该条的注解，判断一项处理活动是否构成监测行为时，应先确定自然人是否在互联网上被其跟踪［包括对自然人进行画像分析（profiling）］，尤其是该行为是否为了有关自然人作出的决定，或者为了分析或预测自然人的个人偏好、行为和态度。还原到 OpenAI 场景，其或主动或被动收集的用户个人信息，并非以分析、评估境内自然人的行为为目的，因而也不符合第 2 项的规定。

因此，基于当前阶段的业务模式，OpenAI 并不符合中国内地的域外管辖权规则，不受制于《个人信息保护法》等境内法律的管辖。

三、结语

回到本节开始提出的问题：提供全球服务，ChatGPT 仅遵守美国法律就够了吗？

答案是否定的。

对于类 OpenAI 企业，如若涉及面向全球提供服务，其应当了解国际上主要国家和地区的司法管辖权规则（尤其是域外管辖权规则），充分尊重和保护对应国家和地区的用户个人信息权益，了解并遵守上述国家和地区与数据保护（含数据跨境传输）、个人信息保护相关的法律法规，在此基础上完善自身的《用户使用协议》和隐私政策，为全球用户提供更加安全、可靠的服务；否则应当限定用户注册和使用的地域范围，并通过 IP 地址检测等方式进行拦截，以证明自己不存在主动收集并处理对应国家或地区用户个人信息的主观意愿。

同时，类 OpenAI 企业可以在技术层面采取相应保护措施，如采取数据本地化存储、数据加密传输等，定期进行个人信息保护影响评估与数据安全审计等，以确保用户数据的安全性。

---

① 程啸：《个人信息保护法理解与适用》，中国法制出版社 2021 年版，第 53 页。

第五节　欧盟 AI 法案：监管实质和有效措施

人工智能监管，体系庞杂。

创新和监管的矛盾永远存在，全球 AI 应用与 AI 监管之间永远在平衡前进，而监管的资源总是有限且稀缺，因此监管如何做到商业的"二八理论"，做到"蛇打七寸"？我们认为欧盟《人工智能法案》充分体现了这种智慧。

2024 年 5 月 29 日，国内最新一起生成式人工智能平台被罚案件的信息被公开。"开山猴 AI 写作大师"网站被重庆市九龙坡区互联网信息办公室给予行政警告处罚，责令限期全面整改，加强信息内容审核，暂停网站信息更新及 AI 算法生成式写作功能 15 日。

2024 年 5 月 21 日，欧盟《人工智能法案》历时 3 年正式批准通过。作为全球首部人工智能专项规制法案，在布鲁塞尔效应的加持下，其突出的示范性不言而喻。

"他山之石，可以攻玉。"本节通过透视欧盟《人工智能法案》的精华部分，解析该法案提出的风险分级体系和对高风险 AI 系统的强监管要求，为我国 AI 监管和合规提供指引。

一、风险"金字塔"：欧盟《人工智能法案》风险分级体系解读

基于风险的方法，是欧盟 AI 监管的核心与基础。类似于电影分级制度，欧盟《人工智能法案》将不同 AI 系统依据风险大小进行分级设计，构建了四层制的风险"金字塔"，对不同场景、领域下的 AI 系统研发和应用提供了有针对性的指引。

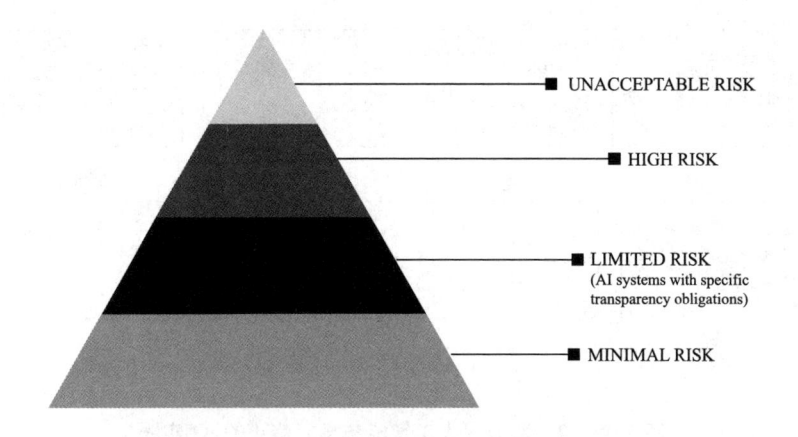

图 4-5-1 欧盟《人工智能法案》风险等级"金字塔"

图源：European Commission 官网

（一）不可接受的风险（Unacceptable Risk）

第一层为"红线区"，乃不可接受的风险，因为它们违反了"人的尊严、自由、平等、民主和法治的欧盟价值观以及欧盟规定的基本权利，包括不受歧视的权利、数据保护权、隐私权以及儿童权利"[1]。

具有不可接受的风险的 AI 系统被禁止使用。

根据欧盟《人工智能法案》第 5 条的规定，被禁止的 AI 实践（Prohibited AI Practices）包括潜意识操纵、利用人的弱点、基于社会行为和个人特性的社会评分、调查个人刑事犯罪的可能性、创建面部识别数据库、分析人的情绪、根据生物信息对人进行分类、"实时"远程生物识别系统。

---

[1] 欧盟《人工智能法案》序言第 28 条。

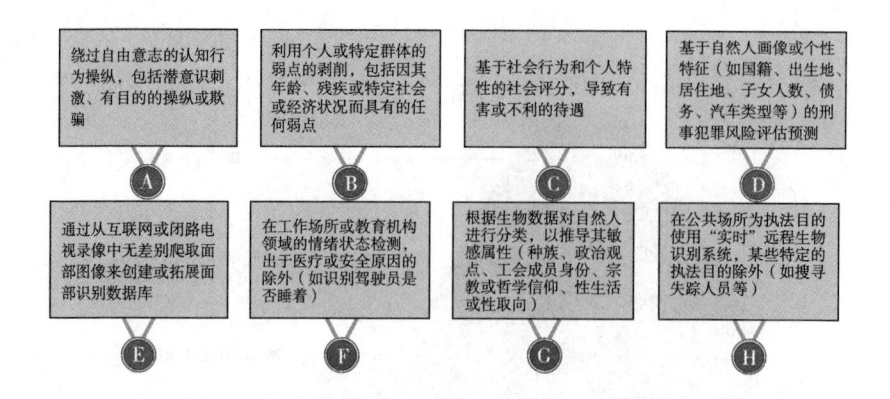

```
┌──────────────┐  ┌──────────────┐  ┌──────────────┐  ┌──────────────┐
│绕过自由意志的│  │利用个人或特定│  │基于社会行为和│  │基于自然人画像│
│认知行为操纵，│  │群体的弱点的剥│  │个人特性的社会│  │或个性特征（如│
│包括潜意识刺 │  │削，包括因其年│  │评分，导致有害│  │国籍、出生地、│
│激、有目的的操│  │龄、残疾或特定│  │或不利的待遇 │  │居住地、子女人│
│纵或欺骗      │  │社会或经济状况│  │              │  │数、债务、汽车│
│              │  │而具有的任何弱│  │              │  │类型等）的刑事│
│              │  │点            │  │              │  │犯罪风险评估预│
│              │  │              │  │              │  │测            │
└──────Ⓐ─────┘  └──────Ⓑ─────┘  └──────Ⓒ─────┘  └──────Ⓓ─────┘
        │                │                │                │
┌──────▼──────┐  ┌──────▼──────┐  ┌──────▼──────┐  ┌──────▼──────┐
│通过从互联网或│  │在工作场所或教│  │根据生物数据对│  │在公共场所为执│
│闭路电视录像中│  │育机构领域的情│  │自然人进行分 │  │法目的使用"实 │
│无差别爬取面部│  │绪状态检测，出│  │类，以推导其敏│  │时"远程生物识 │
│图像来创建或拓│  │于医疗或安全原│  │感属性（种族、│  │别系统，某些特│
│展面部识别数据│  │因的除外（如识│  │政治观点、工会│  │定的执法目的除│
│库            │  │别驾驶员是否睡│  │成员身份、宗教│  │外（如搜寻失踪│
│              │  │着）          │  │或哲学信仰、性│  │人员等）      │
│              │  │              │  │生活或性取向）│  │              │
└──────Ⓔ─────┘  └──────Ⓕ─────┘  └──────Ⓖ─────┘  └──────Ⓗ─────┘
```

图 4-5-2 欧盟《人工智能法案》禁止的 AI 实践

（二）高风险（High Risk）

第二层对应的是高风险，即"对健康、安全和基本权利造成重大影响"[①]。

高风险 AI 系统（High-Risk AI Systems）只有在符合特定强制性要求的情况下才能进入欧盟市场、提供服务或加以使用。

根据欧盟《人工智能法案》第 6 条的规定，两种类型的 AI 系统被认定为高风险（如图 4-5-3 所示）：

（1）将用作产品（或产品的安全组件）且须根据特定欧盟立法接受第三方合格性评估的 AI 系统；

---

① 欧盟《人工智能法案》第 6 条第 3 款。

附件 1

将用作产品（或产品的安全组件），且须根据以下欧盟统一立法接受第三方合格性评估的AI系统，被视为具有高风险：

A. 立法新框架	B. 其他统一立法
• 机械 • 玩具安全 • 休闲艇和个人水上摩托艇 • 电梯和电梯安全组件 • 潜在爆炸性气体环境中使用的设备和保护系统 • 有关无线电设备市场准入 • 有关压力设备市场销售 • 缆道装置 • 个人防护设备 • 燃烧气体燃料的器具 • 体外诊断医疗器械	• 民用航空安全领域 • 两轮或三轮汽车和四轮车 • 农林车辆 • 海事设备 • 铁路系统互操作性 • 机动车辆及其挂车以及用于此类车辆的系统、组件和独立技术单元 • 民用航空领域，无人驾驶飞机及其发动机、螺旋桨、零组件和遥控设备

图 4-5-3 欧盟《人工智能法案》附件 1

（2）欧盟《人工智能法案》附件 3 所列领域的 AI 系统，不构成重大损害风险的除外（但对自然人进行画像的始终视为高风险）（如图 4-5-4 和图 4-5-5 所示）。

附件 3

下列任何一个领域所列的AI系统，也被视为具有高风险

序号	高风险AI系统类型	示例
1	生物识别	拟用于情感识别的AI系统
2	关键基础设施	拟用作关键数字基础设施、道路交通以及水、气、暖和电供应的管理和运行的安全组件的AI系统
3	教育和职业培训	用于确定自然人进入各级教育和职业培训机构或课程的机会、录取或分配的AI系统
4	就业、工人管理和自雇职业	用于招聘或选拔自然人的AI系统
5	获得和享受基本私人服务以及基本公共服务和福利	用于对自然人的紧急呼叫进行评估和分类的AI系统
6	执法部门	用于评估自然人成为刑事犯罪受害者的风险的AI系统
7	移民、庇护和边境控制管理	供主管公共机关用作测谎仪和类似工具的AI系统
8	司法和民主进程	用于影响选举或全民投票结果或自然人在选举或全民投票中行使投票权的投票行为的AI系统

图 4-5-4 欧盟《人工智能法案》附件 3 高风险 AI 系统类型列示

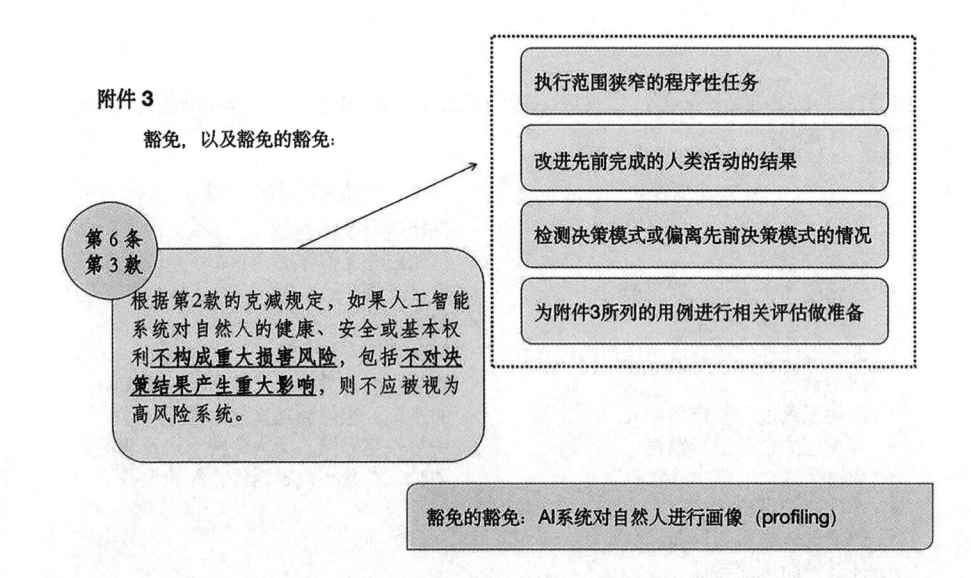

```
附件 3
豁免，以及豁免的豁免：

第 6 条
第 3 款
根据第2款的克减规定，如果人工智能系统对自然人的健康、安全或基本权利<u>不构成重大损害风险</u>，包括<u>不对决策结果产生重大影响</u>，则不应被视为高风险系统。

→ 执行范围狭窄的程序性任务
   改进先前完成的人类活动的结果
   检测决策模式或偏离先前决策模式的情况
   为附件3所列的用例进行相关评估做准备

豁免的豁免：AI系统对自然人进行画像（profiling）
```

图 4－5－5　欧盟《人工智能法案》附件 3 豁免以及豁免的豁免情形列示

例外情况的存在，给高风险的判定带来不确定性。对此，欧盟委员会预计在欧盟《人工智能法案》生效后 18 个月内发布关于具体实施的指南，并以实例清单的形式来说明如何区分 AI 系统高风险和非高风险使用。

（三）有限风险（Limited Risk）

第三层代表有限风险，指向特定的操纵风险。而为了使自然人免于被操纵，能够根据自由意志作出决定，这些特定 AI 系统（Certain AI Systems）的提供者和部署者负有透明度要求和提示义务，"检测和披露这些系统的输出是人为生成或操纵的"[1]。

根据欧盟《人工智能法案》第 52 条的规定，特定 AI 系统包括：（1）意图与自然人直接互动的 AI 系统；（2）生成合成音频、图像、视频或文本内容的 AI 系统；（3）情感识别系统或生物特征分类系统；（4）生成或操纵构成深度伪造的图像、音频或视频内容的 AI 系统。

---

[1]　欧盟《人工智能法案》序言第 136 条。

（四）最小风险（Minimal Risk）

第四层则是最小风险。未归类在不可接受的风险、高风险或有限风险类型的其他 AI 系统的风险，均属于最小风险类型。譬如，AI 驱动的电子游戏或垃圾邮件过滤等系统。由于风险极低，欧盟《人工智能法案》允许自由使用此类 AI 系统，无须过多限制。

二、监管"长链条"：高风险 AI 系统的监管要求分析

对高风险 AI 系统的监管，是欧盟《人工智能法案》的重头戏。这不仅表现为上文所提的对高风险详细且复杂的判断标准，更反映在对高风险 AI 系统的"长链条"监管。

所谓"长链条"监管，是责任链的延长，既指向监管对象的增多，也指向监管阶段的全覆盖。

（一）多主体义务，责任细化

AIGC 的规模化应用使人工智能以技术、行业、应用为核心的分层业态越发凸显，并形成更为复杂的生态系统，涵涉多元责任主体。尼森鲍姆指出的信息社会的"多手问题"，在 AI 领域同样显著，系统复杂性的提升加剧责任归属的模糊性，最后导致的结果往往难以预料。对此，欧盟《人工智能法案》明确了六类主体，包括 AI 系统提供者（Providers）[1]、部署者（Deployers）[2]、授权代表（Authorized Representatives）[3]、进口商（Importers）[4]、分

---

[1] "提供者"是指开发人工智能系统或通用人工智能模型，或已开发人工智能系统或通用人工智能模型，并将其投放市场或以自己的名义或商标提供服务的自然人或法人、公共机关、机构或其他团体，无论其开发行为是有偿还是无偿。

[2] "部署者"是指在其授权下使用人工智能系统的任何自然人或法人、公共机关、机构或其他团体，但在个人非职业活动中使用人工智能系统的情况除外。

[3] "授权代表"是指位于或设立在欧盟的任何自然人或法人，他们接受人工智能系统或通用人工智能模型提供者的书面授权，分别代表其履行和执行欧盟《人工智能法案》规定的义务和程序。

[4] "进口商"是指位于或设立于欧盟的任何自然人或法人，其将带有在欧盟以外设立的自然人或法人的名称或商标的人工智能系统投放市场。

销商（Distributors）[①]和产品制造商（Product Manufacturers）[②]，并对其设置了相应的义务要求（见表4-5-1）。其中，提供者的义务要求最多，大约涉及29条，表明提供者在AI生态系统中的核心地位和其对系统安全、性能及合规性的重大影响。这些义务涉及系统设计、开发、测试、部署、监控、更新等多个环节，旨在从源头上保障AI系统的安全性和可信任。

表4-5-1 欧盟《人工智能法案》不同主体义务规定条款列示

条款	提供者	部署者	授权代表	进口商	分销商	产品制造商
第6条 高风险人工智能系统分类规则	√					
第8条 符合要求	√					
第9条 风险管理系统	√					
第10条 数据和数据治理	√					
第11条 技术文件	√					
第12条 记录留存	√					
第13条 透明度和向部署者提供信息	√	√	√			
第14条 人类监督	√	√				
第15条 准确性、稳健性和网络安全	√					
第16条 高风险人工智能系统提供者的义务	√					
第17条 质量管理系统	√					
第18条 文件留存	√		√			
第19条 自动生成日志	√					
第20条 纠正行动和提供信息的义务	√	√	√	√		

---

① "分销商"是指供应链中除提供者或进口者之外，在欧盟市场上提供人工智能系统的任何自然人或法人。

② "产品制造商"将人工智能系统投放市场或将人工智能系统与其产品一起提供服务，并使用自己的名称或商标。

续表

条　款	提供者	部署者	授权代表	进口商	分销商	产品制造商
第21条　与主管机关的合作	√					
第22条　授权代表	√		√			
第23条　进口者的义务	√			√	√	
第24条　分销者的义务	√				√	√
第25条　人工智能价值链上的责任	√	√		√	√	√
第26条　高风险人工智能系统部署者的义务	√	√		√	√	
第27条　高风险人工智能系统的基本权利影响评估		√				
第41条　共同规格	√					
第43条　合格性评估	√					
第44条　认证	√					
第47条　欧盟合格性声明	√					
第48条　CE标志	√					
第49条　登记	√	√	√			
第71条　附件三所列的欧盟高风险人工智能系统的数据库	√	√	√			
第72条　提供者对高风险人工智能系统的后市场监测和后市场监测计划	√	√				
第73条　严重事件的报告	√	√				
第86条　获得个体决策的解释的权利		√				

（二）全流程监管，环环相扣

图 4-5-6　欧盟《人工智能法案》高风险 AI 监管全流程

图源：European Commission 官网

对高风险 AI 系统的监管，自研发设计阶段伊始。这一阶段，AI 系统提供者应建立、实施风险管理体系，评估可能出现的风险，进行测试以确定最适当和最有针对性的风险管理措施；将系统研发的技术文件按要求进行编制；对系统生命周期内的事件进行记录留存；使系统达到适当的准确性、稳健性和网络安全水平等。

在上市准备阶段，AI 系统提供者应按要求进行合格性评估，起草欧盟合格性声明，以证明 AI 系统的性能始终符合其预期目的及各项管理要求；在系统上明显、清晰且不可擦除地粘贴欧洲共同市场安全标志（CE 标志），并在欧盟数据库中进行登记等。部署者还需在规定情况下进行基本权利影响评估，确定可能受影响的个人或个人群体的权利所面临的具体风险，并确定在这些风险具体化的情况下应采取的措施。

投放市场或提供服务后，AI 系统提供者应当建立入市后监测体系，收集、记录和分析运营过程中的潜在风险，并及时采取纠正措施。部署者应根据使用说明监测高风险 AI 系统的运行情况，并在必要时通知提供者；指派具备必要能力、培训和权力以及必要支持的自然人进行人类监督等。

从系统的早期研发，到市场应用的现实，欧盟监管如影随形。合格性评估、CE 标志认证、技术文档齐全，还有入市后的持续监测，构成全面的监管链条。

三、合规"指南针"：对我国 AI 监管与合规的镜鉴

AI 系统的全面落地应用早已蓄势待发，"科技异化"的问题却一直如影随形、难以忽视。在 AI 发展的十字路口，如何作出明智的选择，是监管机构和企业均需要共同思考的问题。欧盟通过《人工智能法案》给出了自己的回答。以其为鉴，我们也可创设我们的解法：

（一）基于风险的监管思路

所谓风险，描述的是危害发生的可能性及其严重性。风险分级，分级是手段，最终目的是要对不同场景、领域的人工智能系统开发和应用提供参考依据，以把握安全与发展的动态平衡。这一规制思路在我国立法已有体现，如《生成式人工智能服务管理暂行办法》第 3 条强调"对生成式人工智能服务实行包容审慎和分类分级监管"。在具体设计上，可借鉴欧盟《人工智能法案》的风险"金字塔"模型，根据明确的列示（如 AI 系统的实际用途、应用场景等）来确定风险等级，并规定与风险等级相适应的风险管理义务。绝对安全是永远无法企及的状态，对可预见、可避免的风险，恰当的做法是接受风险的存在，通过"事前—事中—事后"环环相扣的风险管理体系以达到可控状态。

（二）风险路径下企业的合规要点

1. 前置问题：风险等级的判断和企业的定位

在以风险为核心的监管路径下，对风险等级的判断，是 AI 企业合规的第一步，也是关键一步。以欧盟《人工智能法案》的风险分级体系为例，高风险 AI 系统的义务要求与有限风险 AI 系统相差甚大。

明确企业自身在 AI 系统全生命周期中的角色定位，是另一个关键。AI 全产业链涵盖"基础层—模型层—应用层"，涉及数据收集、模型训练、内容生成等多个步骤，其中主体包括上游提供者、下游部署者等。即使在同一风险等级下，不同的主体的义务存在差异。譬如，依据欧盟《人工智能法案》，高风险 AI 系统提供者应当承担更多风险管理、数据治理、质量管理义务。

只有弄清"哪一种风险"和"哪一类主体"问题，企业才能对号入座，有针对性地开展合规应对。

2. 要点分析：高风险 AI 系统经营者的合规应对

高风险 AI 系统经营者往往负有严苛的义务要求。作为应对，企业可从以下四个维度入手，进行合规应对。

（1）风险管理（Risk Management）

风险管理系统的建立、实施、记录和维护，是风险规制路径的一大合规要点。风险管理系统应涵盖一个连续的、迭代的过程，在高风险 AI 系统的整个生命周期中进行规划和运行，根据 AI 系统的预期目的和可合理预见的滥用情况（包括 AI 系统与其运行环境之间的相互作用可能产生的风险）识别风险或不利影响，并针对已知和可合理预见的风险实施缓解措施。这一方面是要在系统投放市场前做好测试和选择，另一方面要考虑到市场监测，由部署者与提供者共同承担主动发现义务，共享信息，并做好风险应对设计。

（2）数据与数据治理（Data and Data Governance）

数据是 AI 的燃料。高质量的数据对确保 AI 系统性能至关重要。用于训练、验证和测试的高质量数据集需要实施适当的数据治理和管理实践。涉及个人数据的，应考虑到所有类型的个人数据，重视数据收集原始目的的透明性、数据处理的最小化原则等，从数据保护影响评估、隐私设计、数据权限管理等方面遵循数据保护法的规定。此外，还应注意数据偏差问题。早前面世不足 24 小时即下架的应用"Genderify"，号称能通过 AI 分析姓名、用户名或邮箱地址来判断用户性别，但其系统更倾向于将添加"Dr"的标签用户识别为男性而非女性，引发市场强烈抵触。在此背景下，审查数据偏差是否可能会影响个人的健康和安全、对基本权利产生负面影响，或导致法律禁止的歧视，是必要的，特别是在数据输出影响未来运营投入的情况下。

（3）技术文件（Technical Documentation）

在欧盟《人工智能法案》中，技术文件是证明高风险 AI 系统符合法案规定要求的重要文件，是进行合格性评估的主要依据。根据欧盟《人工智能法案》附件4的说明，技术文件应包含：AI 系统的总体描述，详细描述的 AI 系统的要素及其开发过程，关于 AI 系统的监测、运作和控制的详细资料，对风险管理系统、后市场监测计划的详细说明等。在系统投放市场或提供服务之前，技术文件就应进行编制，并应不断更新。此类的文件记录和信息提供，是上游提供者与下游部署者进行风险沟通和信息共享的基础，其一方面有助于帮助理解系统训练部署和运行输出的原理，增强系统可解释性；另一方面是企业自证清白的重要凭证。但在信息提供的范围上，还需考虑技术信息共享与商业秘密保护之间的平衡问题。

（4）人类监督（Human Oversight）

保证系统能在使用期间由自然人进行有效监督，也是提供者在设计和开发高风险 AI 系统时必须考虑的。部署者应指派具备必要能力、培训和权力以及必要支持的自然人进行人类监督。人类监督，其主要目的是防止或者最大限度地减少 AI 系统在按其预期目的使用时或在可合理预见的滥用条件下使用时可能造成的风险。而为了更好达到这一目标，高风险 AI 系统应内置一些机制，以指导和通知进行人类监督的自然人，使其在知情的情况下决定是否、何时以及如何进行干预，以避免负面后果或风险，或在系统未按预期运行时停止运行。

四、结语

风险是人工智能监管的关键词，风险分级的标准和相应义务的设置，是风险规制路径设计的重中之重。欧盟风险"金字塔"提出的四层风险等级以及相应的 AI 系统分类，是很好的指引。

对企业来说，风险等级的判断是合规的起点，企业角色的对号入座则是必要前提。AI 高速发展的同时，"科技异化"的问题也必须重视。加强人工智能的透明度、可解释性，是夯实 AI 可信任的基础。为此，需从风险管理、数据治理、技术文件的编制以及人类监督等方面不断努力，确保 AI 产品合法合规，助力企业在 AI 浪潮中稳健前行。

第六节　欧盟《网络弹性法案》的影响：从实体到虚拟的新型"数字关税"

《网络弹性法案》的监管框架可被视为一种"非关税壁垒"。2024 年 12 月，欧盟《网络弹性法案》（Cybersecurity Resilience Act，CRA）的生效标志着全球数字治理进入结构性变革时代。

CRA 自 2024 年 10 月起已在网络上发酵一段时间。然而，真正从 CRA 的数据合规壁垒视角出发，整合其与《人工智能法案》和《通用数据保护条例》的多重叠加影响，是本节的独特创新。

CRA 以"合规认证"为核心工具，将网络安全从传统实体产品的技术标准扩展至数字化服务的全生命周期管理，实质上构建了一种新型"虚拟关税"。这种关税不仅通过技术适配成本直接影响企业利润，更以数据主权、算法透明化和供应链追溯等机制重构全球产业链的权力分配。

2018 年正式实施的《通用数据保护条例》（GDPR）与 CRA，共同构成了欧盟数字主权的两大支柱。前者以"个人数据权利"为核心，重塑了全球数据流动的规则；后者以"网络安全韧性"为靶心，重构了数字产品的全生命周期管理。这两大法案的叠加，不仅标志着欧盟从隐私保护到网络安全的治理升维，更通过"合规即准入"的机制，将技术标准转化为新型虚拟关税，深刻影响全球数字产业链的权力分配。

从经济学视角来看，GDPR 与 CRA 分别代表了非关税壁垒（NTBs）升级的两个维度：GDPR 通过隐私保护抬高数据处理成本，CRA 通过技术合规压缩市场准入空间。两者的协同作用，正在形成一种"双螺旋"监管结构——既要求企业保护用户数据，又强制其内化网络安全标准。这种双重压力下，全球企业面临的不仅是合规成本的激增，更是对数字治理话语权的争夺战。

更深层次上，CRA折射出数字时代国家竞争方向的转变：从传统制造业的"硬实力"比拼转向数据治理规则制定的"软实力"博弈。欧盟通过CRA与《人工智能法案》（AI Act）的联动，试图在硬件安全与算法伦理双重维度上确立"布鲁塞尔标准"，进而掌握全球数字产业链的话语权。与此同时，中国香港的"AI向善"监管框架，正在共同勾勒出全球数字监管的多元图景。

因此，欧盟的CRA，无疑将掀起一轮新型数字贸易的"蝴蝶效应"。

一、CRA的监管革命：从实体认证到数字枷锁

（一）产品分类与全链条责任体系：风险分级下的成本重构

CRA的核心创新在于其风险导向的产品分类机制。法案将含数字组件的产品划分为"默认"、"重要"（Ⅰ类、Ⅱ类）和"关键"三类，并依据风险等级实施差异化监管（见表4-6-1）。

表4-6-1 CRA产品分类与合规要求对比

类别	代表产品	合规路径
默认产品	智能家居、消费电子	制造商自评
重要产品Ⅰ类	工业软件、VPN	统一标准和通用规范（如有）/欧洲网络安全认证计划/第三方评估
重要产品Ⅱ类	自动驾驶系统、防火墙	仅接受欧洲网络安全计划/第三方评估
关键类	智能卡、类似安全元件	

这一分级机制不仅改变了企业的合规成本结构，更通过"全链条责任体系"将风险传导至供应链上下游。例如，进口商需对制造商的合规性进行实质性审查，否则将承担连带责任。假设某场景，若电池供应商因未及时披露软件漏洞，导致产业链上的合作车企的电动车未能通过CE标签认定，那么，

CRA 的责任机制就是穿透式连带，这种全链条责任，实质上是将监管成本外部化，迫使全球供应商被动内化欧盟的合规标准。

（二）数字化 CE 标签：技术架构的重构与数据主权的渗透

传统 CE 认证聚焦于电磁兼容性与物理安全，而 CRA 将其扩展至数字维度，要求联网设备必须预设"隐私擦除"功能，并在软件更新时附带漏洞声明。这一要求迫使企业重构技术架构。

更值得关注的是，数字化 CE 标签通过"数据血缘图谱"实现了对产品全生命周期的监控。欧盟数据库可实时追踪设备的软件版本、漏洞修复记录甚至用户数据流向，这实质上是将数据主权从企业端向监管端转移。可以说 CRA 的标签机制正在通过技术标准创造一种对全球数据资源的隐形控制。

二、GDPR 与 CRA 的立法交织：隐私保护与安全韧性的协同与冲突

（一）立法目标：从权利保障到风险防控

GDPR 以个人数据权利为出发点，强调"数据主体优先"。其核心条款包括数据最小化、目的限制、用户同意权、被遗忘权等，旨在遏制企业对个人数据的滥用。

CRA 以网络安全风险为靶向，强调"产品全生命周期安全"。其核心机制包括风险分级认证、漏洞强制披露、供应链连带责任等，旨在预防数字产品的系统性安全漏洞。

两者的差异体现在治理对象上：GDPR 针对"数据处理行为"，CRA 针对"数字产品设计"。但两者均通过高额罚款（GDPR 最高可达全球营收的 4%，CRA 可禁止不合规产品在欧销售）形成威慑效应。

（二）隐私保护的实现路径：GDPR 的"权利清单" vs. CRA 的"技术枷锁"

GDPR 通过制度设计赋予用户直接控制权。例如，用户可要求企业删除数据（被遗忘权），或拒绝个性化广告（反对自动化决策权）。企业需通过隐私设计（Privacy by Design）和默认隐私设置（Privacy by Default）满足合规。

CRA 则通过技术标准间接保护隐私。例如，数字化 CE 标签要求联网设备预设"隐私擦除"功能，确保用户能够一键清除设备中的个人数据。这一要求迫使企业从硬件设计阶段即嵌入隐私保护功能，而非仅依赖事后数据处理。

协同与冲突：GDPR 与 CRA 在隐私保护上形成互补——前者规范数据使用，后者约束产品设计。但两者也可能产生冲突。例如，CRA 要求漏洞即时披露，可能迫使企业公开包含个人数据的系统日志，与 GDPR 的数据最小化原则相悖。

三、CRA 与 AI Act 的叠加效应：算法权力的制度性协同捕获

CRA 与 AI Act 共同构成欧盟数字主权的"双轮驱动"：前者控制硬件安全，后者规范算法伦理。我们在上一节欧盟 AI 法案的介绍中指出，AI Act 的全链路监管思路与 CRA 匹配，并禁止高危应用，如 AI Act 禁止社会信用评分等高危 AI 应用场景，并要求生成式 AI 披露训练数据来源。因此，CRA 和 AI Act 两者通过"合规即准入"机制形成叠加效应：非欧盟企业若想进入欧洲市场，不仅需改造硬件设备，还需接受算法透明度的审查。

这种协同监管对新兴技术领域影响尤为显著。以自动驾驶为例，中国企业若使用非欧盟数据进行算法训练，其系统可能因"数据来源不透明"被判定为不合规。AIGC 以美国的 OpenAI 为典型代表，其自 2023 年起即遭遇到各种挑战，时下，DeepSeek 同样正在面临来自欧盟的下架高潮，激起第二轮全球 AI 监管的浪潮。我们在前述章节针对 AIGC 的大模型数据合规对比中已显著揭示了 OpenAI 等大模型面临的合规现实困境。

毋庸置疑，欧盟正通过 GDPR 与 CRA 以及 AI Act "三驾马车"的规则制定权，将技术后发国家的创新路径锁定在其标准框架内。

四、新型"关税"的运作逻辑：全球产业链的震荡与重构

（一）监管成本的关税化效应：技术锁定与市场准入博弈

CRA 主要通过三项核心机制将合规成本转化为经济壁垒：

（1）技术壁垒：或强制使用欧盟认证的数据保护技术标准，这将迫使企业进行技术更替。如前所述，AI Act 和 GDPR 的双重叠加，对于高度依赖算法的高科技企业，需要满足全生命周期的技术合规要求和数据合规要求，如同"腹背受敌"。

（2）数据本地化壁垒：CRA 对于数据的存储地要求，如同 GDPR 规则，对于数据出境有严格限制。例如，DeepSeek 需要在欧洲建立独立的服务器，智能驾驶数据须在欧盟境内存储，这些都将导致基础设施投资激增。又如，中国电信、中国移动、阿里云等中国多家数据服务公司都在法兰克福建立了本地数据中心。①

（3）连带责任壁垒：如整车厂商需对供应链中所有软件供应商的合规性负责，这种连带责任体系催生"合规联盟"垄断格局。供应链任一环节的合规失败均可能导致整条产业链受罚。2024 年，被誉为欧洲版"宁德时代"的北伏就因电池质量未达预期被宝马取消 20 亿欧元订单，订单被转给韩国三星。②

这些机制的经济效应与关税高度相似。CRA 框架下，中国数字产品对欧出口的综合成本等效于大幅度比例增加的关税税率。

（二）全球监管碎片化：规则冲突与蝴蝶效应

CRA 的溢出效应正在引发全球监管体系的碎片化，意味着蝴蝶效应之后震落一地。印度、巴西等国效仿欧盟推出本土化网络安全法案，但其标准与 CRA 存在显著冲突（见表 4-6-2）。

---

① 参见《走进中国电信全球 IDC——德国法兰克福数据中心》，载中国电信官网 2022 年 8 月 17 日，https://www.chinatelecom.com.cn/news/06/ZQFU/ZQDT/202210/t20221025_72110.html；《中国移动国际德国数据中心启用》，载搜狐网 2021 年 2 月 18 日，https://www.sohu.com/a/451338585_100016170；《阿里云启用第三座德国数据中心，海外市场规模快速扩大》，载阿里云官网 2022 年 5 月 17 日，https://startup.aliyun.com/info/108972.html。

② 参见《宝马据悉取消与瑞典电池制造商北伏达成的 20 亿欧元订单》，载网易网 2024 年 6 月 20 日，https://www.163.com/dy/article/J555IMDT05198CJN.html。

表4-6-2 主要经济体网络安全标准冲突点

国家或地区	数据本地化要求	算法透明度阈值	认证互认机制
欧盟	强制境内存储	全代码开源	仅认可 EU-CERT
中国	出境安全评估	部分黑箱豁免	接受 CN-CERT
美国	部分行业本地化	无明确要求	接受 US-CERT
印度	部分行业本地化	无明确要求	拒绝外部认证

这种碎片化迫使跨国企业陷入"合规迷宫"。以中国无人机厂商出口为例，参照表4-6-2各国家或地区要求，需要同时满足欧盟CRA、美国FCC和印度MeitY认证，耗时耗力。更严峻的是，标准冲突可能引发技术脱钩。

五、破局之道：从被动合规到规则共塑的战略升维

（一）数据知识产权化：将合规压力转化为信用资产的中国探索

中国探索的"数据知识产权确权第一案"和"第一张数据产品知识产权登记质押融资案"以及"数据知识产权出资案"均已证明，合规性能够直接转化为资产价值。我们假设，新能源车企通过自动驾驶算法数据库在知识产权局的平台登记，获得数据产品知识产权质押融资资格，助力海外建厂资金成本这个闭环成立，那么这一模式对我们的启示是：中国企业推动国内确权标准与国际接轨，将CRA要求的透明度转化为资产信用背书。

（二）技术对冲与区域联盟：重构供应链合规韧性

（1）数字镜像技术应用：在技术层面，通过镜像和隐私计算等技术手段，开发类似"可验证不可逆"加密网关技术，允许数据在本地化存储的同时实现跨境可用性，平衡合规与效率。

（2）产业合规联盟：在"走出去"企业生态和产业链中，构建共享合规联盟，降低合规成本。如"走出去"的中国企业可以在欧洲组建CRA联合实验室，共享认证资源，使单家企业边际成本降低。

（3）合规体系升级：企业通过构建动态合规数据库，开发AI驱动的合规监测系统，实时抓取欧盟各国监管案例及指南更新（如 EDPB 指导意见）。同时，通过模块化隐私设计，将数据分类（如普通数据、敏感数据）、生命周期管理（收集—存储—销毁）封装为独立微服务，便于快速适配不同法域。

六、监管下一站：全球数字治理秩序的重构

（一）从 CE 标签到数字护照：全生命周期治理的深化

欧盟计划在 2030 年前将 CRA 升级为"数字产品护照"（DPP），要求每项数字化服务附带全生命周期碳足迹、数据血缘图谱等信息。[1] 这种"超级合规"体系将迫使中国企业重构 IT 架构，但也为先行者提供了弯道超车的机会——某智能驾驶公司已通过区块链技术实现电池供应链溯源，其经验可直接迁移至 DPP 场景。[2]

（二）香港经验：柔性监管与创新平衡

我们在本章第七节香港的 AI 治理框架中将指出人在 AI 监管中的价值和作用。CRA 也是通过大量的认证，最终获得进入欧盟的"通行证"。因此人为监督的角色和边界，成为刚性要求和柔性平衡的砝码，中国香港"AI 监管框架"鼓励算法透明化与人工复核机制，其柔性监管模式为平衡效率与伦理提供范本。

（三）双循环战略的合规适配

（1）内循环：培育本土服务和认证机构（如中国网络安全审查技术与认证中心），将 IPO 数据合规审查与 CRA 和 GDPR 以及 AI Act 同步对齐。

（2）外循环：在 RCEP 框架下推动跨境互认，降低东南亚等区域市场准入门槛。通过区域一体化的合规协同，共同应对 CRA 的蝴蝶效应。

---

[1] Ecodesign for Sustainable Products Regulation（ESPR）第 7 条、第 8 条。
[2] 赵泽宇：《利用区块链技术追溯电池原材料！沃尔沃汽车率先做到》，载川观新闻网 2019 年 11 月 7 日，https://cbgc.scol.com.cn/news/192917。

七、结语：在合规枷锁中锻造价值之钥

欧盟 CRA 的本质是一场没有硝烟的"数字文明战争"。对中国而言，被动合规将陷入"成本黑洞"，唯有将压力转化为规则共塑能力，才能实现从"跟跑者"到"并行者"的跃迁。

这一新型"关税"，裹挟着 AI ACT 和 GDPR，对全球的蝴蝶效应叠加和放大。在此过程中，中国香港特别行政区的柔性治理、欧盟的刚性标准与中国国家层面的区域化策略，共同勾勒出全球数字治理的多元图景。这场博弈的终局，不仅是技术的较量，更是文明价值观的共鸣与再造。

第七节 香港的 AI 治理框架：人的监督调节作用

2024 年 12 月，谷歌公司更新了其生成式人工智能（生成式 AI）的使用条款，明确指出客户可以在"高风险"领域（就业、住房、保险、社会福利等领域）部署其生成式 AI 工具进行"自动化决策"，但前提是必须有人为监督。

欧盟《人工智能法案》将人为监督列为对高风险 AI 系统的要求，中国香港特别行政区《开发及使用人工智能道德标准指引》将人为监督作为重要的 AI 道德原则，美国劳工部《人工智能与员工福祉：开发者与雇主的原则与最佳实践》为开发者与雇主制定的人工智能原则中包括"建立人工智能治理和人类监督"……

显然，人为监督已成为全球人工智能治理的关键机制。

那么，何谓人为监督？何种场景适用何种人为监督模式？对人为监督者的要求何在？

本节作为 AI 监管视角下的合规探讨，延续了本章第一节对欧盟《人工智能法案》中高风险 AI 系统闭环监管的探讨思路，进一步聚焦于 AI 人为监

督这一重要议题，并以中国香港特别行政区《人工智能（AI）：个人资料保障模范框架》为主要依据，解读基于分级风险的人为监督模式，为企业采购、使用和管理 AI 系统提供指引。

一、AI"人为监督"的保障框架：香港实践

人为监督通常是指在人工智能系统的开发、训练、部署和操作过程中，人类决策者对这些系统的活动进行监控、评估和干预的一种做法。

理想的 AI 监管是采取的风险缓解措施与识别出的风险程度相平衡。人为监督被视为减少 AI 风险的主要手段，能够提升系统的准确性、安全性，维护人类价值观，并增进公众对该技术的信任。

香港《人工智能（AI）：个人资料保障模范框架》指出，使用 AI 系统时所需的适当人为监督的程度应基于风险评估的结果。该文件依据 AI 系统风险等级将人为监督的方式划分为三个层次：人在环外（Human – Out – of – the – Loop）、人为管控（Human – on – the – Loop）和人在环中（Human – in – the – Loop）（如图 4 – 7 – 1 所示）。

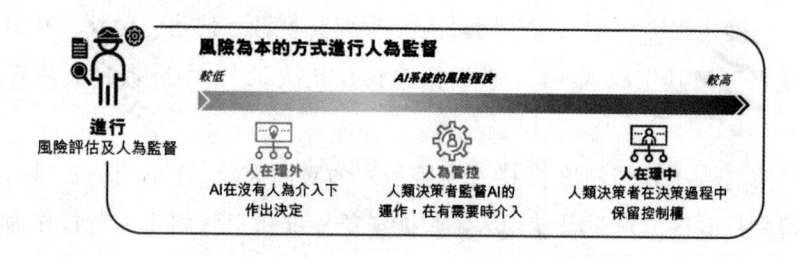

图 4 – 7 – 1 香港人为监督三个层次

图源：《人工智能（AI）：个人资料保障模范框架》

高风险的 AI 系统应采取"人在环中"方式进行人为监督。在这种模式中，人类决策者在决策过程中保留着控制权，以防止及/或减低 AI 出错或输出不当的结果及/或作出不当的决定。

风险最小或较低的 AI 系统可采取"人在环外"方式进行人为监督。在这种模式中，AI 系统可在没有人为介入下采纳输出的结果及/或作出决定，

以达致完全自动化/完全自动化的决策过程。

如"人在环中"及"人在环外"两种方式均不适合，如当风险程度不可忽视，或"人在环中"的方式不能符合成本效益或不可行，可考虑"人为管控"方式。在这种模式中，人类决策者会利用 AI 系统输出的结果，监督 AI 系统的运作，并在有需要时才介入。

为了更直观地对比三种模式的特性，我们总结了每种模式的适用场景、人类参与程度、核心优势及潜在挑战（见表 4-7-1）。

表 4-7-1 "人在环中""人为管控""人在环外"对比

监管模式	适用场景	人类参与程度要求	核心优势	潜在挑战
人在环外	风险较低的 AI 系统，如生产线自动化生产等	低	自动化决策显著减少对人力资源的依赖，降低人力成本和培训费用，优化资源配置，减少浪费，降低运营成本	算法和训练数据的偏见、决策过程缺乏透明度、责任归属复杂、涉及伦理问题如隐私侵犯、公平性和人权等
人为管控	风险中等的 AI 系统，如安全监控系统等	中	提高系统的透明度和决策的可解释性，确保在复杂或异常情况下能够作出及时和恰当的反应，提高稳定性和高效性	降低自动化效率、人为错误和主观偏见、协调困难、增加运营成本、法律纠纷和新的伦理争议
人在环中	高风险的 AI 系统，如个人信用可靠程度评估等	高	决策过程的可靠性、透明性和安全性，确保符合法律法规，防止法律风险，并确保决策符合伦理规范	决策延迟、人工干预的局限性、协调和资源配置问题、数据隐私和安全风险、伦理和法律问题

二、"人在环中"的 AI 高风险监管：中国香港特别行政区 vs 欧盟

"人在环中"模式强化了人作为决策者在高风险 AI 系统开发、训练、部署和操作过程中的控制权，这与欧盟《人工智能法案》的高风险 AI 系统监管要求不谋而合。

人为监督被欧盟《人工智能法案》列为对高风险 AI 系统的法定义务。根据该法案，"高风险人工智能系统的设计和开发方式，包括适当的人机交

互接口工具，应能在人工智能系统使用期间由自然人进行有效监督"，"部署者应指派具备必要能力、培训和权力以及必要支持的自然人进行人为监督"。

表4-7-2为中国香港特别行政区《人工智能（AI）：个人资料保障模范框架》和欧盟《人工智能法案》中高风险AI系统示例的部分对比。

表4-7-2　中国香港特别行政区、欧盟高风险AI系统示例对比（部分）

序号	中国香港特别行政区	欧盟
1	使用生物识辨资料实时识别个人	生物特征识别系统
2	求职者评估、工作表现评核或终止雇佣合约	就业、工人管理和自雇
3	AI辅助医学影像分析或治疗	体外诊断医疗器械
4	评估个人享用社会福利或公共服务的资格	获取和享受基本私人和公共服务及福利
5	评估个人的信用可靠程度，以作出自动化决策	
6		关键基础设施
7		教育和职业培训
8		执法；移民、庇护和边境控制管理
9		司法管理和民主进程

从表4-7-2可以看出，两地对于高风险AI系统的判断标准表现出显著的相似性，特别是在涉及敏感个人信息处理或可能对个人造成重大影响的应用场景中，如生物特征识别、就业评估等领域。这也表明无论是中国香港特别行政区还是欧盟，都认识到针对这些"最聪明的孩子"——具有潜在高风险的AI系统——进行更强化的人为监督的重要性。

三、人为监督模式的"定音器"：风险评估

确定人为监督程度的核心依据是AI系统的风险大小，而这一过程离不开对AI系统风险的细致识别与全面评估。企业应当组织跨部门团队，在采购新的AI系统或对现有系统进行重大更新时，进行全面的风险评估，并据此选择适当的人为监督模式。

欧盟《人工智能法案》采取了一种直接的方式来判断高风险,即相对明确的使用目的/要求和应用场景列举。对相关用例的仔细评估和理解对于确定给定 AI 系统是否属于高风险至关重要。但这也意味着,它的风险评估方法尚未明晰,无法通过风险决定因素等来细化风险评估。

与之相比,中国香港特别行政区《人工智能(AI):个人资料保障模范框架》给出了一些风险评估需考虑的风险因素。

(一)信息隐私风险

使用 AI 系统往往涉及处理大量个人信息,因此必须认真应对信息隐私风险。风险评估应关注以下方面:

(1)个人信息的用途。

(2)个人信息的数量,包括定制 AI 模型所需的个人信息数量,AI 系统在运行中收集的个人信息数量(如监控、系统的评估和监测可能涉及大规模收集个人信息),AI 供应商在开发和训练 AI 方案时需要的个人信息数量,以及 AI 供应商是否尽可能采用了匿名化技术,以遵守数据最少化的原则。

(3)所涉及信息的敏感程度。

(4)所涉及信息的质量,包括其来源、可靠性、真实性、准确性、一致性、完整性、相关性及可用性。

(5)个人信息安全,如是否对 AI 生成的结果采取保护措施,以减轻个人信息外泄的风险。

(6)隐私风险,如个人信息的过度收集、滥用或外泄,出现的可能性及其潜在损害的严重程度。

(二)潜在影响与道德考量

从更广泛的道德标准角度来看,如使用 AI 系统可能会对持份者(尤其是个人)的权利、自由或利益造成影响,风险评估亦须考虑:(1)AI 系统对受影响个人、机构及社会大众的潜在影响(包括益处和损害);(2)AI 系统对个人的影响出现的可能性,以及其严重程度和持续时间;(3)降低风险的缓减措施（包括技术性与非技术性措施）是否足够。

（三）特殊权益的特别考量

AI 系统的使用可能会对个人的法律权利、人权（如隐私权）、就业或教育前途，以及获得服务的机会和资格等产生重大影响。如果 AI 系统的输出结果很可能对个人造成严重且长期的损害，且该风险无法充分减低，则该系统应被视为高风险。

例如，当 AI 用于求职者评估时，若其输出可能导致求职者遭受显著不利影响，且这种风险难以充分控制，那么这样的 AI 系统就应该被认定为高风险，并需要更加严格的人为监督（如图 4-7-2 所示）。

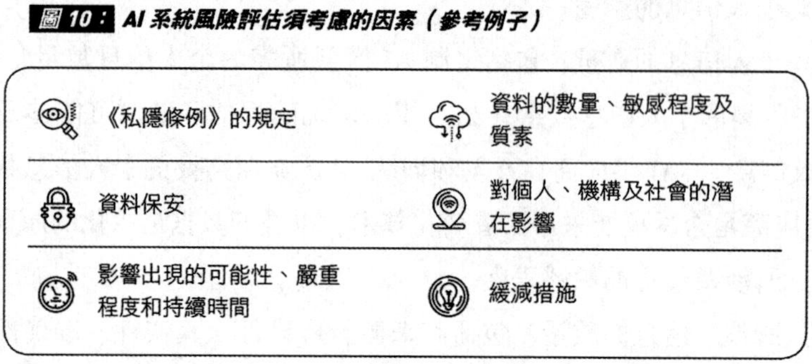

图 10：AI 系統風險評估須考慮的因素（參考例子）

《私隱條例》的規定	資料的數量、敏感程度及質素
資料保安	對個人、機構及社會的潛在影響
影響出現的可能性、嚴重程度和持續時間	緩減措施

图 4-7-2　AI 系统风险评估须考虑的因素列示

图源：《人工智能（AI）：个人资料保障模范框架》

四、人为监督中"人"的具体要求：香港的尝试

在 AI 系统的生命周期中，风险因素可能会随时间演变，因此对 AI 系统的监控和评估必须是持续且及时适配的。为了确保 AI 系统在运行过程中不会对个人造成不当的风险，人为监督扮演着至关重要的角色，其中人类决策者发挥着最为关键的作用。

根据《人工智能（AI）：个人资料保障模范框架》，进行人为监督的人员应：（1）尽可能了解 AI 系统的能力和限制；（2）对过分依赖 AI 输出结果的倾向（"自动化的偏见"）保持警觉；(3) 正确地解释及评估 AI 输出的结果；(4) 在 AI 输出的结果出现异常时，作出标记并在适当情况下不理会、撤销或推翻结果；(5) 在 AI 供应商就 AI 系统输出结果提供的资讯协助下，适时介入及中断 AI 系统的运作。

为确保审查员认真履行其职责，以及人为监督并非只属象征性质，相关人员应有能力评估及解释 AI 所作的建议及/或审查 AI 生成内容。《人工智能（AI）：个人资料保障模范框架》指出，审查员应能恰当地行使酌情权和权力，在有需要时否决 AI 所作的建议或标记有问题的建议，并提醒 AI 供应商。在适当的情况下，可考虑要求 AI 供应商提供有关 AI 输出的结果的资讯和解释，以便有效行使人为监督。这一点在欧盟《人工智能法案》中也得到重视。《人工智能法案》提到，进行人为监督的人员应具备必要的能力，特别是适当的人工智能知识水平、培训和适当履行这些任务的权力。

五、结语

在智控未来的图景中，"人监智能"是不可或缺的一环。

本节探讨了 AI 人为监督的"三重奏"：对于不同风险级别的 AI 系统，监督程度需灵活调整。低风险 AI 系统可采用"人在环外"模式实现高效自动化；而高风险系统，则需强化"人在环中"的深度介入，以确保决策透明可靠。

对高风险 AI 系统的强人为监督正逐渐显现为一种监管趋势。欧盟与我国香港特区的相关规定对比表明，两地在界定高风险 AI 系统方面有相似之处，尤其是在设计敏感个人信息或可能对个人造成重大影响的应用场景中，如生物特征识别和就业评估领域。面对这些潜在的高风险 AI 系统，两地均趋向于增强人为监督力度。

风险是实施有效人为监督的核心考量，风险评估则是确定适当监督模式的基础。展望未来，需更精确的风险评估标准来明确界定 AI 系统的风险等级，并进一步完善人为监督者的专业能力和职责范围，确保其能在必要时有效介入，维护公众利益和技术的安全边界。

而真正的高难度恰恰就在于人的介入。本节最后一部分在以人为本的理念下，通过"审查员"的工作职责描述以及应当具备的风险识别和调节能力，人的介入与高风险 AI 随行。也正因为需要"人"在特定情形下成为 AI 风险的"控制器"，出现了下一个重大难题：人如何被保障？

　　本书的最后一部分，以人为本的展望篇，试图破解这一难题。

第五章

企业数据境内外循环

第一节　内循环：企业 IPO 数据合规

上市数据合规，是从合规托底到上市价值释放、从场景合规到全景合规的内生态闭环。唯有 IPO 数据合规，才能充分体现数据合规如何从"风险规避"升维为"价值放大器"。

我们在《企业上市数据合规指引》中，分析 2019 年至 2024 年 62 家申报上市企业案例，发现数据合规已成为影响企业能否上市的关键因素之一，因数据不合规被一票否决的案例逐渐显现。（书末附《企业上市数据合规指引》3.0 版）

一、监管罗盘：IPO 数据审核"卡脖子"问题

监管机构对上市企业的问询贯穿数据处理全生命周期，充分印证"数据合规不过关，将直接成为上市申请的实质障碍"的监管取向。

解析证监会/证券交易所披露的各拟上市企业数据相关问询内容可知，对于以数据为主营业务的拟上市企业，审核机构重点关注以下问题：

（一）发行人对个人信息，特别是敏感个人信息的处理是否合规

华信永道（北京）科技股份有限公司（2022.10）[①] 上市审核中被要求披

[①] 关于华信永道（北京）科技股份有限公司向不特定合格投资者公开发行股票并在北京证券交易所上市申请文件的审核问询函的回复，参见《企业上市数据合规指引》3.0 版，第 14 页。

露公司及其员工在业务开展过程中是否存在收集、存储、传输、处理、使用客户数据或个人信息的情形。

上海联众网络信息股份有限公司（2022.7）[①] 被要求说明报告期各期发行人仓储的病案数量及病案中所含信息，是否属于敏感个人信息，相关病案的存储方式及保护措施。

珠海太川云社区技术股份有限公司（2023.12）[②] 被要求说明被采集人是否充分知情，发行人及相关主体是否取得被采集人的同意，业主是否有权利拒绝发行人及相关主体收集相关数据；还被要求披露其楼宇对讲门禁及智能家居产品相关 App、小程序等软件是否持续调用用户位置、照片、联系人等信息，如是，说明相关功能的必要性，是否涉嫌侵犯用户隐私。

可见，个人信息的处理方式是数据相关企业上市的必备审查要件，而敏感个人信息的处理合规更是企业顺利上市的"通行证"。

（二）发行人是否取得相关的数据权属

上海合合信息科技股份有限公司（2022.9）[③] 被要求阐明各项业务及研发分别获取、存储、使用哪些数据，对应的数据来源、数据权属，是否存在销售数据的情形。

北京数聚智连科技股份有限公司（2022.10）[④] 被问到其自电商平台获取数据的主要类型（如用户个人信息、订单管理信息、平台运营信息等），是否取得相关数据的所有权。

[①] 关于上海联众网络信息股份有限公司首次公开发行股票并在创业板上市申请文件第二轮审核问询函的回复，参见《企业上市数据合规指引》3.0 版，第 15 页。

[②] 关于珠海太川云社区技术股份有限公司向不特定合格投资者公开发行股票并在北京证券交易所上市申请文件的审核问询函的回复，参见《企业上市数据合规指引》3.0 版，第 16 页。

[③] 关于上海合合信息科技股份有限公司首次公开发行股票并在科创板上市申请文件的首轮审核问询函的回复，参见《企业上市数据合规指引》3.0 版，第 16 页。

[④] 关于北京数聚智连科技股份有限公司首次公开发行股票并在创业板上市申请文件的第二轮审核问询函的回复，参见《企业上市数据合规指引》3.0 版，第 17 页。

碧兴物联科技（深圳）股份有限公司（2023.4）①也被关注各项业务及研发分别获取、存储、使用哪些数据，对应的数据来源、数据权属，是否存在销售数据的情形。

数据权属问题与拟上市企业数据的资源利用合规性以及盈利能力息息相关，因此，明确数据权属的确认规则对于拟上市企业而言至关重要。

(三) 发行人是否掌握重要数据

长城信息股份有限公司（2022.9）②需结合产品销售及经营模式，分析说明发行人是否掌握重要数据或掌握100万人以上个人信息。

深圳市绿联科技股份有限公司（2023.9）③被问询是否属于"掌握重要数据，或者掌握100万人以上个人信息的企业机构"。

与一般数据相比，重要数据一旦被泄露或滥用，往往会给国家安全、公共利益造成重大的损害，重要数据的处理也愈加受到上市审核机构的重视。

(四) 发行人是否取得数据处理相关的资质、许可、认证及备案

佰聆数据股份有限公司（2023.9）④被问询是否获得相关权利主体或主管部门的明确授权许可，是否存在适用范围、主体或期限等方面的限制。

江苏金智教育信息股份有限公司（2023.9）⑤也面临类似问询，包括圆周网络运营"今日校园"App等相关业务是否需取得增值电信业务经营许可证；发行人及各子公司是否已取得经营所需的全部资质许可；经营业务是否

---

① 关于碧兴物联科技（深圳）股份有限公司首次公开发行股票并在科创板上市申请文件的审核问询函之回复报告，参见《企业上市数据合规指引》3.0版，第17页。
② 关于长城信息股份有限公司首次公开发行股票并在创业板上市申请文件的审核问询函的回复，参见《企业上市数据合规指引》3.0版，第16页。
③ 关于深圳市绿联科技股份有限公司首次公开发行人民币普通股股票并在创业板上市的补充法律意见书（六），参见《企业上市数据合规指引》3.0版，第16页。
④ 关于佰聆数据股份有限公司首次公开发行股票并在科创板上市申请文件审核问询函的回复，参见《企业上市数据合规指引》3.0版，第17页。
⑤ 关于江苏金智教育信息股份有限公司首次公开发行股票并在创业板上市申请文件的第二轮审核问询函的回复，参见《企业上市数据合规指引》3.0版，第17页。

存在超出许可资质或经营范围的情形。

企业开展数据服务应当依法取得相关资质、许可、认证及备案（常见的包括信息系统安全登记保护备案、ICP 证、EDI 证、ICP 备案、算法备案等），以免对上市审核造成阻碍。

二、全景合规：数据生命周期实战要点

某人工智能及大数据科技企业在 IPO 过程中因数据处理合规性问题受到上市审核机构的三轮问询，一路问至数据科技伦理等终极问题。可以说，以数据处理为核心价值的企业，如能在早期关注、规划并构建数据合规体系，将为后续 IPO 奠定坚实的基础。

对此，我们结合数据处理的全生命周期，梳理、分析上市过程中上市审核机构的问询问题，结合一线项目实战经验凝练、提取合规要点，帮助拟上市企业厘清重点，做到心中有"数"。

（一）数据收集

在数据收集环节，审核机构的核心关注点在于：数据来源的合规性、数据获取方式的合规性以及是否建立相应机制保障第三方数据的合法合规性。

例如，北京中数智汇科技股份有限公司（2020.8）[1] 受监管机构问询"是否存在因从互联网违规采集信息受处罚情况"；深圳微众信用科技股份有限公司（2020.12）[2] 被问询其数据供应商事数据服务是否取得特殊资质、许可或备案。

拟上市企业需要特别注意使用爬虫技术收集数据的不正当竞争风险。我们在本书"场景（3）数据变现——流量'劫持'与反不正当竞争案中，数据'抓取'天平的设计"中系统地讨论了爬虫不正当竞争的判定维度：

---

[1] 关于北京中数智汇科技股份有限公司首次公开发行股票并在科创板上市申请文件审核问询函的回复，参见《企业上市数据合规指引》3.0 版，第 50 页。

[2] 关于深圳微众信用科技股份有限公司首次公开发行股票并在科创板上市申请文件的审核问询函之回复报告，参见《企业上市数据合规指引》3.0 版，第 51 页。

（1）在竞争关系的认定上，法院聚焦爬虫行为所涉及的双方之间的产品或服务是否有替代关系，以及该爬取数据并使用的行为导致对其他经营者利益造成损害的可能性。

（2）在审查爬虫行为是否构成特殊不正当竞争行为时，部分案件从爬取的是否为公开数据、爬取公开/非公开数据的行为是否正当来判断；部分案件额外考虑该爬虫行为是否有违诚实信用原则、属于技术创新的公平竞争、是否有违竞争者自由竞争利益、消费者自主决策权利及社会公共利益等。

（3）当爬虫行为被认定为可能构成一般不正当竞争行为时，部分法院聚焦于被爬取方是否因不正当竞争行为受到损害；部分法院则考虑是否侵害其他经营者的合法权益、违反市场竞争秩序及侵犯消费者的合法权益。

鉴于此，我们建议拟上市企业在数据收集环节落实以下合规要求。

1. 告知同意：直接从用户获取数据的，无需用户同意的情形在一般业务开展中难以直接适用，"告知同意"则成为企业直接获取用户数据最为常见的合法性基础。

2. 数据爬取：通过爬虫收集数据的，须注意合规评估、合法获取、合法使用及合理呈现方式，避免不正当竞争风险。应遵循"用户授权平台＋平台授权爬取方＋用户授权爬取方"三重授权原则，不对服务器造成压力，不影响被爬取方正常经营活动。

3. 供应商审核机制：建立第三方数据供应商的准入与评价机制，确保供应商具备相应资质（如 ISO 27001 等）以及数据来源合规。

4. 证据链留存机制：保留数据采购全流程的书面记录。后续发生数据泄露等事件时，有助于"自证清白"。

（二）数据使用

数据使用环节涉及数据的商业化变现、算法推荐、个性化推送等，审核重点包括是否超出授权范围使用数据、是否侵犯用户隐私、算法技术是否合规等问题。

武汉木仓科技股份有限公司（2022.6）[①] 在上市审核过程中，就被问询到其主要产品"驾考宝典"使用算法推荐服务是否符合《互联网信息服务算法推荐管理规定》、被通报过的"强制用户使用定向推送功能"整改情况；奥比中光科技集团股份有限公司（2022.4）[②] 也被要求披露科技伦理方面的法规政策对技术商业化带来的不利影响。

对于生成式人工智能服务提供者，需要特别注意对生成内容承担的网络信息内容生产者责任。2025年3月发布的《人工智能生成合成内容标识办法》也进一步明确了服务提供者应当进行显式标识或隐式标识的要求。

针对数据使用的法律边界，我们建议拟上市企业应重点落实以下合规要点。

1. 算法备案：根据《互联网信息服务算法推荐管理规定》的要求，具有舆论属性或社会动员能力的算法推荐服务提供者需在提供服务之日起10个工作日内备案。

2. 生成内容标识：生成式人工智能服务提供者应当在用户服务协议中明确说明生成合成内容标识的方法、样式等规范内容，并提示用户仔细阅读并理解相关的标识管理要求。

3. 个人信息安全影响评估：使用个人信息进行个性化推荐等自动化决策行为，属于《个人信息保护法》规定的个人信息安全影响评估的法定触发要件之一。

（三）数据共享

数据共享涵盖数据的提供、共同处理、委托处理等多元场景，企业上市过程中需回应共享行为是否符合法律法规及合同约定，是否影响企业独立性。

[①] 关于武汉木仓科技股份有限公司首次公开发行股票并在创业板上市申请文件的审核问询函的回复，参见《企业上市数据合规指引》3.0版，第69页。

[②] 关于对奥比中光科技集团股份有限公司首次公开发行股票并在科创板上市发行注册环节反馈意见落实函的回复，参见《企业上市数据合规指引》3.0版，第69页。

蚂蚁科技集团股份有限公司（2020.8）[①] 被问询与阿里巴巴集团的数据共享是否符合各自与客户的协议约定，是否存在侵害客户合法利益的情况；北京数聚智联科技股份有限公司（2022.10）[②] 被要求说明与电商平台、品牌方之间关于用户个人数据使用的合作机制、权责划分机制。

为规避数据共享的合规争议，拟上市企业需明确以下内容。

1. 权责划分：明确数据共享场景下的角色定位及各方权责，明确数据共享可能会给数据主体带来的风险并制定适配相应的风控措施。

2. 独立性保障：集团内部数据共享需确保各业务子公司的数据独立性，避免因数据融合导致独立性争议。

此外，App 运营者需要特别注意第三方 SDK 的安全使用。随着 SDK 被广泛应用于各类 App 开发中，由第三方 SDK 带来的安全问题已经引起多方关注。我们建议 App 运营者：

1. 应遵循合法、正当、必要的原则选择使用第三方 SDK；

2. 涉及个人信息处理时，需履行个人信息处理者义务（参考电信终端产业协会发布的《软件开发包（SDK）个人信息处理规范》团体标准）；

3. 建立第三方 SDK 接入管理机制和工作流程，必要时应建立安全评估等机制设置接入条件；

4. 与第三方 SDK 提供者通过合同等形式明确双方的安全责任及应实施的个人信息安全措施，妥善留存与第三方 SDK 提供者有关合同和管理记录；

5. 应监督第三方产品或服务提供者加强个人信息安全管理，发

[①] 关于上海市方达律师事务所关于蚂蚁科技集团股份有限公司首次公开发行股票并在科创板上市的法律意见书，参见《企业上市数据合规指引》3.0 版，第 100 页。

[②] 关于北京数聚智连科技股份有限公司首次公开发行股票并在创业板上市申请文件的第二轮审核问询函的回复，参见《企业上市数据合规指引》3.0 版，第 101 页。

现第三方产品或服务没有落实安全管理要求和责任的，应及时督促整改，必要时停止接入。

(四) 数据存储

数据存储环节涉及数据的加密、存储期限、存储地点等问题，审核机构着重审查是否存在数据泄露风险及存储方式是否符合法律法规要求。

江苏金智教育信息股份有限公司 (2021.1)[①] 被问询对相关信息的储存及使用情况以及是否存在信息泄露情况；北京零点有数数据科技股份有限公司 (2021.3)[②] 被问询数据保存期限是否符合行业惯例及合同规定。

作为建设数据合规管理体系的重要环节，数据存储的安全性是企业不容忽视的合规要点。对此，拟上市企业应在数据存储中配备多种技术要求。

　　1. 敏感个人信息加密：存储个人生物识别信息等敏感个人信息时，应采用加密等安全措施。保证数据库用户权限严格分离，并对涉及敏感个人信息数据库加强权限控制和安全审计。

　　2. 单独存储：个人生物识别信息应与个人身份信息分开存储，原则上不应存储原始个人生物识别信息。

　　3. 匿名化处理：基于最小必要原则，企业存储的个人信息，在存储期限届满后，应删除或匿名化处理。企业应加强匿名化处理情形下的风险识别，定期基于技术发展与识别技术的成本投入程度等因素进行"再识别评估"，防止已匿名化处理的个人信息被再识别。

(五) 境外上市/数据出境合规

对于境外上市或涉及数据出境的企业，审核机构可能问询数据出境的合法性以及是否影响国家安全。

[①] 关于江苏金智教育信息股份有限公司首次公开发行股票并在科创板上市申请文件的第二轮审核问询函的回复，参见《企业上市数据合规指引》3.0版，第110页。

[②] 关于北京零点有数数据科技股份有限公司申请首次公开发行股票并在创业板上市的审核中心意见落实函的回复，参见《企业上市数据合规指引》3.0版，第110页。

蔚来集团（2022.2）[①] 赴港上市文件披露，其于香港上市是否须接受网络安全审查仍然存在重大不确定性；广东美亚旅游科技集团股份有限公司（2024.9）[②] 被问询发行人可豁免申报数据出境安全评估的依据是否充分，是否可一并豁免订立个人信息出境标准合同、通过个人信息保护认证等义务。

对此，拟上市企业需严格遵守以下监管框架。

1. 数据出境合规路径：除豁免情形外，申报数据出境安全评估、订立个人信息出境标准合同、通过个人信息保护认证。

2. 网络安全审查：掌握超过100万用户个人信息的网络平台运营者赴国外上市（注意，这里用语非"境外"），必须向网络安全审查办公室主动申报网络安全审查；掌握超过100万用户个人信息的网络平台运营者赴香港上市，存在使用被动审查的可能。

3. 保密及档案管理：遵守国家保密法律制度。提供、公开披露涉及国家秘密、国家机关工作秘密的文件、资料的，应当依法报有审批权限的主管部门批准，并报同级保密行政管理部门备案。工作底稿等档案应当存放在境内。需要出境的，按照国家有关规定办理审批手续。

其中，如何选择适当的数据出境合规路径是境外上市或涉及数据出境的企业普遍面临的问题，我们将在"外循环：企业跨境数据合规的症结及解决方案"一节为数据出境路径选择提供具体指导。

（六）数据安全保障

数据安全保障是企业数据合规的底线。审核机构关注点包括是否建立数据安全管理制度、是否设置数据安全负责人，及是否具备应急响应能力。

[①] 关于蔚来集团以介绍方式在香港联合交易所有限公司主板上市（上市文件），参见《企业上市数据合规指引》3.0版，第116页。

[②] 关于广东美亚旅游科技集团股份有限公司公开发行股票并在北交所上市申请文件的审核问询函的回复，参见《企业上市数据合规指引》3.0版，第116页。

例如，北京青云科技股份有限公司（2020.6）[①] 被要求披露关于数据安全与网络安全保护的相关制度及措施，与客户签订的服务协议中关于安全责任约定与免责条款情况，涉及数据安全与网络安全的诉讼和仲裁纠纷或其他争议情况；厦门路桥信息股份有限公司（2022.7）[②] 被问询2021年连续两次收到整改通知的合理性。

根据《数据安全法》，重要数据的处理者应当明确数据安全负责人和管理机构，落实数据安全保护责任。根据《个人信息保护法》，处理个人信息达到国家网信部门规定数量的个人信息处理者应当指定个人信息保护负责人，负责对个人信息处理活动以及采取的保护措施等进行监督。若涉及处理不满14周岁的儿童的个人信息，根据《儿童个人信息网络保护规定》，应当指定专人负责儿童个人信息保护。

除此之外，企业还需注意以下数据安全保障监管要点。

1. 数据安全内部管理制度：参照《信息安全、网络安全和隐私保护—信息安全管理体系—要求》（ISO/IEC 27001：2022），在组织架构、制度文件、人员管理、技术支持等层面建设管理制度。

2. App整改：虽然"责令限期整改"不属于行政处罚，仅被责令限期整改并不会对上市造成直接的实质性障碍，但拟上市企业仍应以此警醒，按时保质地在期限之内完成整改，避免从"限期整改"演变为"下架处理"，否则很可能对上市造成阻碍。

3. 信息泄露补救：发生个人泄露时，个人信息处理者需要及时采取补救措施，履行通知报告义务，并留存记录，准备"自证清白"。但是，个人信息处理者能够有效避免信息泄露、篡改、丢失造成危害的，可以不履行通知义务。

[①] 关于北京青云科技股份有限公司首次公开发行股票并在科创板上市申请文件的审核问询函的回复，参见《企业上市数据合规指引》3.0版，第136页。

[②] 关于厦门路桥信息股份有限公司公开发行股票并在北交所上市申请文件的审核问询函的回复，参见《企业上市数据合规指引》3.0版，第137页。

三、结语：标配上市，数据合规专项如虎添翼

由上述企业的审核案例可见，监管机构的数据合规监管能力已基本配置到位，并在不断增强实战经验，以应对纷繁复杂的数据处理场景。

企业上市的"原配"中介服务机构——券商、会所和律所，其专业知识领域已无法覆盖和胜任数据合规维度上的特殊性要求。因此，企业上市的第四项标配服务——IPO 数据合规专项法律服务，应运而生。其通过可视化拆解合规要点、预判审核问询焦点、IPO 数据合规法律服务帮助企业将合规压力转化为竞争优势。

在数据要素资本化的浪潮下，IPO 数据合规已从被动防御工具演化为主动价值引擎，驱动企业挖掘数据资源厚度、释放数据资产价值、构建数据资本优势。

本节以点带面，从具体"卡脖子"问题的案例分析，延展到数据合规处理生命周期的提要，结合《企业上市数据合规指引》的整体分析，助力企业 IPO 通关。

第二节 外循环：企业跨境数据合规的症结及解决方案

2025 年 1 月，奥地利非营利组织 NOYB 向欧洲五国数据保护机构针对 TikTok、AliExpress、Shein、Temu、微信和小米等 6 家公司提出集体投诉，指控这些公司违反 GDPR 规定将欧洲的个人数据转移到中国，并请求对这些公司处以罚款（最高达公司全球收入的 4%）。以某头部跨境电商企业年营收测算，罚金或高达 13.5 亿欧元。

2025 年 2 月，爱尔兰数据保护委员会针对 TikTok 将其平台用户的个人数据从欧盟传输至中国的行为，提交了调查决定草案。调查重点审查 TikTok 数据跨境行为是否符合 GDPR、数据传输中是否履行了对用户的透明度义务。

这种风险，不仅是大平台面临的困境，传统制造业出海企业中的子公司也会成为各国数据监管的"靶点"。2025年1月，美国CISA和FDA发布警告称，某中国生产的患者监护仪存在"隐藏后门"，可能导致患者数据和固件更新的出站通信被滥用。

中企整合全球资源构建商业生态的同时，也面临数据合规管理中法律框架衔接不畅、技术论证不足的问题。在《中国数据出境实务实操指引》（以下简称《出境指引》）中，我们采用问答形式，辅以实操演练，为数据合规出境提供"法律＋技术"的具体指导。（书末附《中国数据出境实务实操指引》2.0版）

在复杂的国际贸易环境下，企业出海亟须在数据流动的合规航道中锚定方向。

一、洞察：全球主要国家数据跨境监管解读

截至2025年1月，全球已有超200个国家或地区正在制定或已经制定数据隐私保护法，其中大多数制定了跨境数据流动法律或政策。

（一）对比：欧盟、美国、中国数据合规框架

出海企业已迈入双轨制合规治理新纪元，既要遵守《网络安全法》《数据安全法》《个人信息保护法》，又要遵从东道国监管规定。面对多法域监管差异，企业出海必须精准把握主要市场合规要求。

我们梳理和对比欧盟、美国和中国全球三大核心市场的数据跨境合规框架，协助企业把握中外数据监管体系全局。

1. 跨境前：数据传输路径

数据跨境流动是全球化数字经济的必然，数据主权、数据安全也是全球监管的共识。

美国宽松的数据跨境流动政策正逐步收紧。2023年10月，在WTO电子商务联合声明倡议会议期间，美国放弃了长期以来坚持的部分关于跨境数据自由流动的主张。

同年 11 月，美国向 10 家中国自动驾驶公司（包括百度、滴滴出行、蔚来汽车、小鹏汽车等）发送质询函，要求这些智能车企详细披露其在美国加利福尼亚州进行自动驾驶测试时的数据收集、处理、存储等情况，包括美国公民个人信息收集、跨境传输、安全保障情况等。

2024 年 12 月，美国发布"限制敏感个人信息出境的最终规则"，针对中国等受关注国家的相关主体，禁止或限制涉及批量敏感个人信息和政府相关数据的部分交易类型（包括数据经纪交易、供应商协议、雇佣协议、被动投资协议等）。

无论选择海外并购、投资自建还是供应商合作哪一种出海路径，出海企业都无法回避数据跨境议题，亟需理解中美、欧盟在数据传输和本地化层面的差异（见表 5-2-1）。

表 5-2-1　中—美—欧数据跨境传输规则对比

对比项	中国	美国	欧盟
数据跨境基础	安全评估； 标准合同； 个人信息保护认证	根据《加州消费者隐私法》（CCPA）必须告知消费者数据传输的目的和范围并取得消费者明确同意	充分性认定； 标准合同条款； 公司约束性规则
数据本地化	关键基础设施运营者（CIIO）及处理个人信息达到规定数量的处理者需在境内存储	美国联邦立法至今未有数据本地化要求的一般性规定	《非个人数据自由流动条例》针对非个人数据，明确要求欧盟成员国废除数据本地化存储要求
处罚力度	最高罚款可达 5000 万元人民币或企业年营业额的 5%； 可能暂停业务或吊销执照	CCPA 最高罚款 7500 美元/次违规； 《健康保险可携带性和责任法案》（HIPAA）最高罚款 213.4831 万美元/年（参考 2024 年 8 月通货膨胀乘数）； FTC 有权调查和处罚数据出境违规行为	最高罚款可达企业全球年营业额的 4% 或 2000 万欧元； 可禁止数据流动

2. 跨境后：属地化信息保护

出海企业不仅要面临数据跨境中的监管风险，在跨境后属地化运营过程中同样面临着各国差异化的合规痛点。例如，在信息保护层面，中美欧尽管立法理念趋同，但具体合规义务仍存在不同（见表5-2-2）。

表5-2-2 中—美—欧数据保护规则对比

对比项	中国	美国	欧盟
处理者义务	个人信息保护负责人；个人信息保护影响评估；个人信息保护合规审计	根据CCPA，可能造成重大损害/风险的，必须进行隐私风险评估/年度网络安全审计	数据保护官；数据保护影响评估；数据合规审计
平台责任	规定平台需对内容、数据安全和用户信息保护承担直接责任；大型网络平台服务提供者承担更严格的责任	《通信规范法》第230条为在线计算机服务提供者和用户提供豁免权，使其不因用户生成的第三方内容而承担法律责任	《数字服务法案》强调平台对违法内容的责任，要求加强内容审核和透明度；《数字市场法案》针对大平台（如谷歌、苹果、Meta）设置"守门人"义务
处罚力度	最高罚款5000万元人民币或年营业额的5%	CCPA最高罚款7500美元/次；HIPAA最高罚款213.4831万美元/年（同上）	最高罚款2000万欧元或全球年营业额的4%

2024年4月7日，美国议员发布了美国隐私权法案（APRA）草案。截至2025年2月，该法案尚未正式通过。

故美国尚未在联邦层面形成统一个人信息保护法，但对特定行业提出要求，如《健康保险可携带性和责任法案》（HIPAA）。在州级层面，目前19个州颁布了全面的数据和隐私法，如加利福尼亚州的CCPA。

企业在美国开展业务，不仅要符合联邦行业法规，还需适应各州不同的数据保护规定。跨州经营的企业需特别关注各州法律差异，并相应调整合规策略。

(二) 场景：数据跨境高发风险

1. 场景一：数据入境

企业出海进程面临频繁的数据入境场景，如海外子公司基于全球统一管理向境内公司传输员工或客户信息，中国企业作为境外公司数据处理商接收境外数据，或外国客户委托中国企业提供服务时涉及的个人数据传输等。

然而，企业在数据入境场景中触犯合规红线的案例屡见不鲜。

2021年9月，Ferde公司非法将司机个人数据传输到中国，使中国员工可通过网络等方式访问获取相关车牌图像等信息，挪威数据保护局对其处以约50万欧元罚款。

调查显示，Ferde公司没有按照欧盟GDPR第28（3）条的要求签署数据处理协议，也未能进行风险评估，其在2017年至2019年将数据传输至中国的行为，缺乏适当的合法性基础，进而违反了GDPR第44条对数据跨境传输原则的规定。

无独有偶，2024年7月，阿里速卖通违反韩国《个人信息保护法》规定程序向境外传输韩国客户信息，被处以约20亿韩元罚款。

不仅对数据入境中国加以限制，欧盟GDPR以无差别监管机制约束境外传输行为：Meta向美国转移个人数据被处12亿欧元创纪录罚单，Uber将司机数据传输至美国总部遭罚2.9亿欧元，甚至欧盟委员会自己也"阴沟里翻船"，因将个人数据传输至Meta在美国的服务器而被处罚。GDPR执法之严，数据跨境违法后果之重可见一斑。

2. 场景二：数据出境

中国数据出境典型案例持续释放监管强信号。

广州互联网法院公布了一份个人信息保护纠纷的民事判决书〔（2022）粤0192民初6486号〕，是《个人信息保护法》出台后法院公布的首个有关跨境传输个人信息纠纷的司法裁判。

王某在某国际酒店公司App上预定境外酒店的过程中，点击勾选了《客户个人数据保护章程》，并提交了姓名、国籍、电话号码、电子邮箱地址、银行卡号等个人信息。事后，王某发现依据《客户个人数据保护章程》规定，其提交的个人信息将被传送共享至全球多个地区和接收主体。王某认为两公司跨境处理中国公民个人信息行为违反相关规定，遂向广州互联网法院提起诉讼。

广州互联网法院生效判决认为，被告公司在其《客户个人数据保护章程》中，未遵循公开透明原则，真实、准确、完整告知其处理规则，未能依法正确履行告知义务。另查明，被告公司基于商业营销目的，还向位于美国和爱尔兰的某第三方公司传输处理相关个人信息，该处理行为及其处理目的超出履行合同必需，也未向王某充分告知并取得其单独同意，属于违法处理行为，侵害了王某的个人信息权益，应当承担民事侵权责任。

出海企业因业务等需要确需开展数据出境的，应当选择适当的数据出境合规路径；向境外提供个人信息的，应当向个人充分告知相关事项，并取得个人的单独同意。

3. 场景三：人工智能

DeepSeek惊艳全球的同时也成了全球数据监管部门问询和关注的重点。

在本章第一节下架案情中，Garante针对DeepSeek的问询既涵盖数据收集、数据来源、使用目的、合法性基础、是否充分披露等基本问题，还要求披露训练数据等来源和网络爬取的情况。相比OpenAI的前车之鉴，对DeepSeek发难最大的不同点在于数据的本地化和本地化带来的次生问题。

NASA更向航天局员工表示"DeepSeek在美国境外运营，存在国家安全和隐私问题"，禁止将NASA数据用于DeepSeek的产品和服务，禁止在政府设备和网络使用DeepSeek。

随着欧盟《人工智能法案》的出台和首批条款的落地，AI企业出海更需要进一步厘清正不断健全的AI监管体系，掌握AI系统分级分类、透明度义务等监管要求。

4. 场景四：未成年人信息保护

未成年人保护同样是企业出海数据合规"深水区"。

2021年7月，荷兰数据保护局以侵犯儿童隐私为由，对字节跳动旗下短视频社交平台TikTok处以75万欧元的罚款，标志着中国企业首次因违反GDPR被罚。2024年8月，TikTok再次因允许儿童在未经父母同意的情况下创建账户，并长期非法收集处理儿童个人数据，在美国面临诉讼。2025年3月，英国信息专员办公室也宣布对TikTok展开调查，重点关注其如何处理英国儿童用户个人数据。

2025年1月，FTC与《原神》在美运营公司达成和解协议。米哈游因违反《儿童在线隐私保护规则》（COPPA）收集儿童的个人信息，最终支付2000万美元罚款。

面对数据跨境风险高发场景，企业出海应当顶层设计适配立法动态，业务中台嵌入合规基因，技术底座实现隐私保护，以应对全球数据监管风暴。

二、实战：出海数据跨境合规解题方案

（一）路径规划：打通高效数据出境通道

《促进和规范数据跨境流动规定》等文件的出台，对我国数据出境三条合规通路，即数据出境安全评估、个人信息出境标准合同备案、个人信息跨境处理活动安全认证进一步作出详细规定与说明。上海自由贸易试验区及临港新片区数据出境"负面清单"新规发布，大幅突破个人信息出境的量级标准，将减轻出海企业数据出境的合规负担。

面对数据出境路径的选择，企业往往需要解决诸如选择哪种路径、谁来申请数据出境、如何实现合规出境等问题。对此，我们建议出海企业按照以下顺序判断适合的出境路径（如图5-2-1所示）：

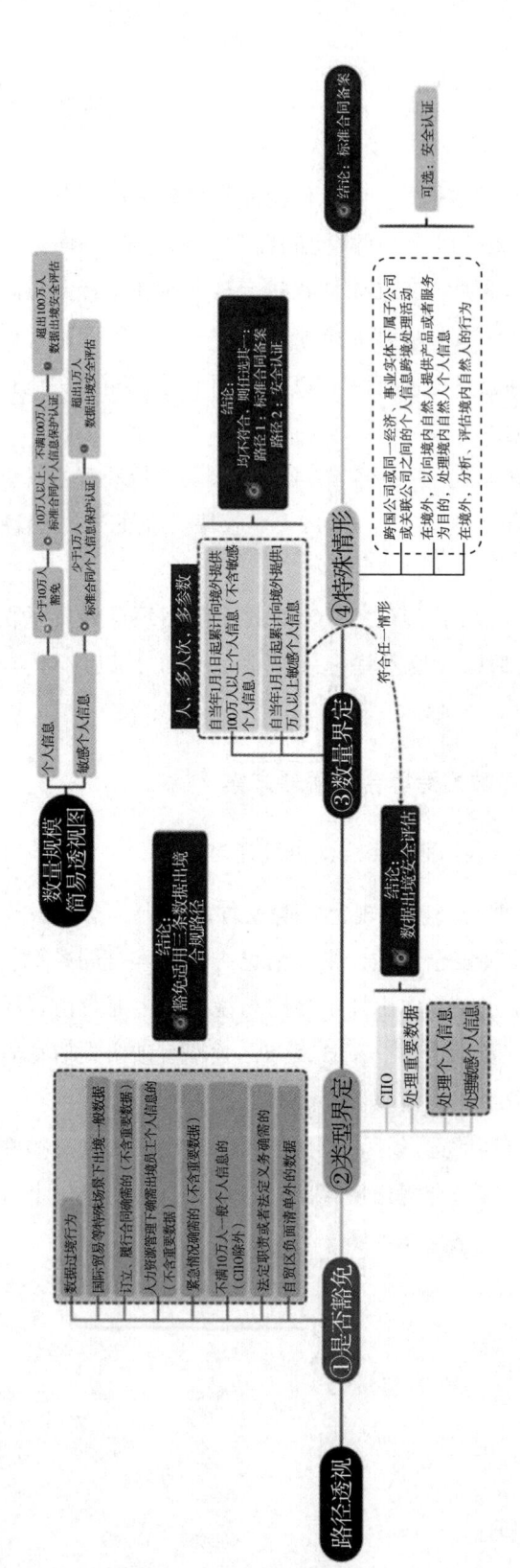

图5-2-1 数据出境路径选择

1. 是否豁免：首先出海企业可以评估出境数据是否符合《跨境流通规定》的豁免情形。如符合，则无需通过三条合规通路直接出境。

2. 类型界定：如不存在豁免情形，则看出海企业作为数据处理者是否属于关键基础设施运营者（CIIO）。如果出境主体属于CIIO，则应当申报数据出境安全评估。如果出境数据属于重要数据，也应当申报安全评估。

3. 数量界定：如果数据处理者不属于CIIO且出境数据不属于重要数据，则需要判断处理数据数量规模是否达到自当年1月1日起累计100万人以上个人信息，或1万人敏感个人信息的标准。如达到，也只能选择申报数据出境安全评估。如未达到前述数量规模，但达到当年1月1日起累计10万人以上个人信息量级的，则应当进行个人信息保护认证或标准合同备案。

我们在《出境指引》中，从实际业务场景出发，采用问答形式，辅以实操演练，为企业提供清晰、具体的指导，如表5-2-3所示：

表5-2-3 数据出境路径实操

问题	回答
如何申报数据出境安全评估	线上申报：可以登录数据出境申报系统提交申报材料，网址：https://sjcj.cac.gov.cn
	线下申报：关键信息基础设施运营者或者其他不适合通过数据出境申报系统申报数据出境安全评估的，采用线下方式通过所在地省级网信部门向国家网信部门申报数据出境安全评估，申报方式为送达书面申报材料并附带材料电子版，书面申报材料需装订成册
	申报材料：统一社会信用代码证件影印件、法定代表人身份证件影印件、经办人身份证件影印件、经办人授权委托书、数据出境安全评估申报书、与境外接收方拟订立的数据出境相关合同或其他具有法律效力的文件、数据出境风险自评估报告、其他相关证明材料

续表

问题	回 答
标准合同备案的具体流程	开展 PIA：个人信息处理者向境外提供个人信息的，应当事前开展个人信息保护影响评估，并使用中文按照《个人信息出境标准合同备案指南（第二版）》附件 5 撰写《个人信息保护影响评估报告（模板）（出境版）》
	订立标准合同：个人信息处理者与境外接收方按照国家网信办公布的标准合同模板订立标准合同
	递交申报材料：个人信息处理者备案标准合同，应当提交 Q32 所述的申报材料
	反馈备案结果：省级网信办应当自个人信息处理者提交备案材料之日起 15 个工作日内完成材料查验，并向符合备案要求的个人信息处理者发放备案编号
安全认证具体怎么开展	认证委托：认证委托人应当按认证机构要求提交认证委托资料，认证机构在对认证委托资料审查后及时反馈是否受理
	技术验证：技术验证机构应当按照认证方案实施技术验证，并向认证机构和认证委托人出具技术验证报告
	现场审核：认证机构实施现场审核，并向认证委托人出具现场审核报告
	认证结果评价和批准：认证机构根据相关资料信息进行综合评价，作出认证决定
	获证后监督：认证机构应当在认证有效期内，对获得认证的个人信息处理者进行持续监督，并合理确定监督频次

（二）责任到人：DPO 主理数据属地合规

1. 从"高配"到"标配"

我们在展望篇的以人为本的专章分析，数据保护官（DPO）已从企业"高配"演化为出海"标配"。

2024 年 8 月，新加坡个人数据保护委员会依据新加坡《个人数据保护法案》规定，向中国出海企业发出 DPO 信息报备通知，明确要求所有企业无论个人信息处理规模与种类，均须设立 DPO。

2025 年 2 月，马来西亚个人数据保护部发布了有关数据保护官任命的通告，要求达到一定标准的数据控制者与数据处理者必须委任 DPO。即便未达标准，在发生"特别紧急的要求"情况下，任何数据控制者或处理者都应向专员通报 DPO 的委任。

这与欧盟 GDPR 第 37 条形成共振：满足一定情形的数据控制者与数据处理者应当任命 DPO。

国内数据领域的法律法规同样明确了国内"镜像"角色，如个人信息保护负责人、数据安全负责人、网络安全负责人、儿童个人信息保护负责人、汽车数据安全管理负责人等。

DPO 标配时代，我们建议出海企业紧跟步伐，将配置 DPO 纳入国际化战略。

2. 管"本土"治"跨境"

我们在前文指出，出海企业数据跨境管理面临着"法律框架衔接不畅、技术论证不足"的问题。而深谙本国法律格局的 DPO 正是对症下药的"数据主理人"，从内外合规双重角度打造出海企业的跨境合规管理体系。

（1）跨境流程管控：企业通过设立首席数据保护官，负责跨境数据合规管理，确保数据出入境过程均符合中国及东道国的数据传输基础、本地化存储要求。

（2）属地合规适配：DPO 作为出海企业与子公司数据问题的对接人，将合规嵌入数据属地管理基因，从本国法律出发解决合规差异大、理解难、落地不畅的问题。

从本地数据合规的主理人，到赋能出海企业全球化布局的"战略导航者"，当下 DPO 的角色已实现多重跃迁，是回应跨国合作伙伴对数据管理能力的高标准期待、赢得国际信任背书的重要角色。企业出海应发挥数据保护官核心职能，同步实现本土合规适配与跨境流程管控双重目标，为企业出海战略打通数据合规流动通道。

三、结语：跨境合规是全球化竞争的基石

在复杂多变的国际经济形势之下，中国出海企业应当变被动为主动，将数据跨境合规融入战略基因，积极融入全球合规治理体系，提升企业的合规

竞争软实力，为实现高质量、可持续的全球化发展奠定坚实的基础。

从数据跨境到属地合规，企业须构建"法律 + 技术"的双重护城河。唯有以合规为舟，方能在出海浪潮中行稳致远。

下 篇
数据价值释放

第六章

高新技术企业的价值升维之路

第一节 数据资产将成为高新技术企业的新"标配"

上市公司披露"数据资源"财务数据，作为企业发展风向标，释放了拥抱"数据资源入表"的强烈信号。

根据企业预警通的统计数据，截至2024年8月31日，共有64家公司在半年报中披露了企业数据资源数据，相较于一季度的23家，增长了41家，入表总额合计14.02亿元。涉及的总金额也增长了3.83亿元，增幅达37.6%。

作为数字经济的核心企业，三大运营商的数据资源入表备受关注。2024年上半年，中国电信、中国移动、中国联通的数据资源入表总额超过2.6亿元，占披露企业总规模的18.5%。其中，中国联通作为三大通信运营商中首家在2024年年报披露数据资源的企业，其数据资源入表金额为3.79亿元，同比增长85%，值得注意的是，计入开发支出的数据资源增速显著，达到了193%。本节通过以下逻辑明确为什么"数据资源入表"之后的数据资产将成为高新类企业的新"标配"：

首先，研发能力的新评估视角：以中国联通为例，分析其数据资源中开发支出和无形资产的数据，这在一定程度上呈现企业的研发成果的实质转化能力。

其次，高新企业的新标配需求：通过分析研发落地能力目前的尴尬局面，无论是从高新技术企业的界定，还是从商业秘密在企业价值呈现端的"失踪"，都证明了数据资源入表在实践中紧迫且切实可行的"标配"性需求。

最后，入表难点催生新服务物种：从数据资源入表的难点切入，分析专业服务机构可能催生一种新的服务"物种"。

一、以上市公司中国联通为例

中国联通2024年年报披露，数据资源科目金额3.79亿元。让我们真正深入洞察数据资源入表的实际落地方法和意义。

年报披露数据资源主要包含为现有数据产品和服务提供支撑的行业数据库和模型等。从2024年财务数据来看，中国联通将"数据资源"科目分为"数据资源（无形资产）"和"数据资源（开发支出）"两类，金额分别是1.67亿元和2.12亿元，合计数据资源3.79亿元。具体见表6-1-1。

表6-1-1　中国联通2024年数据资源入表

数据资源情况	单位：亿元
数据资源科目	2024年
数据资源（无形资产）	1.67
数据资源（开发支出）	2.12
数据资源（存货）	
合计	3.79

需要明确的是，自行研发无形资产的过程分为研究和开发两个阶段。研究阶段发生的支出全额计入"研发支出—费用化支出"，期末转入"管理费用"。开发阶段发生的支出，符合资本化条件的计入"研发支出—资本化支出"，当无形资产达到预定可使用状态时计入"无形资产"；不符合资本化条件的，计入"研发支出—费用化支出"，期末转入"管理费用"。

从数据资源视角来看，结合数据资源主要分布在算网数智等新兴业务领域的业务发展趋势分析，传统联网通信业务占中国移动营收的76%，但同比增速仅为1.5%，相对而言，算网数智新兴业务虽然仅占24%的营收份额，但其同比增速高达9.6%，已成为中国移动的新兴增长极。整体而言，传统通信业务的增长动能趋于放缓，算网数智等新兴业务仍处于规模化爬坡期。这与报表看到的数据资源的增长内容，以及数据资源中"开发支持"科目占比较高的现象不谋而合，表明该业务领域将稳步成为高投入的新增长极。

二、拿什么来衡量企业的"研发和创新"能力

（一）高新"水分"：从包装暴雷裸奔

我们的现实困境是，总是很难评定一家"高新技术企业"是不是伪"高新"。擅长包装的服务机构，经常在发明和软件著作权双重法宝上"设计"得游刃有余，配合着在科目归集上做足文章。

当高新技术企业准备上市那一刻，才发现为了配合"高新"标准，财务努力设计的研发费用归集与真实的财务数据那两件家底要被挖出来进行数字对比，让自己处于多么尴尬的境地。

（二）商业秘密的"冰山困境"

对于一个公司来说，真正值钱的法宝，也许都体现在商业秘密这个维度上，而法律上定义的可以维权的商业秘密，需要满足"秘密性"（不为公众所知悉）、"价值性"（具有现实的或者潜在的商业价值）与"保密性"（采取了保密措施），满足上述条件是需要经过密点鉴定及清晰的保护密点的标准动作。这对于很多企业来说，没有做过系统的商业秘密保护的体系化工作，将面临两重难关：一方面，商业秘密保护的"防御力"薄弱——很难有效保护商业秘密，很容易被侵权，且举证困难，损害界定不易；另一方面，商业秘密价值的"转化通道"不畅——商业秘密本身的价值无法在企业的价值中以资产的表现形式呈现给大众，无法用商业秘密融资，无法用商业秘密获得科技属性，无法通过衡量商业秘密让投资人青睐。

(三) 生逢其时:"数据资产"成为显化"商业秘密"价值的强标签

商业秘密与数据资产有很强的映射关系,只是两者有着不同的语言体系。商业秘密的语言体系是基于数据呈现为与商业有关的重要内容,以形成与其他企业不同的市场竞争优势,如客户信息,以及客户的重要决策人和联系人信息,这些均以客户维度的数据信息存在,并赋予不同权限和级别的保护措施,同时映射为相对应的数据资产视角下数据维度的分级分类授权保护措施。正如上述论述中所分析的,商业秘密的价值衡量极其困难,更难以在资产负债表中呈现。就好比商业秘密的语言体系与企业资产负债表的呈现逻辑和语言体系不够匹配,此时,需要换一种资产负债表能听懂的语言来呈现。

因此,我们看到,数据资源入表就成为显化商业秘密价值的完美工具,将商业秘密用一种财务听得懂的语言转换成显现的资产价值。

可以说,数据资源入表在最恰当的时间出现,犹如"英雄救美"。

三、数据资源入表,究竟难点在哪里

(一) 数据资源入表,领导"拍脑袋"的事

数据资源入表是一把手工程。这将直接影响资产负债表、企业的估值和市值。但是依照财政部数据资源入表的规则,企业建立符合会计准则要求的数据资源配置体系是一项长周期规划的工作,如果仅凭领导层单一决策,用入表需求倒推数据资源的配置,实践中会非常困难。

企业是先有数据产品还是先进行数据资源入表?这是一个"先有鸡还是先有蛋"的问题。通常从公司的经营视角出发,我们会优先考虑数据产品的开发,这是生产和发展的实际问题,然后再考虑对应的数据产品在产生市场和经济价值的同时,能否进入数据资源入表的范围。

若上述逻辑倒过来,就有点本末倒置的意味(当然不能一概而论)。

(二) 专业服务机构之间有"代沟"

律师在前,会计师在后,前后脚不合拍。

数据资源入表的最大难点是专业的中介服务机构各说各话，律师只关心数据合规维度，会计师只关心入表的财务评价。举例而言，从合规的角度，律师一般更侧重法律关系的界定与行为合规的判断，如数据采集合规，处理合规，主体合规等，但是一旦涉及入表，数据资源归入哪个主体就尤为重要，需要"亲兄弟明算账"，把投入的价值分别算清楚，所以，可以简单地理解为，法律解决定性问题，财务解决定量问题。这两者是在公平和效率之间的平衡，因此，首先需要这两类不同语言体系的专家能达成一致。

（三）"断层"的财务数据如何解套

财务数据是连续产生的，新增设一个科目，看似是简单的排列组合，实际上是各关联主体之间法律关系的重构，需要律师和会计师的紧密配合。

举例而言，在数据资源入表中，会有个初期数据价值如何确认的问题，数据连续不断在创造迭代和更新，而入表是年度资产概念，需明确期初数和期末数，两者如何在连续产生的商业数据价值中进行归集确认？通常数据合规律师是不予关注的，但是，要入表，必须解决这个问题，这就需要数据合规律师懂财税知识，提前介入企业入表的前期设计中，在财税的视角下，结合法律法规与业务实际，去"创设"一种新的法律关系，对初期数据价值进行确认，如可以采用关联主体之间的公允交易。

再如，会计师最关心入表数据资源是自用还是对外销售，一旦面临双重功能时，如何安置到具体科目，是"存货"还是"无形资产"，这就需要数据合规律师从财税角度进行功能"设计"。比如，在实质加工维度上做技术处理，呈现为不同形态和法律属性的数据产品，或根据企业不同的产品形态、数据来源以及处理方式，进行差异化设计，并融入具体的产品中。甚至可以考虑区分产品的使用场景，如果是2C，可以将隐私政策的定制化模块融合到产品中，以呈现出不同形态的价值。

这种案例在入表业务中极为常见，且时时面临。

四、催生新物种："数据财税律师"

笔者认为，市场很快会出现一种新的融合入表财税能力和数据合规能力的细分专业赛道——数据财税律师。

懂财税，懂入表规则，懂数据，懂数据视角下的合规，将这些完美结合，跨越断层，无缝衔接，这种极强的"咬合力"是数据财税律师的法宝，以财税入表的视角，构建数据合规体系，以数据合规视角，支撑入表模型建立。

我们用"咬合力"去比喻，数据财税律师从口腔就开始帮助企业反复咀嚼数据，筛选健康数据，形成数据资源，让企业更容易吸收，并转化为数据资产，实现健康入表，有效衡量企业的研发和创新力，真正形成"数据生产力"。

第二节　数据资产，或成为高新技术企业认定的"配置"

数据资源一旦被赋予"数据知识产权"的定位，是不是意味着能够与高新技术企业的资格挂钩？进而成为高新技术企业认定中的"配置项"？

带着这个困惑，我们先从高新技术企业的认定标准逻辑入手，分析为何大量企业被取消高新企业资格认定，再从监管趋严的视角，讨论如何采用疏导结合的策略来提升高新技术企业认定的价值，即结合当下数据资源和数据资产的价值识别，通过数据知识产权登记路径，优化高新技术企业认定的分值体系。

近年来，高新技术企业认定频频踩雷，从 2024 年 1 月至 11 月，26 个省份和城市陆续发布了取消 3545 家高新技术企业资格的公告。而这些被取消的资格最早可追溯到 2016 年。最新的上市公司心脉医疗被撤销高新技术企业认定，并被税务机关追缴不符合认定条件年度（2023 年）起已享受的税收优惠及要求缴纳滞纳金案①，更像寒冬的一阵寒战，拨动了整个高新技术企业的

---

① 《上海微创心脉医疗科技（集团）股份有限公司关于收到税务事项通知书需补缴税款的公告》，载 https://static.sse.com.cn/disclosure/listedinfo/announcement/c/new/2024-12-03/688016_20241203_WVXF.pdf。

神经。

高新技术企业如履薄冰，未来何去何从？我们到了需要审视高新技术企业认定的维度、标准、价值和开放性的时候了。

一、高新认定：科技企业的福利"通道"

（一）回溯：高新企业认定中"知识产权"的定义

高新技术企业，作为科技创新企业的代称，其认定标准始于1991年《国务院关于批准国家高新技术产业开发区和有关政策规定的通知》（国发〔1991〕12号）中批准的国家科委制定的《国家高新技术产业开发区高新技术企业认定条件和办法》[1]，历经多次调整，沉淀至今，高新技术企业认定标准已经发展成为科创类企业的"超级"底座。

根据2016年由科技部、财政部和国家税务总局三部门修订并沿用至今的《高新技术企业认定管理办法》第11条的规定："认定为高新技术企业须同

---

[1] 《国家高新技术产业开发区高新技术企业认定条件和办法》第4条规定："根据世界科学技术发展现状，划定高新技术范围如下：（一）微电子科学和电子信息技术；（二）空间科学和航空航天技术；（三）光电子科学和光机电一体化技术；（四）生命科学和生物工程技术；（五）材料科学和新材料技术；（六）能源科学和新能源、高效节能技术；（七）生态科学和环境保护技术；（八）地球科学和海洋工程技术；（九）基本物质科学和辐射技术；（十）医药科学和生物医学工程；（十一）其它在传统产业基础上应用的新工艺、新技术。本高新技术范围将根据国内外高新技术的不断发展而进行补充和修订，由国家科委发布。"

第5条规定："高新技术企业是知识密集、技术密集的经济实体。开发区内的高新技术企业，必须具备下列各项条件：（一）从事本办法第四条规定范围内一种或多种高技术及其产品的研究、开发、生产和经营业务。单纯的商业经营除外。（二）实行独立核算、自主经营、自负盈亏。（三）企业的负责人是熟悉本企业产品研究、开发、生产和经营的科技人员，并且是本企业的专职人员。（四）具有大专以上学历的科技人员占企业职工总数的30%以上；从事高新技术产品研究、开发的科技人员应占企业职工总数的10%以上。从事高新技术产品生产或服务的劳动密集型高新技术企业，具有大专以上学历的科技人员占企业职工总数的20%以上。（五）有十万元以上资金，并有与其业务规模相适应的经营场所和设施。（六）用于高新技术及其产品研究、开发的经费应占本企业每年总收入的3%以上。（七）高新技术企业的总收入，一般由技术性收入、高新技术产品产值、一般技术产品产值和技术性相关贸易组成。高新技术企业的技术性收入与高新技术产品产值的总和应占本企业当年总收入的50%以上。技术性收入是指由高新技术企业进行的技术咨询、技术转让、技术入股、技术服务、技术培训、技术工程设计和承包、技术出口、引进技术消化吸收以及中试产品的收入。（八）有明确的企业章程和严格的技术、财务管理制度。（九）企业的经营期在十年以上。"

时满足以下条件：（一）企业申请认定时须注册成立一年以上；（二）企业通过自主研发、受让、受赠、并购等方式，获得对其主要产品（服务）在技术上发挥核心支持作用的知识产权的所有权；（三）对企业主要产品（服务）发挥核心支持作用的技术属于《国家重点支持的高新技术领域》规定的范围……"由此我们可以认为，不具备知识产权所有权的企业不能认定为高新技术企业。

《高新技术企业认定管理工作指引》进一步明确了对知识产权的要求为："高新技术企业认定中，对企业知识产权情况采用分类评价方式，其中：发明专利（含国防专利）、植物新品种、国家级农作物品种、国家新药、国家一级中药保护品种、集成电路布图设计专有权等按Ⅰ类评价；实用新型专利、外观设计专利、软件著作权等（不含商标）按Ⅱ类评价。"

与此同时，高新认定标准已经成为"专精特新""小巨人"等企业评价体系的"原型"。

那么，高新认定的核心底座到底是什么？我们可以把认定维度模型打开来看。高新认定分为四个核心部分，构成一个分值体系，超过70分可以通过认定（见表6-2-1）。

表6-2-1 高新认定分值体系

序号	指标	分值
1	知识产权	≤30分
2	科技成果转化能力	≤30分
3	研究开发的组织管理水平	≤20分
4	企业成长性	≤20分
	总分	≤100分

1. 最高分为30分的知识产权：是企业拥有的专利、软件著作权、集成电路布图设计专有权、植物新品种等核心自主知识产权（不含商标）；需要考量技术的先进程度、对主要产品在技术上发挥核心支持作用、知识产权数量和获得方式。

2. 最高分为 30 分的科技成果转化能力：根据《中华人民共和国促进科技成果转化法》"本法所称科技成果转化，是指为提高生产力水平而对科技成果所进行的后续试验、开发、应用、推广直至形成新技术、新工艺、新材料、新产品，发展新产业等活动"的规定，科技成果转化形式包括自行投资实施转化、向他人转让该技术成果、许可他人使用该科技成果、以该科技成果作为合作条件与他人共同实施转化、以该科技成果作价投资、折算股份或者出资比例以及其他协商确定的方式等。

3. 最高分为 20 分的研究开发的组织管理水平：核心看研发是不是有机地体系化开展。具体从（a）制定了企业研究开发的组织管理制度，建立了研发投入核算体系，编制了研发费用辅助账；（b）设立了内部科学技术研究开发机构并具备相应的科研条件，与国内外研究开发机构开展多种形式的产学研合作；（c）建立了科技成果转化的组织实施与激励奖励制度，建立开放式的创新创业平台；（d）建立了科技人员的培养进修、职工技能培训、优秀人才引进，以及人才绩效评价奖励制度等 4 个维度评价，分值依次是 6 分、6 分、4 分、4 分。

4. 最高分为 20 分的企业成长性：可以解读为公司本身的业绩增长率，包括净资产增长率和销售收入增长率。

(二) 高新之上构建的"摩天大楼"

科创企业相关的标签，都从高新这个塔基开始。

无论是补贴层面的"小巨人"，还是"专精特新"评定，都以高新为底座。我们以上市公司合合信息为例，作为一家专业的"民间"机构，如何评价一家企业的科创能力所形成的科创分：

科创企业评分数据样例

企业名称	科创分	行业排名	技术创新	科创资质	研发实力	成长性	行业潜力	科创等级	科创属性标签	新兴产业	有效专利数	有效发明专利数
xx生物科技股份有限公司	85	100	97	78	84	53	86	T5	药品生产企业,科创板上市企业竞争对手,高新企业,专精特新企业,医疗器械生产企业（许可）,国产药品批准文号	大健康,现代服务业,新材料	69	45
xx科技股份有限公司	97	99	100	90	100	57	57	T5	科创板上市企业竞争对手,高新企业,瞪羚企业,创新型企业	大健康,新一代信息技术,新材料,新基建	1362	1247
xx欧谱曼迪科技有限公司	84	99	92	80	98	60	57	T5	科创板上市企业竞争对手,高新企业,医疗器械生产企业（许可）,科技型中小企业	大健康	97	63
xx阳科技股份有限公司	91	99	98	89	88	60	83	T5	科创板上市企业竞争对手,高新企业,瞪羚企业	绿色产业,新材料,新能源	218	216
xx罗君元药业有限公司	76	56	1	56	84	1	57	T4	药品生产企业,瞪羚企业	大健康	2	2
xx率科技有限公司	73	86	6	60	63	16	43	T4	科技型中小企业	现代服务业	14	8
xx中望信息科技有限公司	79	97	59	80	26	71	43	T4	高新企业,科技型中小企业	现代服务业	22	5
xx智富科技有限公司	66	56	1	60	14	10	14	T3	科技型中小企业	无	10	0
xx佰斯德卫浴股份有限公司	62	33	11	33	36	1	43	T3	无	无	10	3
xx正宏泰科贸有限公司	67	85	6	80	8	7	43	T3	高新企业	现代服务业	7	4

图6－2－1　科创企业评分数据样例

图源：合合信息

我们聚焦右侧两列，不难发现，真正数据化底座分析的维度，核心依旧是专利，这与上文提及的高新认定维度保持一致。由此证明一点：若高新认定的维度和标准不调整，那么在这个基座上构建的大楼，本质上依赖的核心要素并没有改变，无论在此之上贴什么标签，都是空中楼阁。

二、高新企业：为何沦为弱标签

（一）"高新"判定的信任危机

"高新"是否足以判定企业"研发和创新"能力？

一方面，正如本章第一节已经讨论过的，在评估一家企业的"研发和创新"能力时，现实困境是，总是很难评定一家高新技术企业是不是伪"高新"。

另一方面，现在很多高研发投入的企业积累了大量数据相关的资产，包括高质量算法，这些往往是企业不愿公开的核心竞争力，或者难以被认定为高新企业认定标准下的知识产权。因此，出现了一些优质企业的高新认定真空地带。

（二）隐形冠军"商业秘密"的尴尬处境

另一个视角是从商业秘密看"研发和创新"能力。如何让商业秘密与数据资产以及数据知识产权登记形成联结？对于一个公司来说，真正值钱的法宝，也许大部分都体现在商业秘密这个维度上。而正如本章第一节中所分析的，许多企业因缺乏系统化的商业秘密保护体系构建，正陷入双重现实困境，即商业秘密保护的"防御力"薄弱和商业秘密价值的"转化通道"不畅。若商业秘密在上述路径中，以数据资源通往数据资产，中间通过数据知识产权登记的证明力，既能够在一定程度上实现商业秘密的确权保护，又能够形成知识产权力的价值转化，两全其美。

当然，需要说明一点，不是所有的商业秘密都能满足数据知识产权登记的标准（以上海数据知识产权登记的创新性和实质性加工的并行要求为例，下文将具体展开说明）。

（三）高新认定强监管：挤出"水货"

1. 高新认定中的"发明"悖论

从今天的视角回顾，高新认定高深莫测。但从认定核心维度（知识产权、科技成果转化能力、研究开发的组织管理水平、企业成长性）来看，就能发现其中软性内容不少，而硬性的部分又很难满足。尤其是在数字经济时代，数据形成价值的同时，能将研发投入转化为发明专利的情况反而越来越少。这一悖论，在前文已有论证，一定程度上既源于发明认定的周期和难度，也与企业希望保守商业秘密有关。

相形之下，反面实例更为直观：与2023年1590家企业被取消高新认定资格相比，2024年至今被取消高新资格的企业数量增长了1.2倍。

2024年以来，国家对高新企业资格认定的审查和监管愈加严格。从2024年1月至11月，26个省份和城市陆续发布了取消3545家高新技术企业资格的公告，涉及企业数量众多。而这些被取消资格的企业中，最早的可追溯到2016年。

这一现象说明，企业越来越难以满足高新认定的要求。而真正投入很多研发经费的数字化企业却无法满足高新的认定，因为高新重"发明"的基因，阻却了太多企业，如果用软件著作权等值代换，会发现企业太容易"做手脚"。也就意味着两头空，一头太难，一头太松。

2. 高新企业如履薄冰

近期一则重磅消息揭示了上市公司高新认定被否的紧张局势，引发了市场的高度关注。

享有"首批科创板上市企业"和"全国首批专精特新'小巨人'企业"等诸多荣誉的心脉医疗，在高新资格被取消后，需补缴的税款及滞纳金合计为人民币6000万~7000万元，这一事件牵动了不少企业的神经，凸显出维持"高新"资质的重要性。

根据《上海微创心脉医疗科技（集团）股份有限公司关于收到税务事项通知书需补缴税款的公告》，8月14日，上海市高新技术企业认定指导小组发布《关于2024年上海市第二批取消高新技术企业资格的公告》，心脉医疗因累计两年（2021年、2022年）未填报企业年度发展情况报表，遂被取消了"高新"资格认定，取消起始年度为2023年。

2024年11月29日，浦东新区税务局第二税务所依据取消高企资格公告向公司发出《税务事项通知书》，因公司被取消高新技术企业资格，税务机关按规定追缴公司不符合认定条件年度起（2023年）已享受的税收优惠，并要求缴纳滞纳金。

根据《税收征收管理法》第32条等规定，经公司初步测算，需补缴的税款及滞纳金合计为人民币6000万~7000万元。

据前述上海第二批次取消"高新"资格公告所示，该批次共包括心脉医疗在内的271家企业被取消资格，较第一批次取消"高新"资格数量大幅增加，其中"累计两年未填报年度发展情况报表"的企业高达211家。

与此同时，我们看到，上海市2024年第三批次被取消"高新"资格的有250家企业，取消原因主要包括"高新收入占比不达标""研发费用占比不达标""科技人员占比不达标"等。

三、高新认定"新"标签：数据知产力

（一）新质生产力，数质生产力：需要全新的评价体系

如何将研发和创新能力与数字化、数据资源紧密结合，已成为亟待解决的重要议题，这一映射关系一旦形成，意味着科技型创新类企业获得了全新的评价维度和价值提升的通道。

2024年迎来一个新的资产维度重构时机。一方面，《企业数据资源相关会计处理暂行规定》明确了数据资源会计处理适用的准则以及列示和披露要求，使数据资源可以跻身"资产"行列；另一方面，国家知识产权局持续推进数据知识产权确权登记，全国试点逐步铺开，以上海为例，从确权的形式审查逐步进入实质审查，从而将数据资源对应的创新价值和实质性投入的知识产权属性发挥和标记识别出来。

我们相信，这种尝试，未来有希望将企业持有的数据资产纳入高新认定的考量范畴。或者是换另外一个路径，采取与高新并行的支持措施，另辟蹊径，获得税务上的同等支持。但这种突破，需要税务总局与财政部的数据资源入表政策配套的同时，与目前重新规划接手科技部高新认定工作的工信部积极参与。

高新认定的税收优惠政策是写在《企业所得税法》中的，也是目前唯一的针对企业级别的普适性优惠政策，因此要实现第二个通道，就需要修订《企业所得税法》，层级不低，难度不小。因此，从实现路径的角度，直接修改高新技术企业认定标准，开放现有高新认定中知识产权的定义，将经过可靠的确权路径下形成的数据无形资产部分纳入认定范围，应该是相对容易之举。

（二）数据知识产权登记：成为显化"商业秘密"价值的强标签

通过商业秘密与数据资产天然的强映射关系，跨越两者不同的语言体系，与前文"高新企业：为何沦为弱标签"中讨论的高新的弱标签和商业秘密的尴尬处境形成呼应。

在本章第一节"数据资产将成为高新技术企业的新'标配'"中已论述，数字时代衡量企业的"研发和创新"能力很重要的一个维度就是体现在数据资产与商业秘密的天然的密切对应关系，两者所形成的极强的映射关系，在不同语言体系中被无形之门割裂，导致难以实现商业上的价值挖掘和保护体系的贯通。

因此，我们看到，数据资产的形成过程，通过数据知识产权登记，走上确权之路，同时辅以数据资产入表的路径，形成了商业秘密的显性化价值表达。数据资产是商业秘密用一种财务和技术听得懂的语言转换成显性的资产价值。

(三) 数据知识产权登记

以上海数据知识产权登记为例。如图 6 – 2 – 2 所示。

亮点一：

《上海市数据产品知识产权登记存证暂行办法》明确了登记存证的对象是<u>数据产品知识产权</u>。

这一点与目前北京市、浙江省、福建省、广东省、山东省、天津市、江苏省、海南省等十几个省市开展的数据知识产权登记试点有本质的不同，上海的登记存证侧重在数据产品经过实质性加工和创新性劳动，有利于促进数据要素的流通，激活企业数据产品知识产权的"无形财产"，丰富数商经济。

亮点二：

上海数据产品知识产权登记存证采取的是"形式审查+实质审查"的模式，这一点也与其他省市多采取形式审查有明显的不同，办法第五条对材料作了明确规定，特别是要求申请人对数据进行实质性加工和创新性劳动主动说明。

亮点三：

上海数据产品知识产权登记存证的数据产品类型丰富，包括数据加工产品、数据技术算法、数据加工集合等，能够让企业在选择著作权、商业秘密等知识产权保护方式之外，多一种数据产品保护路径。

其次，登记存证的数据产品知识产权既可以选择交易，也可以选择不交易，凸显了登记存证是为了数据要素有序流通和数据价值充分实现提供事实固证的本质。

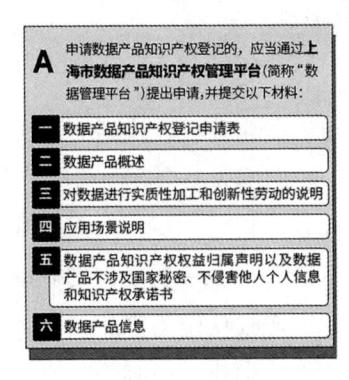

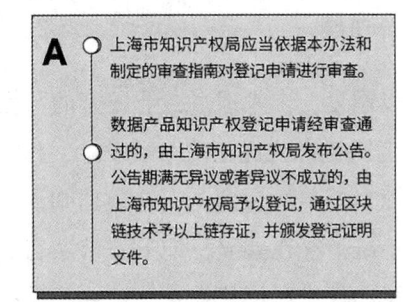

图 6-2-2　上海数据知识产权登记

图源：上海知识产权研究所微信公众号"知识产权那点事"

上海迈出了实质性一步：实质审查创新性劳动和实质性加工。需要注意的是，到目前为止的实质审查，主要是书面说明和资源承诺。与真正意义上的实质审查仍相去甚远。

（四）数据知产的高新标签：与数据资源入表"同频共振"

这里有一点需要进一步说明，通过前文对高新认定评分结构的分析，增加新的数据知识产权的标签意味着，上述四项评分维度的评分结构仍然适用，只是将数据知识产权纳入原高新认定标准的"知识产权"之中，相当于给原评价体系打个更新的"补丁"。

以高新评定维度中的研发组织保障和财务独立核算为例，这个无疑与数据资源入表能够天衣无缝整合起来，在统一标准之下实现双向满足。数据资源入表面临的问题是不少企业经不起审计，也是卡在类似的立项阶段的组织和财务独立性保障上。因此，二者殊途同归。

当然，数据资源入表的规则中，将数据资产列入存货和开发支出部分并未形成可登记数据产品的，不在此处探讨范围内，此处仅探讨以数据资源呈现为"产品"形态的无形资产，且同时满足商业秘密定义的情形。

四、总结

可以预见，未来通过商业秘密的数据知识产权登记，找到一条通往"高新"认定或者税收优惠的路径设计，将成为我们不久后会看到的必经之路。

然而也需要意识到，当前数据知识产权登记仍处于试点阶段，试点地区在执行标准上存在差异，如上海市实行的是形式审查＋实质审查制度，其他地区则可能仅进行形式审查。若要将数据知识产权认定为高新技术企业标准之一，并以此享受相应的税收优惠政策，首先必须建立一套统一且明确的国家标准。

第七章

数据知识产权确权困境的出路探索

第一节 确权新试点：数据产品知识产权登记

自2024年12月起，数据知识产权试点有了新坐标。商业秘密保护与数据确权联手，开辟全新的发展机遇。

本章将从上海数据产品知识产权登记的法律实质和现实意义出发，展示商业秘密转换的数据价值释放所形成的新型价值闭环体系，由此理解数据确权的意义对于商业秘密保护的"映射"关系，最终阐述如何通过数据合规管理体系实现商业秘密的有效保护。

一、向数据确权保护的"实质性"突破

上海市知识产权局联合上海市数据局，于2024年11月发布《上海市数据产品知识产权登记存证暂行办法》（2024年12月8日起正式施行），开辟了专门的数据产品登记服务新机制。

上海的这一创新举措虽然起源于2023年国家知识产权局开展的"数据知识产权"试点工作，但其具有以下"特殊"之处：

- 首家：以行政机关名义颁发登记证书。发证机构为上海市知识产权局，权威性高；官方机构（上海市数据存证中心知识产权分中心）存证上链，登记的安全性强。

- 首家：打通登记流通一体化的机制。可将登记的数据产品基本信息同

步至上海数交所等机构，第一时间主动提供流通交易服务且相关审核互信互认，真正实现"登记即流通"。

• 唯一试点：开展实质性审查。即对申请登记的数据产品"知识产权属性"开展实质性审查。"实质性加工"叠加"创新性劳动"，可赋予数据维度上承载的商业秘密"数据产品"形态，具有实质保护意义。

• 唯一试点：开展"数据技术算法"登记。聚焦对原始数据进行加工所形成的产品和服务，包括数据加工集合、数据加工产品和数据技术算法，而不是原始数据集合本身。

换句话说，通过上海市知识产权局的"数据产品知识产权登记"，曾经被视为知识产权最大"难点"的商业秘密，华丽转身，以数据产品的形态，通过"算法"、"数据集合"和"数据产品"三种呈现形式登记，既有了更为翔实的登记内容上的颗粒度，又有了数据结构维度立体呈现上的饱满度，更是有了确权保护上的实质性力度。

其中最大的亮点是"算法"，从研发类企业的刚性需求分析，上海试点的算法登记的唯一性，为企业的商业秘密保护提供了恰当的法律保障路径。

二、数据价值闭环释放的路径

（一）数据价值释放路径，是商业秘密的价值出口

数据价值释放路径一直被诟病不畅通，前端的确权不明，导致后端的金融不敢创新。

结合上海数据产品知识产权登记的最新尝试，我们看到了数据价值释放路径的新趋势，让商业秘密通过数据产品形成价值转化：

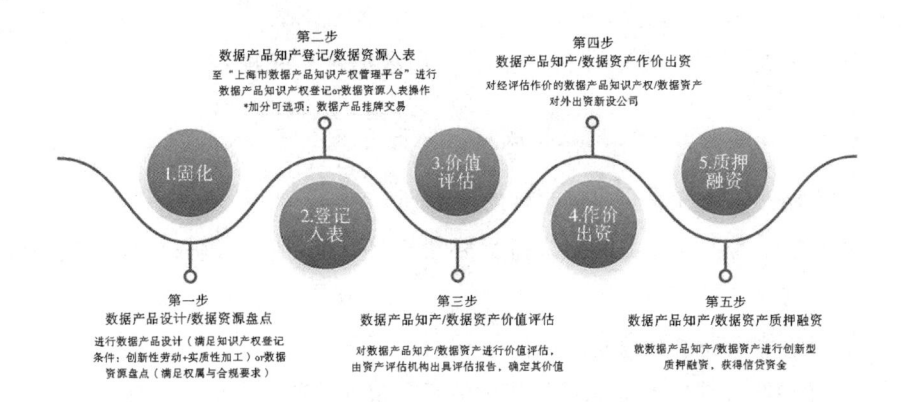

图 7-1-1　数据价值释放闭环路径

（二）金融赋能：价值释放新引擎

上海试点的实质性突破，最为显著的就是登记后的数据产品银行质押贷款。这已在 2024 年 12 月中国建设银行以及中国工商银行分别完成的两笔数据产品登记质押金融产品中呈现。

图 7-1-2 为中国建设银行首笔数据（产品）知识产权融资流程。

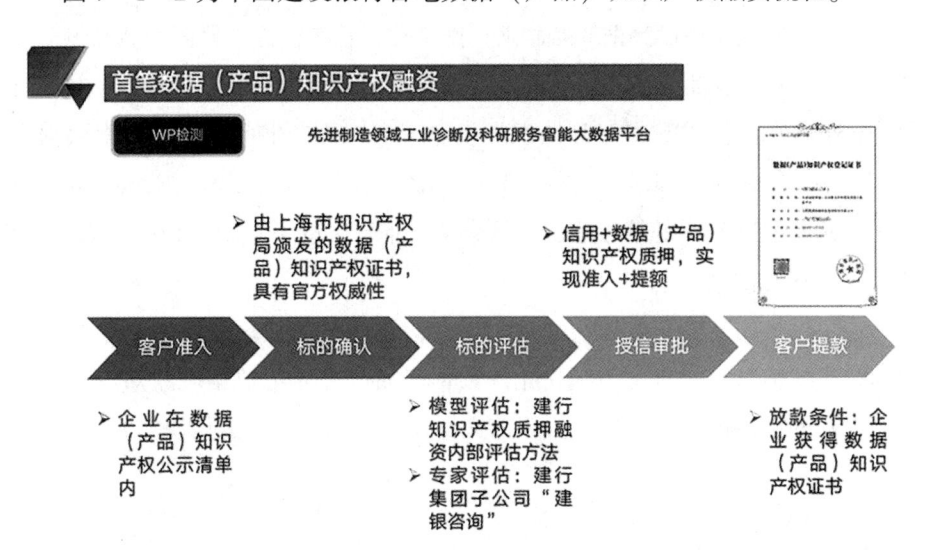

图 7-1-2　中国建设银行首笔数据（产品）知识产权融资流程

三、痛则不通：商业秘保护的痛，用数据合规来解决

（一）商业秘密：脱离数据底座，说不清道不明

商业秘密，也许是企业家永远的"隐痛"。

我们总结为：商业秘密需维持隐秘性却要重点保护；侵权认证难且举证责任重；难以实现融资。

从四个角色眼中看商业秘密：

- 知识产权律师：知识产权保护体系，永远停留在表面。
- 企业家：永远无法控制的 Know－how，太容易被"带走"。
- 技术人员：商业秘密的保护体系，在技术上形同虚设。
- 数据合规律师：脱离数据，独立来谈商业秘密，毫无意义。

商业秘密是数据的信息化呈现形态，借助商业秘密与底层数据的映射关系，通过数据合规保护体系，完全可以覆盖并强化对商业秘密的保护。

（二）显化之道：藏在"数据产品"里的商业秘密

商业秘密如何借助数据产品显化？我们通过云南省首单数据产品知识产权登记案例，看企业商业秘密如何进行数据产品形态上的显化和保护。2025 年 1 月，云南省完成首单数据产品知识产权登记——"肉牛生理数据要素数据产品"[①]，将原先依赖"肉眼"观察、凭"经验"判断的养牛技术（Know－how），升级为基于数据分析的健康监测。据介绍，单头牛的平均用药费用从 2000 元降低到 400 元。

这不仅提高了养殖效率，降低了成本，还证明了传统行业的商业秘密可以通过现代信息技术转化为结构化的数据产品，并通过数据产品知识产权登记获得新的法律地位，从而获益于前文所述的金融价值释放解决方案。

---

① 登记详情见上海市数据产品知识产权管理平台，https://sjdj.chinadep.net：8682/#/home/retrieval/detail?recordId=280&image=7e143d59138f4b3eb8b347e4c48e4901stamp.pdf。

（三）数据合规的分类分级，把商业秘密"治愈"了

既然可以把商业秘密"藏"到数据产品里面，就可以实现用数据合规的保护体系完整覆盖商业秘密保护体系。

在商业秘密的三大特性（秘密性、价值性、保密性）中，对保密措施的证明一直是实践中的难点。

但这个难点问题落到数据合规维度上，解决方案特别简单。商业秘密的价值性正是通过加工和创新实现的。因此，以上海数据产品知识产权登记的数据产品中的联合要素（实质性加工和创新性劳动）与商业秘密形成对应关系，那么对于数据产品所形成的保护体系，自然就同步构建了商业秘密的保护框架，而且通过分类分级到底层数据保护，更加切实可行。

进一步解释，商业秘密的定义，都是商业和公司运转视角下的信息重要性的"标签"。这种标签，可以与数据保护的分类体系实现对接，从而形成同一种语言体系和结构化表达框架。

四、结语：数据产品知识产权登记，称为"商业秘密"的必经之路

上海模式的"数据产品"知识产权登记，我们称之为数据合规管理体系的"点睛之笔"。这一笔，又正好圈在了商业秘密上，为商业秘密保护提供了名正言顺的落地解决方案。

通过数据合规管理体系的构建，数据分类分级、分级授权、技术保障等完整数据生命周期的保障，是以数据作为载体呈现的商业秘密保护的必经之路，也是落地之门。

因此，我们将上海知识产权局的数据产品知识产权登记所称为数据知识产权试点的"新坐标"。

第二节　企业的创新突围：算法数据产品的知识产权登记

引　言

DeepSeek 的开源，是一种极致选择，犹如强心剂，振奋了全球的创新研发。但对于绝大多数企业而言，开源意味着无法再走创新保护之路。如果没有足够的技术壁垒，如何获得竞争性地位？或者说如何获得资本的青睐，并一直坚持下去？

DeepSeek 构建的全球影响力和自信心，促使笔者最近一直在思考开源、发明、软件著作权、商业秘密以及数据产品知识产权登记等保护措施之间的关联性及其价值组合的实现路径。我们期待设计出一种模块化的知识产权保护数字化配置方案，类似于钉钉的宜搭平台，能够灵活匹配企业在不同发展阶段对数字化科技创新和知识产权保护的具体需求。

这种紧迫的需求让我们意识到，尽管大模型通过代码和算法开源带来了巨大价值，但如果不给予中小企业在创新过程中充足的知识产权保护，那么，这些企业很容易在市场竞争的大浪中被彻底淹没。在整个多维保护体系中，我们发现，"算法"犹如企业的核心秘密武器，成为数字化创新类企业的"杀手锏"。

一、中小企业创新保护的困境与需求

保护确权路径的传统选项，存在各自的核心症结：发明太慢、软著太弱、商密太难。

对于算法，期待一种针对性方案，同时克服以下三重难关：

1. 发明专利申请周期长：发明专利的申请和审批周期通常较长，难以适应算法快速迭代的需求。

2. 软件著作权保护力度有限：虽然软件著作权申请周期较短，但其保护

范围有限，难以覆盖算法的核心创新点。

3. 商业秘密保护难度大：虽然商业秘密可以保护企业的核心技术，但维权成本高、举证难度大，企业在实际应用中往往难以有效维护自身权益。

中小企业亟须一种既能快速确权、又能有效保护核心技术的知识产权保护路径。若以此需求为前提进行设计，截至目前，仅上海市知识产权局的"数据产品"知识产权登记制度较为符合要求。该制度中的三项数据产品类型，特别是针对算法的数据产品知识产权登记，独具特色并具备显著优势。

浙江省市场监督管理局颁布的地方标准《数据知识产权质押业务规范》于2025年1月30日生效。该标准首次将数据知识产权作为质押金融业务开展数据要素流通，标志着数据知识产权的流通价值正逐步被金融机构认可，并成为标准化的金融产品。

但需注意的是，该规范定义的"数据知识产权"指对依法收集、经过一定算法加工、具有实用价值和智力成果属性的数据所享有的权益。其中并没有包括算法本身。这一点与2023年7月1日实施的《浙江省数据知识产权登记办法（试行）》中关于数据知识产权登记的适用范围一致，即"本办法适用于对依法收集、经过一定算法加工、具有实用价值和智力成果属性的数据提供数据知识产权登记服务"。

通过对比，细心的读者已经能发现试点各省市在数据知识产权登记的概念和表述上的差异。上海市的相关制度中引入了"数据产品"知识产权登记，相较其他地区多了"产品"两个字。看似细微的差别，有丰富的试点差异性背景和独特考量，也由此特设了我们本章重点讨论的"算法"数据产品登记。

二、"算法数据产品"登记的全新"保护色"

（一）上海试点的显著特色

正如本章第一节所述，上海市知识产权局的"数据产品"知识产权登记试点凭借多项"首家"与"唯一试点"的政策突破形成显著的实践特色。

具体而言：

1. 官方确权登记，法律效力强。上海市知识产权局作为行政机关，颁发的"数据产品"知识产权登记证书具有法律效力，能够为企业的创新成果提供强有力的法律保护。这一登记制度不仅得到了国家知识产权局和国家数据局的联合支持，还通过试点文件明确了其合法性和权威性。

2. 即申即批，申请周期短。与传统的知识产权保护路径相比，上海市的"数据产品"知识产权登记采用了"即申即批"模式，大幅缩短了申请周期。这一特点特别适合算法等快速迭代的技术领域，能够帮助企业及时确权，避免因申请周期过长而错失市场机会。

3. 实质性审查，保护力度强。上海市的"数据产品"知识产权登记不仅进行形式审查，还要求对数据产品进行实质性审查，确保其具有实质性加工和创新性劳动。这一审查机制能够有效保护企业的核心技术创新，避免简单的数据收集或处理被误认为创新成果。

4. 不披露详细算法结构，保护商业秘密。在登记过程中，企业无需披露详细的算法结构，只需说明数据应用场景并对其产品的规则或算法进行整体性描述。这一设计既保护了企业的商业秘密，又确保了登记的有效性和权威性。

（二）登记案例介绍

我们在第六章第二节讨论数据资产是否将称为高新技术企业认定的新"标签"中，分析了上海数据知识产权登记需要满足的两个实质性审查要求，即实质性加工和创新性劳动。目前上海数据产权的算法知识产权登记，需要说明算法训练的数据来源合法性，算法模型的实质性加工和创新点，算法的模型主要结构和规则以及算法的具体应用场景。

为了更好地理解上海市"数据产品"知识产权登记的实际应用，在此以已经公示的倍通医药的医疗行业机构主数据匹配算法产品登记为例进行说明。

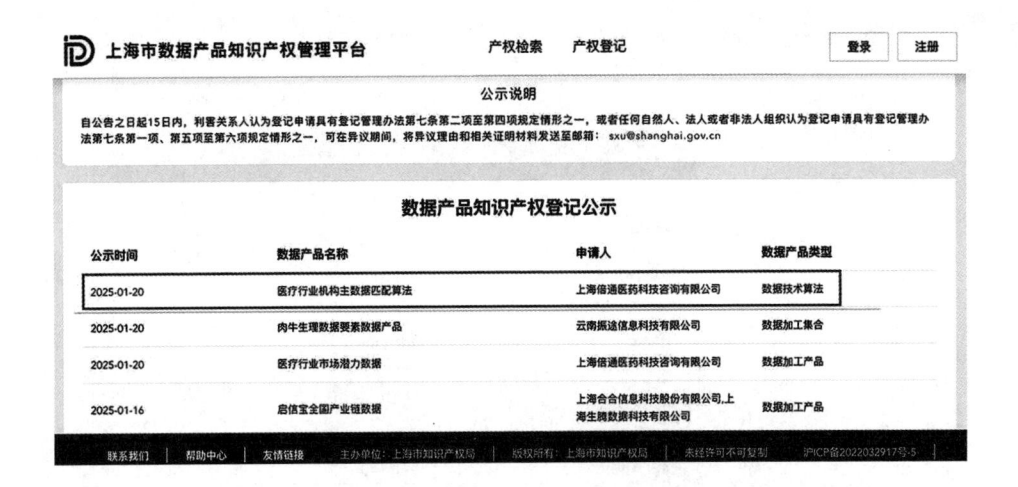

图 7-2-1　医疗行业机构主数据匹配算法产品登记公示

（截自上海市数据产品知识产权管理平台官网）

在登记过程中，倍通医药需说明数据应用场景并对其产品的规则或算法进行整体性描述，并依照要求提交产品承诺书。在经过实质性审查后，上海市知识产权局即可为其颁发"数据产品"知识产权登记证书。这一证书不仅为企业的核心技术提供了法律保护，还将为其后续的市场推广和融资提供有力支持。

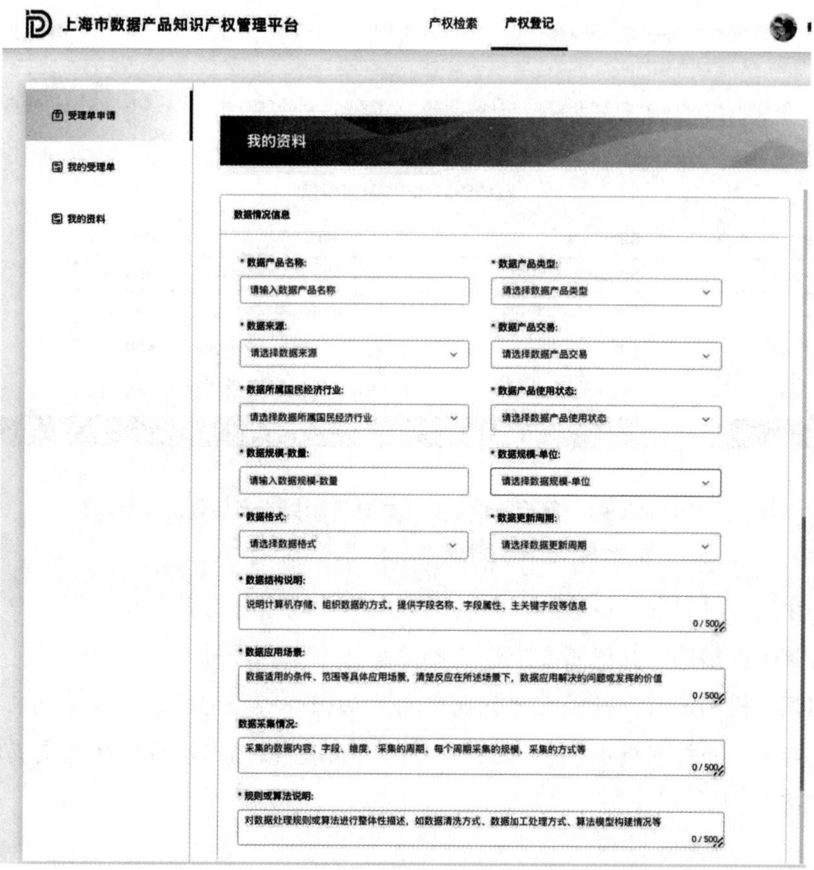

图 7-2-2　上海数据产品知识产权登记信息填报

（截自上海市数据产品知识产权管理平台官网）

三、"数据产品"登记类比产业：凸显算法重要性

为了更好地理解上海市"数据产品"知识产权登记的价值，现将数据产品登记的三种类型，通过与三类产业进行类比，方便读者理解：

数据加工集合：类比第一产业。数据加工集合类似于农业中的原材料，是数据加工的基础。虽然数据加工集合具有一定的价值，但其价值主要体现在数据的采集和初步加工上，难以形成核心竞争力。

数据技术算法：类比第二产业。数据技术算法类似于工业中的深加工，是数据价值释放的核心。通过算法对数据进行深度加工，企业可以形成具有独特价值的数据产品，从而在市场竞争中占据优势地位。

数据加工产品：类比第三产业。数据产品类似于服务业，是数据价值释放的最终体现。通过数据服务和数据应用，企业可以将数据价值转化为实际的经济效益。

上述形象的产业类比，整理为更清晰的表格，见表7-2-1：

表7-2-1 数据产品登记与产业类比

产业类比	数据产品形态	核心价值	类比意义
第一产业	数据加工集合	数据采集与初加工	类似于农业中的原材料，是数据加工的基础
第二产业	数据技术算法	数据深度加工与创新	类似于工业中的深加工，是数据价值释放的核心
第三产业	数据加工产品	数据价值释放与经济效益	类似于服务业，是数据价值释放的最终体现

从上表中的对比，就能清晰地看到上海试点模式中算法登记在创新生态中的纽带核心价值：

(一) 算法的"二产"作用

若数据技术算法（第二产业）无法确权，则数据加工产品（第三产业）便缺乏价值支撑，如同工业品缺失核心技术。如果"二产"不发达，无法保护到位，那么"三产"市场也无法繁荣。

(二) 要素循环论纽带

数据要素在企业内部经历"资源化→资本化→商品化"的循环，算法是驱动循环的"心脏"。没有有效的算法保护机制，这个循环就难以高效运转。

（三）循环进步动态平衡

三次产业需协同发展，过度侧重数据加工集合（第一产业）将陷入"数据囤积陷阱"，忽视数据技术算法（第二产业）则导致"要素低效配置"。

四、算法数据产品的"灵魂"价值

上海市的"数据产品"知识产权登记试点，不仅在制度设计上具有创新性，还在实际应用中展现了巨大的价值。具体而言，其价值主要体现在以下几个方面：

（一）算法登记：促进数据要素市场化配置

数据要素的市场化配置是数据经济发展的核心问题之一。在《中共中央、国务院关于构建数据基础制度更好发挥数据要素作用的意见》（"数据二十条"）中，特别强调了这种配置的重要性。

笔者认为，上海市的"数据产品"知识产权登记试点，通过将算法从数据处理流程中"剥离"并单独确权，解决了数据要素市场化配置中的"权重失衡"问题。传统的数据确权往往聚焦于数据集或数据应用，而忽视了算法的核心价值。上海市的试点则通过确权算法，明确了其在数据要素配置中的核心地位，为数据要素的高效配置提供了制度保障。

（二）算法登记：化解商业秘密保护的痛点

对于科创企业而言，算法往往是其核心竞争力的体现，但由于商业秘密保护的局限性，企业在实际应用中往往难以有效维护自身权益。

笔者认为，上海市的"数据产品"知识产权登记试点，相当于通过算法映射和商业秘密沉淀，进行"等量代换"确权操作，为企业提供了一条全新的保护路径。经登记认证的算法不仅具有法律效力，还可以作为有效的司法证据，大幅降低企业的维权成本。

(三) 推动数据要素价值释放

数据要素的价值释放是数字经济发展的关键。上海市的"数据产品"知识产权登记试点，通过确权算法，明确了其在数据要素价值释放中的核心作用。算法不仅是数据加工的核心工具，也是数据产品价值的重要来源。通过确权算法，企业可以更好地实现数据要素的价值释放，推动数字经济的快速发展。

笔者认为，数据要素价值释放，依赖于创新投入的标识、确认和转化，这正是"实质性加工和创造性劳动"证明的最佳诠释。

五、结语

本节从现实冲突和需求出发，提出了"通过三次产业类比确立算法核心地位"的理论创新。通过算法数据产品确权的价值，我们刻画出数据要素配置效率提升的正确打开方式，解决了数据要素市场化配置中的"权重失衡"问题。同时，算法登记确权为商业秘密保护的制度真空提供了一扇落地之窗，有效化解了商业秘密保护的痛点。

上海市知识产权局的"数据产品"知识产权登记试点，走出了一条上海特色之路，充分体现了上海在推动新质生产力和数据要素价值释放方面的追求。这项改革不仅"接地气"，还将成为数据和知识产权保护的重要"坐标点"。

如果我们从更高的维度来评价上海试点模式，其意义也许远超地域范畴——它标志着数据要素产权制度从"模糊确权"走向"精准赋能"。从企业、金融机构以及司法机构的多方反馈分析，企业需求的知识产权保护端、金融机构的贷款释放端，以及司法机构的争议权属确权端都有了积极的反应。各方的实践，将会形成一种互信和互相印证的机制，推动更大的价值释放和更高的数据要素资源配置效率。

未来，随着算法确权体系的不断完善，数据要素将真正成为驱动新质生产力的"数字石油"，而上海的经验将为数字经济的规则版图添上浓重一笔。本节对"算法"保障的分析，既是对数据资源转换为数据资产关键结点的分析，同时也为下一章数据资源价值释放做了技术铺垫。

第八章

数据资源的价值释放实践路径

第一节 "数据资源入表"八字方针

《企业数据资源相关会计处理暂行规定》于2024年1月1日实施。据企业预警通统计数据显示，截至2024年8月31日，共有64家公司（含43家上市公司、9家新三板公司、12家非上市公司）在半年报中披露了企业数据资源数据，入表总额合计14.02亿元，然而，其中5家公司在披露入表数据后紧急"清零"，其中一家上市公司明确表示"清零"原因是"公司财务人员对《企业数据资源相关会计处理暂行规定》的学习和理解不到位"。这说明，数据资源入表，并非易事。

数据资源入表，核心是懂数据的价值，追溯到对数据产品的理解。因此，如果缺乏业务理解能力：

首先，识别、梳理和挖掘数据资源本身就具有相当难度，而这是数据资源入表的起点工作。

其次，数据资源的合规判定很难，数据合规与否与业务场景密切相关，脱离场景和业务，单纯强调数据合规是"无本之源"，同一个数据合规问题，在不同场景，将呈现完全不同的合规现象，更何况AI算法等一系列的技术革新，使数据样本的规模都有可能成为合规的要素。

最后，是入表的财务工作，如果财务人员不能准确理解数据的形成、价值构成及其如何转化为业务价值，那么数据资源入表工作就十分"艰巨"。

因此，数据资源入表政策对企业是重大利好，但要想把数据入表做好、做实，就必须懂业务、懂合规、懂财务，模模糊糊的合规判断，最终只会导致数据资源入表变成一笔"糊涂账"。

本节将着重分析识别数据资源入表的"合规"及"财务"问题，特别是数据合规的重要风险"模糊点"，这些都将对数据资源财务处理工作带来实质性挑战。

一、八字方针

结合数据资源入表的核心痛点，我们曾经总结过八字方针，作为数据资产入表的核心关键点：能卖、可卖、好卖、好算；这八字方针体现了数据资源在合规维度上的四大"模糊点"，如无法解决，就会导致入表数据在财税处理上成为一笔"糊涂账"。

1. 能卖：主要针对"哪些数据能入表"问题。数据资源要合规入表需满足资产定义与确认条件，属于企业合法拥有或控制的。

2. 可卖：主要针对"数据资源入谁的表"问题。数据资源入表需确保能够被使用或出售，并明确法律权属，避免集团公司内部的权属争议。

3. 好卖：主要针对"数据资源价值判断"问题。根据《企业会计准则第6号——无形资产》的规定，资产确认需满足"与该无形资产有关的经济利益很可能流入企业"的要求，数据资源需本身有价值、有市场。

4. 好算：主要针对"数据资源入表价值如何评估"问题。根据《企业会计准则第6号——无形资产》的规定，无形资产的成本能够可靠地计量。

二、合规模糊化，入表"糊涂账"

（一）模糊点1

能卖：数据产品合规真的 ready 吗？

无合规，不入表。结合企业会计准则与《企业数据资源相关会计处理暂行规定》，只有在"符合资产的定义"且"满足资产确认条件"的情形下，才可入表，而论证是否构成资产绕不开对于"企业拥有或控制"的判断，脱离合规论证的数据资源入表，无法给企业带来实际价值。

想入表，企业数据合规至少需要达到 60 分的及格线，这一及格线的重点要求可从两个角度加以分析：

1. 入表数据的合规边界把控问题

只有合规的数据才能入表，如果数据合规维度和财务维度是断层的，那么合规维度的入表数据可能与财务数据不对应。

数据合规规则为可入表数据划定了一个清晰的范围，但这个范围在实践业务处理中存在不同理解，在技术维度上可以有较大的弹性空间，因此，如果财务维度上存在理解和衔接断层，那么数据合规维度就很容易被扩大范围。

举例而言，数据通常有很多类别，且有很多不同的获取方式，我们会在合规维度上对数据处理的各环节进行合规性确认，剔除获取方式不合规的数据。但是在财务成本测算时，所采集的数据可能是统一处理的，很难对不同来源数据的合理性作财务成本的区分。以自动化采集数据为例，企业可能通过同一种技术手段在成百上千个网站中爬取数据，但其中有部分网站采集的数据是违规的，部分是合规的，在财务环节作成本拆分及识别都非常困难。

因此，数据合规律师需要有财税知识背景，能够和财税人员就数据所对应的产品和数据资源在业务端的形态能否入表、如何入表进行沟通，并提出建议。

2. 入表的合规保障模糊

如果发生数据安全事件，导致企业无法拥有控制数据资源或数据资源价值大幅降低，且该情形违背数据相关法律法规规定，那入表也无从谈起。所以我们建议，将企业是否采取数据资源合规保障措施作为入表数据合规性论证的重要环节。但对应数据合规财务成本如何纳入，就成为一个难点。

一般而言，我们会建议企业采取标准认证的方式，通过外部背书证明，提升数据合规安全保障能力，外部专业机构的背书基本围绕三个认证开展：网络安全等级保护备案、《信息安全、网络安全和隐私保护—信息安全管理体系—要求》（ISO/IEC 27001:2022）、《合规管理体系—要求及使用指南》（ISO 37301:2021），通过这三个备案或认证，证明企业的数据安全能力。基于现今的数据安全强监管趋势，建议不要仅为了过认证而认证，而应与专业律所等机构合作，切实将认证要求及审核点落入业务流程，以确保数据安全。

然而，合规体系建设本身就有相应的成本，这个体系，通常是针对公司整体业务的，因此，对应到多少整体合规财务成本才是合理的成本投入证明，也是一个难点。

我们经常说数据价值是区分权重的。以 ISO 27001 为例，数据安全管理体系国际认证的初始和最终目标是保障业务的连续性，因此，实施认证体系的关键起点是定义公司内部数据的重要性。如果我们的数据产品所对应的权重比较大，那么一般的财务分拆成本逻辑就会被挑战，因为必须和公司业务相结合，理解这个权重的表现力。

因此，合规保障的模糊性构成"能卖"维度财务处理的另一个难点。

（二）模糊点 2

可卖：入表的数据资源究竟算谁的？

可卖，通常指一个数据产品在法律权属归属上不存在关联方之间的争议，常见的就是集团公司内部关于产品最终由谁挂牌、谁入表的争论。

1. 关联主体之间的微妙设计

数据资源的归属主体问题，是我们对数据资源进行合规评价的起点，是关联主体间普遍存在的问题，也是数据资源入表中比较有技术处理难度的风险点，或者称为合规漏洞点，尤其是当关联主体之间数据不相互披露，同一项数据资源很容易被设计为同时计入多张报表。

未来数据资源这个科目申报数据逐渐纳入监管视角，并通过自动化手段验证数据勾稽关系，数据资源的财税合规性会越来越清晰。

2. 数据产品登记成为数据资源入表的一个"黑箱"

如果是非上市公司，不需要进行严格的财务数据披露，那么各数据主体之间通过协议约定是否就可以获得相应的数据资源权属？由于财务人员通常对数据资源和数据产品的合规边界认知有限，如果依靠数据知识产权登记，对于权属的模糊判断，就会陷入"糊涂账"境地。目前数据产品登记在法律上仅仅属于形式登记，因此，如果企业通过改变数据产品的外观形式，很容易被认为是不同产品。

（三）模糊点3

好卖：经济利益很可能流入企业，好判断吗？

我们以无形资产为例，根据《企业会计准则第6号——无形资产》第4条规定，"无形资产同时满足下列条件的，才能予以确认：（一）与该无形资产有关的经济利益很可能流入企业；（二）该无形资产的成本能够可靠地计量"。

在判断无形资产产生的经济利益是否很可能流入企业时，应当对无形资产在预计使用寿命内可能存在的各种经济因素作出合理估计，并且应当有明确证据支持。

创造经济利益离不开数据产品交易，如果数据产品交易市场不大，无法完成交易，那么经济利益流入也无从谈起。

因此，数据入表律师事务所和会计师事务所等中介机构还需懂业务。交易背后的关联交易的可靠度识别，以及定价机制的合规性审查就成为数据合规律师需要延伸关注的要点。否则，利用这种方式，很容易实现人为控制的"好卖"。

（四）模糊点4

好算：价值投入部分真的清晰靠谱吗？

1. 能拆对成本吗

我们还以无形资产为例，根据《企业会计准则第6号——无形资产》第4条规定，"无形资产同时满足下列条件的，才能予以确认：（一）与该无形资产有关的经济利益很可能流入企业；（二）该无形资产的成本能够可靠地计量"。

为了充分理解成本能否可靠地计量，需要深度参与数据资源入表的项目，就能清晰看到，会计师承担着一项重要的工作，就是合理拆解开发过程中所产生的综合成本或者公共成本。

首先，通过举例，帮助大家理解数据无形资产入表时，财务拆分的常见做法：

假设场景1：

一台参与编写数据代码的电脑折旧费，能不能纳入数据资源入表的成本？

会计师通常会迅速给出简单的判断：只要满足无形资产会计准则的基本要求，且与实质性研发等直接对应，就能计入。但是问题来了，会计师如何验证这一判断？这需要通过财务IT审计才能确认实际情况。

言下之意，目前主要依赖公司自主认定，看基础财务的成本归集方式。

假设场景2：

律师费能否计入数据资源入表的成本？数据合规管理的成本（包括律师费）是否可以作为数据资源入表的一个有机组成部分？

企业应当按照《企业数据资源相关会计处理暂行规定》，对确认为无形资产的数据资源进行初始计量、后续计量、处置和报废等相关会计处理。即"企业通过外购方式取得确认为无形资产的数据资源，其成本包括购买价款、相关税费，直接归属于使该项无形资产达到预定用途所发生的数据脱敏、清洗、标注、整合、分析、可视化等加工过程所发生的有关支出，以及数据权属鉴证、质量评估、登记结算、安全管理等费用"。

因此需要关注安全管理费用的概念界定，如何理解安全管理的最大边界？数据合规管理是否包含在内？企业的安全管理的费用从定义上看应该是包括了企业为保障数据安全所对应的数据合规管理所付出的管理成本。由此定义，我们是否可以合理地认为，这部分数据合规管理包含采购的外部数据合规律师服务费？

由此引发我们的思考。

问题1：

对于数字化转型的企业或者数字类企业，律师提供的用于合理保障企业合规运行的法律服务费用是否都可以纳入数据合规管理范畴？虽然合同中并没有明确指向是数据合规服务范围。

问题2：

如果企业所对应的律师服务范围较为宽泛，如何拆分律师服务费对应到数据合规管理维度，作为间接费用计入数据资源成本？

如果上述两个问题能有相对清晰的答案，那么是不是意味着，可以引导企业在与律师签署服务协议的时候进行合理的技术性处理，进而提高入表的可能性？

因此，可以将数据入表业务与数据合规业务的投入有效匹配，使其成为入表的辅助成本。

2. 税务跷跷板

跷跷板原理：在数据资源入表这个命题上，无形资产的增加会相应减少费用的相关支出，从而影响当期的税收成本。如何从数据产品的当期成本合理归集角度出发，结合税收成本的考量，是合理规划数据资源入表不得不面对的问题。反观现状，这也是容易被数据合规律师和数据产品负责人忽视的视角，进而增加后期财务处理的难度。

三、结语

综上，入表"能卖、可卖、好卖、好算"四个维度，无论哪个维度，都可以有如此多的数据合规"模糊点"，这些模糊点都是酿成数据资源入表糊涂账的"罪魁祸首"。

因此，做入表业务的数据合规律师必须懂业务、懂财税、懂合规，以便更早地在数据资源的梳理以及数据产品成型阶段考量如何解决"能卖、可卖、好卖、好算"四大问题八字方针，助力数据资源入表。

本章后续将通过三节内容，拆解核心"三步走"路径：从第一步的"合规评估表"开始，到第二步的数据处理过程的起点问题，即数据获取动作的规范化，再到第三步的数据合规体系构建。

三步走同时呈现为：合规入表规划—典型场景分析—入表风险托底的逻辑。在帮助企业构筑数据闭环防御体系的同时，更能实现数据合规与业务贴合的莫比乌斯环价值关系。

第二节　数据资源入表第一步：表前表，前置的"合规评估表"

我们在第一节分析了入表的八字方针，本节开始，我们将抽丝剥茧，从具体战略和策略到具体实施的核心步骤，系统梳理入表的难点问题。

数据资源入表的八字方针起点是能卖和可卖。能卖的核心既是法律上确认入表范围的关键要点，也是会计准则确认为资产的一个起点。可卖的核心是解决"入谁的表"，以及谁才真正拥有合法控制权等问题。

因此，数据资源入表的难点不在于数据资产进入财务报表的呈现形式，而往往在于入表前的合规评估，例如"什么叫合法拥有或控制""是否有效取得了授权""应该纳入集团哪个主体的财务报表"等，可谓怀"财"不遇。

对此，我们提出"合规前置"这一概念，将通过合规评估表（见表8-2-1）作为数据资产进入企业资产负债表，确认为无形资产或者存货的重要前提，以帮助企业完成"预入表"准备，使数据资源入表"水到渠成"。

一、入表难点——脱离合规论证的数据资产入表就是"无源之水"

当前，数据资源入表的法律依据是财政部于2023年8月1日印发并于2024年1月1日正式施行的《企业数据资源相关会计处理暂行规定》。

该暂行规定是贯彻落实"数据二十条"（中共中央、国务院于2022年12月2日印发的《关于构建数据基础制度更好发挥数据要素作用的意见》）所提出的"探索数据资产入表新模式"的重要举措，有利于科学反映企业数据资源的成本投入，盘活企业数据资源的价值，激发数据要素市场活力。

但需要指出的是，该暂行规定并未放宽企业会计准则对于资产的定义以及确认条件的要求，而是明确了企业数据资源适用于现行企业会计准则的具体细节规范。

结合企业会计准则与该暂行规定，只有在"符合资产的定义"且"满足

资产确认条件"的情形下,才可进一步确认为数据资源无形资产或者存货:

要件一:符合资产的定义。资产是指企业过去的交易或者事项形成的、由企业拥有或者控制的、预期会给企业带来经济利益的资源。

要件二:满足资产确认条件。与该资源有关的经济利益很可能流入企业,且该资源的成本或者价值能够可靠地计量。

可见,入表的源头在于对企业数据资源是否构成"资产"的论证,而论证是否构成资产绕不开对"企业拥有或控制"的判断。

《企业数据资源相关会计处理暂行规定》除适用于上述确认为无形资产或存货等资产类别的数据资源(见图8-2-1 I 部分,来源:财政部会计司,《〈企业数据资源相关会计处理暂行规定〉解读》,下称"培训材料"),亦适用于"企业合法拥有或控制的、预期会给企业带来经济利益的、但由于不满足企业会计准则相关资产确认条件而未确认为资产的数据资源"(见图8-2-1 II 部分),我们认为"数据资源是否属于企业合法拥有或控制"的判断是数据资源入表全流程中最初始的起点,而脱离合规论证的数据资源入表就是"无源之水",无法给企业带来实际价值。

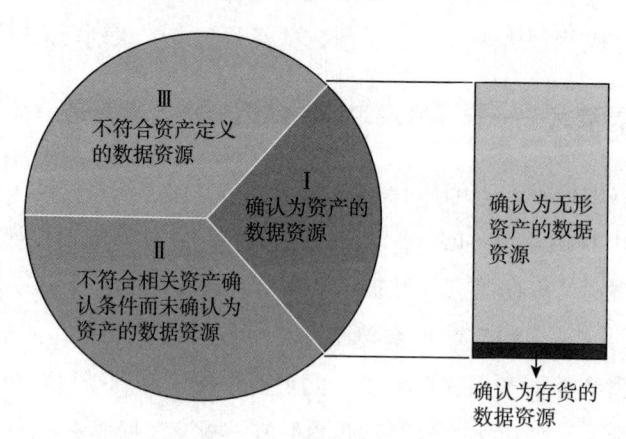

图8-2-1 企业数据资源的资产认定

举例而言:

场景1:A企业利用"撞库"的黑客手段,获取了某社交网站大量用户的手机号、身份证号、家庭住址、网银信息等个人信息，并打包出售给 B 企业。

结论 1：涉嫌违反《个人信息保护法》甚至《刑法》等有关规定，A、B 企业的数据均不满足"合法拥有或控制"，因而无法适用该暂行规定。

场景 2：C、D 企业通过相关开源数据平台，免费下载了某国家法律条文、法律判决等数据集，用于司法人工智能研究。

结论 2：C、D 企业均不合法控制该数据集，其他企业也可基于开源平台进行数据获取，不满足对数据集的合法拥有和控制要求，无法适用该暂行规定。

二、解决方案——合规前置：通过"合规评估表"系入表的前提

细看数据资源入表的全流程，即会计确认、计量、列示与披露（除强制披露外，包含该暂行规定创新采用的自愿披露事项），除初始环节合规要求外，为帮助企业系统化开展合规前置自查，结合该暂行规定的具体规定与实践案例，我们总结形成"合规评估二十条"，见表 8-2-1：

表 8-2-1 合规评估表

序号	合规评估事项	合规评估核心内容
1	数据资源主体合规	（1）**主体是否合法有效存续** （2）**数据处理的角色**（如数据处理者、受托人等；集团内多主体处理数据的，关注各方角色，解决"入谁的表"的问题） （3）**持有数据的合法性依据**（具有相应的资质、行政许可及充分授权，如征信数据的征信机构备案，算法备案，公共数据运营授权等）
2	数据来源合规	（4）**供应商采购合规**（如合法有效的采购协议、供应商具有出售数据的权利基础等） （5）**自动化采集合规**（如不存在侵入被采集网站的情形，不存在不正当竞争的情形等） （6）**企业授权合规**（如基于业务合作所留存的企业数据，具有继续持有与使用的合法有效授权） （7）**个人用户授权合规**（如个人依法同意收集其个人信息等）

续表

序号	合规评估事项	合规评估核心内容
3	数据内容合规	(8) **是否具有可交易性**（是否存在国家秘密、商业秘密、重要数据等情形） (9) **是否存在个人信息**（如涉及对外提供的，需要额外取得个人信息主体的单独同意并依法进行个人信息保护影响评估）
4	数据资源投入证明	(10) **外购投入**（如购买价款、相关税费等） (11) **数据处理投入**（如数据脱敏、清洗、标注、整合、分析、可视化等加工过程所发生的有关支出） (12) **数据服务投入**（如数据权属鉴证、质量评估、登记结算、安全管理等费用） (13) **维护与安全保护投入**（如数据库运维、加密、安防措施等支出） (14) **人才与关键技术投入** (15) **研究阶段支出与开发阶段支出**
5	数据使用限制	(16) **是否存在地域限制**（如是否涉及数据出境） (17) **是否存在期限限制**（如数据使用寿命，或者根据数据资源相关业务模式、权利限制、更新频率和时效性、有关产品或技术迭代、同类竞品等因素判断的期限） (18) **是否超越权限**（如是否存在超越个人信息主体授权的处理个人信息的情形）
6	数据管理能力	(19) **是否依法建立数据合规管理体系**（包括建立数据管理的组织架构，依法配备数据安全负责人/个人信息保护负责人；依法制定并有效实施数据合规管理的制度文件；依法进行数据分级分类管理，个人信息保护影响评估以及合规培训等） (20) **是否实施网络安全等级保护等保障措施**（如网络安全等级保护备案、ISO27001认证、ISO27701认证、ISO37701认证等）

三、结语

数据资源入表赋予企业新的生机和活力，意味着企业可以将数据资源确认为"资产"，使拥有丰富数据资源的企业，有望在财务报表中体现其真实价值和业务贡献，盘活数据资源，彰显数字化竞争优势，也为企业依据数据资源开展投融资、质押融资或者其他资本化再利用等提供依据。

面对如此"诱人"的前景，企业在数据资源入表时，应当秉持可靠性与谨慎性的原则，重视"合规前置"，合理合法进行操作。

作为数据领域创新服务的实践者，我们致力于提升企业数据资源治理能力，从合规视角帮助企业释放数据要素效能。为了帮助企业在数据资源入表时"胸有成竹"，我们梳理形成"合规评估表"（包含合规评估二十条内容），建议企业将其作为"预入表"的必要程序，提前评估，不打无准备之战，使入表"水到渠成"。

第三节　数据资源入表第二步：难点排查，数据采集合规路径详解

数据抓取已经成为获取数据的主要来源之一。根据网络防欺诈服务商 Arkose Labs 发布的 2023 年第四季度互联网流量分析调查报告，超过 70% 的互联网流量是通过数据抓取产生的，主要分布的行业前五名分别是科技、游戏、社交媒体、旅行住宿、金融服务[1]；根据应用数据安全及云安全供应商 Imperva 发布的《2023 Bad Bot Report》，2022 年近 50% 的互联网流量都是数据抓取产生的[2]。

数据抓取所涉的合规风险也是最高的。近年来，与数据抓取行为相关的不正当竞争纠纷层出不穷，业内头部平台企业纷纷出手"狙击"；同时，因数据抓取行为而触发刑事红线的案例也不在少数。

我们在《成功 CEO 的临门一脚：数据合规管理》一书中专章针对爬虫的数据合规问题进行了梳理，从爬虫的技术中立性到典型案例，延展至爬虫构成不正当竞争领域的风险，以及如何避免构成不正当竞争的措施，最后将爬虫与 ISO 37301 的合规管理保障体系结合分析。这一部分的关联阅读，将有助于读者理解爬虫技术使用广泛性的同时，也能全面理解防范的重要性，

---

[1] Arkose Labs, *Breaking (Bad) Bots*: *Bot Abuse Analysis and Other Fraud Benchmarks*, https://www.arkoselabs.com/wp‐content/uploads/Breaking‐Bad‐Bots‐Bot‐Abuse‐Analysis‐and‐Other‐Fraud‐Benchmarks.pdf, 2024 年 3 月 17 日第一次访问。

[2] Imperva, *2023 Bad Bot Report*, https://www.imperva.com/resources/resource‐library/reports/2023‐imperva‐bad‐bot‐report/, 2024 年 3 月 17 日第一次访问。

特别是在分析数据资源入表整个主题时——大量通过爬虫获取的数据的入表难题，成为很多企业的入表阻碍。

下文将从本章第一节的八字方针回顾总结和延展开始，并在上节入表合规前置评估的基础上，以数据抓取场景作为典型案例，就企业合规入表核心问题进行一一回应。

一、抓取来的数据资源能入表吗

数据资源入表，按照《企业数据资源相关会计处理暂行规定》的规定，其实总结下来就是四个核心要素：能卖（数据资源属于企业合法拥有或控制）、可卖（数据资源能够被使用或出售）、好算（数据资源的成本能被可靠计量）、好卖（数据资源本身有价值、有市场），前三个要素则是合规维度的重中之重。

对照上一节中的"合规二十条"评估表格，抓取获得的数据资源能否入表，需要回答以下关于主体、来源、内容、使用、投入五个问题，也即对应着能卖、可卖、好算三个核心入表要素。

1. 能卖

【主体】数据资源属于谁？

2. 可卖

【来源】数据资源来源合规吗？

【内容】数据资源内容合规吗？

【使用】数据资源使用合规吗？

3. 好算

【投入】对数据资源有投入吗？

（一）数据资源属于谁

当数据抓取主体与后续数据使用主体为同一主体时，这个问题并不存在。但在实践当中，集团数据中台抓取数据供给全集团应用场景使用、大品牌甲方委托数字营销技术公司抓取数据以进行全生态分析研判等情形比比皆是。

此时，抓取的数据资源究竟归属于哪个主体，就成为数据资源入表的"必答题"。因为数据入表的首要前提，就在于该数据资源是否属于入表企业"合法拥有或控制"的。

回答这个问题，就需要先确定双方的处理角色，主要分为以下三种模式：(1) 基于数据提供，双方构成单独的数据处理者；(2) 基于委托处理，委托方为数据处理者，受托方为数据处理受托人；(3) 基于共同决定处理目的和处理方式，双方均为共同数据处理者。

而数据处理角色对应着数据资源的归属：(1) 在数据提供场景下，各方就各自决定处理目的与处理方式的数据单独享有权属；(2) 在数据委托处理场景下，委托方拥有数据资源的权属，受托方除非取得委托方同意、数据主体的授权同意或对数据进行匿名化处理，否则不享有相应数据资源；(3) 在数据共同处理场景下，双方共同享有相应数据资源。

因此，确定好各方的数据处理角色，对于明确数据资源入表主体至关重要。

(二) 数据资源来源合规吗

解决了入表主体的问题，回归到抓取的数据本身，还需要解决来源合规的问题。当前，法律并不禁止在合理限度内的公开数据抓取行为，一旦数据抓取采取的技术措施不当，超过了合理范围、合理限度（如造成被爬方服务器瘫痪等），将可能面临刑事责任的风险。

为了限制或阻碍数据抓取行为，被爬方往往会采取封网络地址、封网络账号、参数加密等多种反爬虫技术措施；一旦企业突破前述反爬机制，则该行为本身将有可能构成计算机犯罪意义上的"侵入"行为，基于所侵入计算机系统的不同类别，构成"非法侵入计算机信息系统罪"或"非法获取计算机信息系统数据罪"，企业自身及其主要负责人均将承担相应的刑事责任。

同时，企业在进行数据抓取时，很容易基于大批量、高频率的自动化访问手段，对被爬网站的正常运行造成阻碍，导致被爬方服务器出现阻塞、宕机等情形，构成《刑法》所规定的"破坏计算机信息系统"行为，同样将面临"双罚制"的处罚；如果利用爬虫技术恶意删除计算机系统中的数据，甚至破坏信息系统功能，后果严重或造成系统不能正常运行的，亦构成"破坏计算机信息系统罪"。

（三）数据资源内容合规吗

数据抓取行为正当了，还需要关注抓取的数据内容本身的合规性。若抓取的数据涉及国家秘密、商业秘密、个人信息、受著作权保护的作品数据或被爬方享有"竞争性权益"的数据等，将面临侵犯他人合法竞争性权益、侵犯他人商业秘密等不正当竞争风险，以及侵犯数据主体权益的风险，此类数据本身亦不具备可交易性，将对入表造成实质性阻碍。

如在某商品铺货软件未经授权抓取淘宝商品数据不正当竞争案[1]中，法院认为，抓取的数据资源是淘宝平台合法收集、处理、生产、加工而成，包含不特定商品的、规模化的电子数据集合，还包括商品销量等非商家提供的原始信息，是淘宝平台投入大量成本进行数据收集、存储、维护、管理和保护后所形成的最终成果，构成淘宝平台的基础经营资源，淘宝平台对其享有竞争性合法权益。而数据抓取主体未经淘宝平台许可，绕开淘宝平台规则及技术措施非法抓取数据，侵害了淘宝平台的数据资源持有权益及加工使用权益，最终被判定构成不正当竞争行为。

（四）数据资源的使用合规吗

在确保抓取数据的来源和内容正当后，拟入表企业还需要解决后续使用合规的问题，即关注抓取来的数据资源本身是否存在使用限制；如存在，拟入表企业是否遵守了相关规定。

数据资源无国界，但数据管制有界限。若抓取的数据包括境外数据，则属于数据入境行为，拟入表企业需要论证是否遵循了数据来源国有关数据获取与出境的法律规定。

---

[1] 案号：浙江省高级人民法院（2023）浙民终1113号。

同时，若拟入表企业抓取数据本身已取得授权的，则需要评估确定是否存在超越相应授权而处理数据的情形。否则，拟入表企业对该等数据的处理就不具备合法性依据，无法再进行后续的入表操作。

（五）对数据资源有投入吗

对于拟入表企业抓取的数据资源，即便其符合"资产"的定义，也是合规取得且可以合规使用的，但若该资源的成本或价值不能被可靠地计量，也不能作为资产确认。这就涉及拟入表企业对于数据资源的投入计量问题。

在某农业化肥行业数据资讯抓取不正当竞争案[①]中，法院认定，数据抓取主体抓取被爬主体的公开数据后，并未进行"深度开发"，而仅仅是"简单搬运"，未对消费者福利产生积极影响；反观被爬主体，虽然源头也是从公开渠道抓取的原始数据，但却对这些数据进行了汇总、整合、编排、分析，并为此投入了人力、物力及运营成本，因而对这些数据享有"竞争性权益"。最终，法院判定数据抓取主体构成不正当竞争。

显然，就上述这个案例，单从数据资源投入这个角度看，数据抓取主体在数据处理环节没有实质性投入，其成本无法被可靠地计量，因而无法就其抓取的数据资源进行入表。

二、数据抓取入表前提——合规改造

（一）主体改造

如果涉及委托其他第三方进行数据资源抓取行为的，应当与受托方就数据资源权属、双方权利义务等进行明确约定，避免因权属不明影响最终入表。

特别地，在数据委托处理场景下，如拟入表企业属于数据处理受托人，而又想对抓取的数据资源进行有限利用的，则需要注意在数据委托处理协议中为自己备好"自留地"。例如，将匿名化处理后的数据，或是能够触达数据主体并在取得其合法有效同意后抓取的数据排除在外；又如，将提供数

---

① 案号：上海知识产权法院（2023）沪73民终334号。

抽象为提供服务，将基于其所抓取的数据经清洗、加工等处理流程后输出的结果或报告归属于委托方，但抓取的数据资源本身归属于自己（属于自己可自主决定处理目的、处理方式的数据，针对这部分数据属于数据处理者而非受托人）等。

（二）方式改造

在数据抓取方式上，拟入表企业也需要进行合规改造，以保证数据抓取方式、数据抓取内容、数据抓取使用等方面合规。

1. 抓取方式合规

建议建立数据抓取合规评估审查制度，与专业的中立机构（如律师事务所、咨询机构等）合作，在抓取数据前结合抓取目的、性质、方式、频率等方面进行评估，评估内容主要包括：（1）获取数据的主要类型（是否包含个人信息或被爬方企业商业秘密）；（2）被采集网站是否为政府公开信息网站或商业性网站；（3）被采集网站是否具备 Robots 协议或公示条款限制自动化采集；（4）网站是否具备自动化采集限制措施；（5）自动化采集数量及频率是否影响采集对象网站的正常运行等核心因素。只有在评估合规的前提下，才能进行具体的数据抓取动作。

抓取非公开数据需要具备合法合约基础，否则涉嫌破坏被爬方正常的运行机制或涉嫌非法获取被爬方商业秘密；抓取公开数据则应当在合理限度内进行，其请求量级、请求频率和请求技术手段均应在正常范围之内，不应给被爬方的服务器造成远超正常用户访问的负担。例如，可以结合被爬网站的访问量数据，预估被爬网站一天的总访问量，从而计算出访问频率上限，在配置阶段就对并发数和访问频率进行适当的限制。

在抓取数据的呈现形式上，建议明确标注数据来源，并考虑设置跳转链接。互联网时代毕竟"流量为王"，相较于抓取第三方企业数据后直接聚合呈现于自身平台的"流量拦截行为"，设置跳转链接被认定为不正当行为的风险较小，也有利于证明未对被爬方造成实质损害。

2. 抓取内容合规

在数据抓取内容方面,拟入表企业要注意数据内容的合规性,不得抓取涉及国家秘密、商业秘密的内容,也不得抓取受著作权保护的作品数据。

涉及个人信息的,拟入表企业应遵循《个人信息保护法》的规定,按照个人信息的不同类型依法进行处理:

(1) 针对非公开个人信息:应当履行"告知—同意"流程,取得个人明示同意;

(2) 针对公开个人信息:若个人明确提出拒绝的,应当及时撤回或删除相关个人信息;若处理已公开的个人信息可能对个人权益有重大影响的,还应当取得个人同意。

3. 遵循数据使用限制

拟入表企业应定期或不定期对数据抓取行为进行合规性监测,确认是否存在数据使用维度的限制,如地域限制或权限限制等。如果涉及抓取境外数据,则需要提前论证该数据获取及后续使用行为是否遵循数据来源国的规定;如果涉及权限限制,则需要定期评估数据获取及使用行为是否与此前授权的目的相匹配,是否存在超越权限或无权处理数据的情形。

(三) 资源投入

拟入表企业只有对其所抓取的数据资源进行实质性加工处理,形成能够可靠计量成本的数据产品,才能满足入表的前提要件。因此,拟入表企业需要在数据加工、处理、维护、治理方面下足功夫,并留存好相应证据(如与数据加工处理相关的费用支出凭证、基于数据加工处理行为产生的专利/计算机软件著作权等证明材料)。

(四) 合规保障

由于当前数据抓取规制规则尚不明确,为避免触碰数据抓取的刑事"高压线",拟入表企业应在事前备好"金钟罩"防护体系,利用ISO 37301合规管理体系为代表的标准认证工具,建立起事前的数据合规管理体系,这一方面能够有效预防与降低自身刑事犯罪风险；另一方面，一旦"失足"，亦能证明企业的主观合规意愿，并为事后合规整改打下基础，降低通过合规审查的难度。

三、结语

对于以数据抓取为主要数据来源的拟入表企业而言，数据资源入表的关键，在于解决五个核心问题：主体、来源、内容、使用、投入。这五个问题解决了，入表的前置合规问题（能卖、可卖、好算）也就解决了。

对此，建议企业自行或委托专业的第三方机构，对照上述核心问题进行合规自查，并针对暴露的风险，结合本节内容，建议进行合规整改，以确保能够合理合法地实现数据资源入表路径。

下一节，我们将通过第三步，将入表要求与数据合规管理体系建设进行对照匹配，告知拟入表企业应当如何建设行之有效的数据合规管理体系，实现数据资产既"不侵权"，又"不被侵权"的双重保障。

第四节　数据资源入表第三步："金钟罩"，建设数据合规管理体系

数据合规管理体系建设能够帮助数据企业捂好"钱袋子"、筑牢"金钟罩"，既是数据资源入表的终极目标，亦是企业有效应对数据交易类违法犯罪风险的内部重要防线。

本节是数据资源入表三步走的第三步，在三步系列中，我们通过"合规入表规划—典型场景分析—入表风险托底"的逻辑逐步展开论述：

（1）合规入表规划：作为数据资源入表第一步。我们提出"合规前置"这一概念，将合规评估表作为数据资源进入企业资产负债表、确认为无形资产或者存货的重要前提，帮助企业做好"预入表"准备。

（2）典型场景分析：作为数据资源入表第二步。我们以涉合规风险最高的数据抓取场景为例，明确数据资源入表的关键在于解决五个核心问题：主

体、来源、内容、使用、投入。

（3）入表风险托底：作为数据资源入表第三步。针对数据资源入表过程中企业面临的个人信息保护、数据安全、数据合规等方面的问题以及自身数据资产保护的需求，我们将进一步解析如何通过数据合规管理体系建设，来打造数据资源入表的"金钟罩"。

一、为什么要搭建数据合规管理体系

当下，数据作为生产要素之一，可以为企业带来竞争优势和长期价值。企业应通过搭建数据合规管理体系，在进一步释放数据价值的同时避免数据违规风险。

（一）捂好"钱袋子"——数据合规是数据资源入表的起点

在第一步中，我们提到，结合企业会计准则与《企业数据资源相关会计处理暂行规定》，只有在"符合资产的定义"且"满足资产确认条件"的情形下，才可进一步确认为数据资源无形资产或者存货。

（1）符合资产的定义。资产是指企业过去的交易或者事项形成的、由企业拥有或者控制的、预期会给企业带来经济利益的资源。

（2）满足资产确认条件。与该资源有关的经济利益很可能流入企业，且该资源的成本或者价值能够可靠地计量。

可见，数据资源入表的源头在于对企业数据资源是否构成"资产"的论证，而论证是否构成资产绕不开对"企业拥有或控制"的判断。因此，笔者认为"数据资源是否属于企业合法拥有或控制"的判断是数据资源入表全流程中最初始的起点，企业需要通过合规管理体系建设，确保数据是由企业拥有或控制，方可启动入表路径。

（二）筑牢"金钟罩"——通过合规体系建设应对数据涉刑风险

随着技术的快速发展，企业对数据资源的业务需求、对数据的利用效率和能力都达到了一个新的高度，然而数据业务存在法律边界模糊及集团内部

风险穿透的合规困境，极易触犯刑事责任，如根据《最高人民法院、最高人民检察院关于办理侵犯公民个人信息刑事案件适用法律若干问题的解释》的规定，非法获取、出售或者提供行踪轨迹信息、通信内容、征信信息、财产信息 50 条以上的；非法获取、出售或者提供住宿信息、通信记录、健康生理信息、交易信息等其他可能影响人身、财产安全的公民个人信息 500 条以上的，就达到侵犯公民个人信息刑事犯罪的立案标准。

数字时代下，企业间对个人信息共享需求非常普遍，共享的个人信息条数远超过立案标准，因此更加需要通过数据合规管理体系的建设来明晰合规边界，为企业"自证清白"，并做到集团公司间的风险隔离。

二、如何搭建数据合规管理体系

企业可以依据以下维度，并参照国际标准 ISO 37301 的要求，结合自身实际情况进行数据合规管理体系建设：

1. 组织架构：当企业处理数据达到特定规模时，应依据《数据安全法》、《个人信息保护法》及《儿童个人信息网络保护规定》的要求，分别设立数据安全负责人、个人信息保护负责人以及儿童个人信息保护负责人；并成立数据安全委员会/数据安全管理小组，由个人信息保护负责人或数据安全负责人担任最高领导，主要负责公司个人信息保护及数据安全相关制度的制定和执行。

2. 制度文件：企业应制定并贯彻执行与业务流程相匹配的企业数据管理相关制度，包括但不限于数据全生命周期的处理规则（收集、共享、传输、转让、存储、删除等）、分类分级管理规程、用户权限设置规则及数据安全与个人信息安全事件应急预案等。

3. 人员管理：在员工入职前，企业可通过《劳动合同》《保密协议》等明确员工在信息安全方面的责任义务；工作中，企业应积极进行员工数据安全相关的教育与培训，增强其信息安全意识、能力，并通过奖励及举报机制进行内部管理监督；在员工离职后，企业应要求员工返还其掌握的数据并继续履行保密义务。

4. 技术支持：企业可通过加密技术及权限管理等技术措施，防止数据泄露，如对敏感个人信息及重要数据采取相应备份机制及同时进行加密和脱敏处理，保证数据库用户权限严格分离，并采用一整套数据库密码轮换制度和加密存储机制；设置用户权限管理系统，按特权分散原则和最小授权原则对不同等级的使用者设置不同的信息查看、管理、修改配置等权限。

5. 管理体系运行及完善：通过组织架构、制度文件、人员管理、技术支持等方面的体系建设，企业内部基本建立起一套比较完善的制度体系。然而，仅仅依靠纸面上的制度规范是不够的，企业需要建立一个持续循环的长效管理机制，使管理体系落到实处。

而 ISO 37301 体现的"PDCA（PLAN、DO、CHECK、ACT）"管理思想，能够不断运行及完善上述管理制度，确保管理制度的落地、实施、运行、检查、保持以及改进，有效地保障管理制度发挥最大的价值。

三、结语

《企业数据资源相关会计处理暂行规定》的实施对企业"合法拥有或控制"的数据资源进行了确认，拓展了数据资源的价值。企业在紧跟政策趋势、进行数据资源入表的同时，亦应知晓数据合规管理是数据资源入表的底座，是应对数据涉刑风险的救命稻草。企业需重视数据合规管理的建设，通过组织架构、制度文件、人员管理、技术支持等搭建合规管理体系，并借助 ISO 37301 国际标准不断运行及完善上述管理制度。

第五节 数据合规是数据价值释放的"校准器"

数据资产价值释放，是数据资源入表的灵魂。

我们认为，数据合规管理不到位所产生的风险，将会成为数据资源入表后减值及跌价准备的重要影响因素，而完善的数据合规管理，能够有效"校准"评估减值风险。

从数据资源入表闭环流程中数据合规管理的作用开始分析，我们发现，数据合规管理是看不见的推手。这个无形之手不仅最终影响着数据资源能否入表，更重要的是从根本上影响着入表后资产的价值。

一、数据合规管理：数据资产"看不见的推手"

数据合规管理对数据资源入表的"推手"作用贯穿入表前后：

（一）入表前——入表"拦路虎"

数据资源入表，按照《企业数据资源相关会计处理暂行规定》的要求，笔者在前文简单总结为需要满足"能卖、可卖、好算、好卖"四个核心要素八字方针。

这四个要素一直是合规维度的重中之重，没有健全有效的数据合规管理，将直接影响数据资产的价值。

可以预见，不久的未来，随着数据资源入表的普及，其很可能成为财务造假的"新领域"。这主要是基于两个原因：一方面是数据资源本身在入表层面有很多技术因素比较难以把控；另一方面正是因为技术上的难点与合规维度上的模糊性，导致数据资源容易被操纵。

因此，为避免入表的随意性，解决入表前的四大"拦路虎"，我们前文提出"合规前置"这一概念（入表第一步），企业应将通过"合规评估表"作为数据资源进入企业资产负债表、确认为无形资产或者存货的重要前提。若企业没有建立有效的合规管理体系，其数据资源将难以满足资产定义及确认要求，就不能有效确认数据资源入表。

（二）入表后——评估价值"校准器"

根据《企业数据资源相关会计处理暂行规定》，无形资产数据资源初始计量①及存货数据资源初始计量②均以实际发生的成本为依据，这有助于企业更准确地披露数据资源的价值，合理入表数据资源，此时评估工作不产生影响。

在数据资源后续计量中，数据资产评估就发挥重要作用。若评估发现数据资产价值减损，那财务处理上就需要进行减值或存货跌价准备，相关数据资产应按减值后的净值进行记账。关于数据合规管理在评估价值中的"校准器"作用，我们于下文详细分析。

二、数据资产值不值钱，数据合规管理来"校准"

理解了校准器的作用后，我们会发现，60 分的数据合规评分体系已经不能满足需求。

数据资源入表前，是解决数据资源的合法性问题，从数据资源到数据产品，再到入表后形成数据资产，只需要合规 60 分的评判。但是到了评估端，尤其是使用收益法对数据资产进行评估时，数据合规维度的 60 分标准就不够用了。

（一）数据合规管理与数据资产价值评估有什么关系

1. 数据合规管理正向作用于数据资产特性对价值评估影响

根据《数据资产评估指导意见》第 13 条的规定，数据资产具有非实体性、依托性、可共享性、可加工性、价值易变性等特征。因此明确，在评估

---

① 企业通过外购方式取得确认为无形资产的数据资源，其成本包括购买价款、相关税费，直接归属于使该项无形资产达到预定用途所发生的数据脱敏、清洗、标注、整合、分析、可视化等加工过程所发生的有关支出，以及数据权属鉴证、质量评估、登记结算、安全管理等费用。企业通过外购方式取得数据采集、脱敏、清洗、标注、整合、分析、可视化等服务所发生的有关支出，不符合无形资产准则规定的无形资产定义和确认条件的，应当根据用途计入当期损益。企业内部数据资源研究开发项目的支出，应当区分研究阶段支出与开发阶段支出。研究阶段的支出，应当于发生时计入当期损益。开发阶段的支出，满足无形资产准则第 9 条规定的有关条件的，才能确认为无形资产。

② 企业通过外购方式取得确认为存货的数据资源，其采购成本包括购买价款、相关税费、保险费，以及数据权属鉴证、质量评估、登记结算、安全管理等所发生的其他可归属于存货采购成本的费用。企业通过数据加工取得确认为存货的数据资源，其成本包括采购成本，数据采集、脱敏、清洗、标注、整合、分析、可视化等加工成本和使存货达到目前场所和状态所发生的其他支出。

过程中需要关注数据资产特征对评估对象的影响。

数据资产的特征

非实体性	无消耗性	依托性	可共享性	可加工性	价值易变性
数据资产无实物形态，虽然需要依托实物载体，但决定数据资产价值的是数据本身	非实体性也衍生出数据资产的无消耗性，其不会因为使用而磨损、消耗	数据资产必须存储在一定的介质里，介质的种类包括磁盘、光盘等。同一数据资产可以同时存储于多种介质	在权限可控的前提下，数据资产可以被复制，能够被多个主体共享和应用	数据资产可以通过更新、分析、挖掘等处理方式，改变其状态及形态	数据资产的价值易发生变化，其价值随应用场景、用户数量、使用频率等的变化而变化

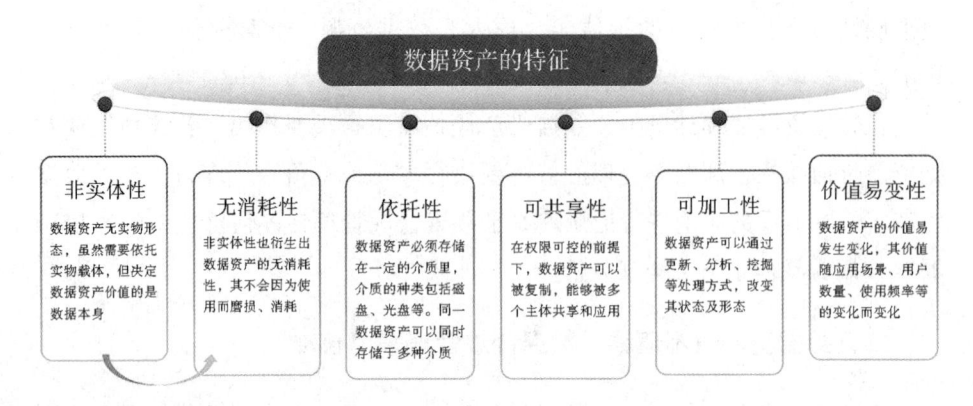

图 8-5-1 数据资产的特征

- 非实体性：是指数据资产无实物形态，虽然需要依托实物载体，但决定数据资产价值的是数据本身。数据资产的非实体性也衍生出数据资产的无消耗性，即其不会因为使用而磨损、消耗。

数据的特殊性就在于，其价值由数据本身确定，但是由于强依赖载体，若载体本身不安全，就意味着数据安全也难以保障，那么数据价值如何持续稳定释放就值得商榷。

- 价值易变性：是指数据资产的价值易发生变化，其价值随应用场景、用户数量、使用频率等的变化而变化。场景因素包括数据资产相应的使用范围、应用场景、商业模式、市场前景、财务预测和应用风险等。

因此场景风险等因素是数据价值评估的衡量点。

企业可通过建立健全有效的数据合规管理制度，增强数据载体的安全性、降低风险因素对数据价值的影响，进而正向作用于数据价值评估。

2. 数据合规管理正向作用于数据价值评估的影响因素

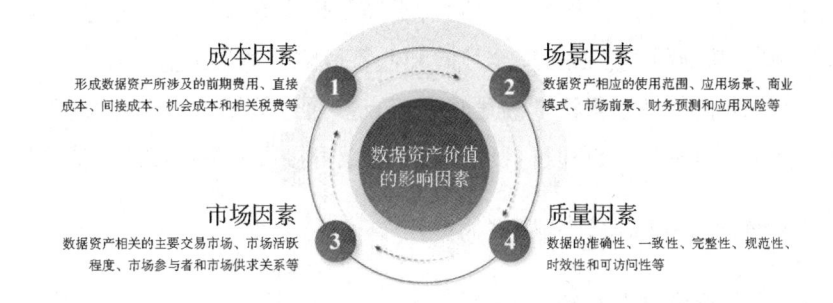

图8-5-2　数据价值评估的影响因素

《数据资产评估指导意见》第16条规定，执行数据资产评估业务，需要关注影响数据资产价值的成本因素、场景因素、市场因素和质量因素。其中质量因素包括数据的准确性、一致性、完整性、规范性、时效性和可访问性等。

数据质量是数据价值评估的基础，也是重要影响因素，若数据使用过程中发生违法违规使用、数据泄露等情形，将对数据的准确性、一致性、完整性、规范性、时效性和可访问性造成影响，进而降低数据评估价值。

（二）数据合规管理如何"校准"数据资产价值

数据合规管理作为校准器，可以校准数据资产评估的合理性。

数据资源入表后的价值评估环节，律师往往不直接参与。但是，数据资源入表后的数据资产价值评估，却赋予律师一个全新的服务内容，就是参与"校准"数据资产评估的准确性。听上去是个悖论，为什么已经解决了入表合规性问题，还需要律师参与数据资产评估维度的校验？

我们以收益法为例展开分析。

收益法评估数据资产价值，"折现率"是关键点，而折现率和数据管理的风险直接挂钩。

《数据资产评估指导意见》规定，采用收益法评估数据资产时，应当根据数据资产应用过程中的管理风险、流通风险、数据安全风险、监管风险等因素估算折现率。

因此,《数据资产评估指导意见》明确了折现率应该重点考虑的内容为"管理风险、流通风险、数据安全风险和监管风险"等因素。

由此,我们找到了很清晰的逻辑连接点:通过数据合规管理维度的不同分值,对应到折现率,再通过折现率这个系数直接影响数据资产评估的价值。

三、数据合规管理评分标准的适用

(一)合规能级与数据风险评估

假设数据资源满足合规入表的基本要求,在数据合规维度是 60 分,那么到数据资产评估阶段,高于 60 分的评价体系就尤为重要,是否可以考虑不同的合规能级对应设置为收益折现率中的分级调整系数。

数据安全不是一个绝对的数学题,因此给予数据合规管理无限的想象空间的同时,也让数据合规管理不同等级对应不同风险级别,最后显化为数据评估不同的折现率,是一个值得深度构架的现实路径和解决方案。

(二)合规能级与估算折现率

根据《成功 CEO 的临门一脚:数据合规管理》一书提出的理论框架,数据合规管理保护分为外部层、中间层、内部层三个圈层的维度,这三个圈层中的每一个维度,都是数据合规自证清白的 60 分以上部分的合规管理措施(如需更清晰理解三个圈层代表的具体含义,可参阅《成功 CEO 的临门一脚:数据合规管理》第六章第五节中关于"发生个人信息权益受损事件时,平台如何'自证清白'"的专门论述)。

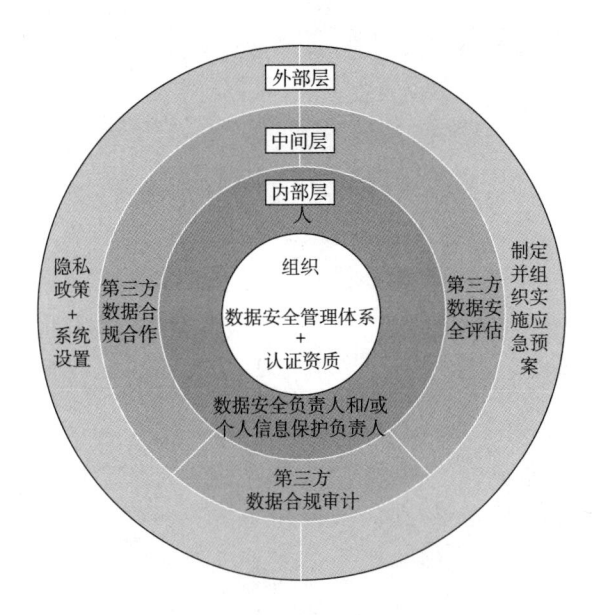

第八章　数据资源的价值释放实践路径／263

图 8 - 5 - 3　数据合规管理环

假定每一圈为一个层级，那么我们可以将其量化为三个合规管理能力级别，类似节能产品的能耗等级。因为能耗产品的设计和研发投入，以及生产工艺的优化，会导致产品价格高于普通商品，但是最终消费者会从能耗节约中把钱省回来。我们认为数据合规管理的逻辑与此高度相似。

四、结语：数据合规管理的有形之力

数据资产价值若采用收益法进行评估，一定会受到数据合规管理能级高低的影响。我们提出构建数据合规管理的分值量化体系，让数据合规管理在数据资产价值的折射路径上更显化、更清晰，让无形之手成为有形推力。

由此印证，数据合规管理贯穿整个数据资产生命周期，并在最终价值释放环节发挥着至关重要的助推作用。

展望篇

以人为本

第九章

DPO 重要性

第一节　DPO 今非昔比：从高配到标配

2024年8月，多家中国出海新加坡的企业（含小型企业）收到了新加坡个人数据保护委员会（PDPC）官方邮件，要求企业在2024年9月30日前申报数据保护官（Data Protection Officer，DPO）的基本信息。

该要求其实来自新加坡《个人数据保护法》（PDPA）的规定"所有企业都必须任命DPO"[①]，意味着不论企业处理个人信息的规模与种类如何，均需要任命DPO。

对比欧盟，2018年5月25日生效的《通用数据保护条例》（GDPR），仅规定了满足一定情形的数据控制者与数据处理者应任命DPO，但在第29条数据保护工作小组（The Article 29 Data Protection Working Party，WP29）发布的指南中指出：即使非强制任命DPO的企业，有时也会发现在自愿的基础上指定DPO是有益的，WP29鼓励这些自愿行为。

可见，DPO已从"旧时王谢堂前燕"，演变为"飞入寻常百姓家"，已非早些年处理大规模特殊数据等类型的企业才须配置的"山珍海味"，而是所有企业触手可及的"家常便饭"，完成了从"高配"到"标配"的转变。

本节内容旨在对DPO进行全球化数据领域立法与实践梳理，揭示DPO

[①] An organisation must designate one or more individuals to beresponsible for ensuring that the organisation complies with this Act.

(本书中"DPO"指 Data Protection Officer，面向国内，包含与该角色权责类似的负责人）由高配到标配的角色转变趋势，提示企业及时配备 DPO，完善自身数据治理组织架构，以应对不断变化的数据合规要求。

一、旧时王谢堂前燕：高配时代 DPO

事实上，DPO 从诞生时就带有高端配置的色彩，企业永远会在经济利益与风险控制之间进行衡量与取舍，并非所有企业都有足够的资源或风险规避的需求去任命这样一个角色。

1978 年《德国联邦数据保护法案》最早提出 DPO 概念，要求部分从事自动化处理个人数据的公司任命 DPO。此后，2001 年欧盟机构内部要求强制任命 DPO。数字经济时代，面对数字技术飞跃与数据洪流挑战，欧盟委员会酝酿深化改革，对 DPO 的强制要求进行拓展。2018 年，GDPR 正式生效，DPO 制度在欧盟全面铺开，但强制配置的要求仍仅局限于符合条件的部分组织。

具体规范见表 9–1–1：

表 9–1–1　DPO 规则演进梳理

规范	任命 DPO 的要求	DPO 职责
德国：1978 年《德国联邦数据保护法案》	第 28（1）条 第 22 条第 1 款和第 2 款所列的个人、公司及其他人合组织，如果自动化处理个人数据，并且通常至少雇佣 5 名全职员工，须在开展业务后一个月内书面任命 1 名数据保护官。以其他方式处理个人数据且通常至少雇佣 20 名全职员工的主体，适用相同规定。	第 29 条 数据保护官具体职责包括： 1. 掌握所存储个人数据的种类，为实现业务目的和目标而有必要知晓的数据的情况，数据的常规接收者，以及所使用的自动化数据处理设备的类型； 2. 监督用于处理个人数据的数据处理程序是否得到正确应用； 3. 通过适当措施，使从事个人数据处理的人员熟悉本法及其他数据保护规定的内容，特别是结合本业务领域的殊情况及其由此产生的对数据保护的特殊要求； 4. 在选择参与个人数据处理的人员时，提供咨询意见。

续表

规范	任命 DPO 的要求	DPO 职责
欧盟：1995年《数据保护指令》（Directive 95/46/EC）	第 18 条 2. 会员国只有在下列情况下，才能规定简化或免除通知…… 如果控制者根据管辖他的国家法律，任命了一名个人数据保护官员……	第 18 条 ……数据保护官员主要负责： 1. 以独立的方式确保根据本指令制定的国家规定在内部得到执行； 2. 保存由控制者进行的处理操作的登记簿，其中包含第 21（2）条所述的信息项目、从而确保数据主体的权利和自由不太可能受到处理操作的不利影响。
欧盟：2001年第 45/2001 号条例（Regulation No. 45/2001）	第 24 条 每个欧盟官方机构及实体应至少任命一人为数据保护官……	第 24 条 ……数据保护官的任务是 （a）确保数据控制者和数据主体被告知其根据本条例享有的权利和承担的义务； （b）回应欧洲数据保护监督员的要求，并在其职权范围内应欧洲数据保护监督员的要求或主动与欧洲数据保护监督员合作； （c）以独立的方式确保本条例各项规定在内部的执行； （d）对控制者进行的处理操作进行登记，登记内容包括第 25（2）条所述的信息项目； （e）通知欧洲数据保护监督员有可能带来第 27 条所指的特定风险的处理操作。……
欧盟：2018年《通用数据保护条例》（GDPR）	第 37 条 控制者和处理者在以下任何情况下应指定数据保护官： （a）处理由公共当局或机构进行，但不包括作为司法机构的法院； （b）控制者或处理者的核心活动包括处理因其性质、范围和/或目的需要对数据主体进行大规模的定期和系统性监控的操作；或 （c）控制者或处理者的核心活动包括根据第 9 条进行大规模的特殊类别数据处理，以及涉及第 10 条所述的刑事定罪和犯罪的个人数据处理。	第 39 条 数据保护官至少应承担以下任务： （a）向控制者或处理者及其进行处理的员工提供关于本条例及其他欧盟或成员国数据保护规定的义务的建议和指导； （b）监督本条例、其他欧盟或成员国数据保护规定及控制者或处理者在个人数据保护方面的政策的合规情况，包括责任分配、参与处理操作的员工的意识提升和培训，以及相关的审计； （c）根据请求，就数据保护影响评估提供建议，并监督其依据第 35 条的实施情况； （d）与监督机构合作； （e）作为监督机构在涉及处理的问题上的联系点，包括第 36 条所述的事先咨询，并在适当时就任何其他问题进行咨询。

与此同时，尽管我国现行法律体系中未直接采用 DPO 这一称谓，但国内数据领域的法律法规中已设立多种职能类似的负责人角色（统称为 DPO），如个人信息保护负责人、数据安全负责人、网络安全负责人、儿童个人信息保护负责人、汽车数据安全管理负责人等。其中，仅网络安全负责人与儿童个人信息保护负责人属于标配（特别说明，儿童个人信息保护负责人仅适用于处理儿童个人信息的企业），其他为高配（法律要求满足一定条件的企业强制配置），典型代表如下：

1. 个人信息保护负责人（根据《个人信息保护法》《信息安全技术 个人信息安全规范》予以整理）：

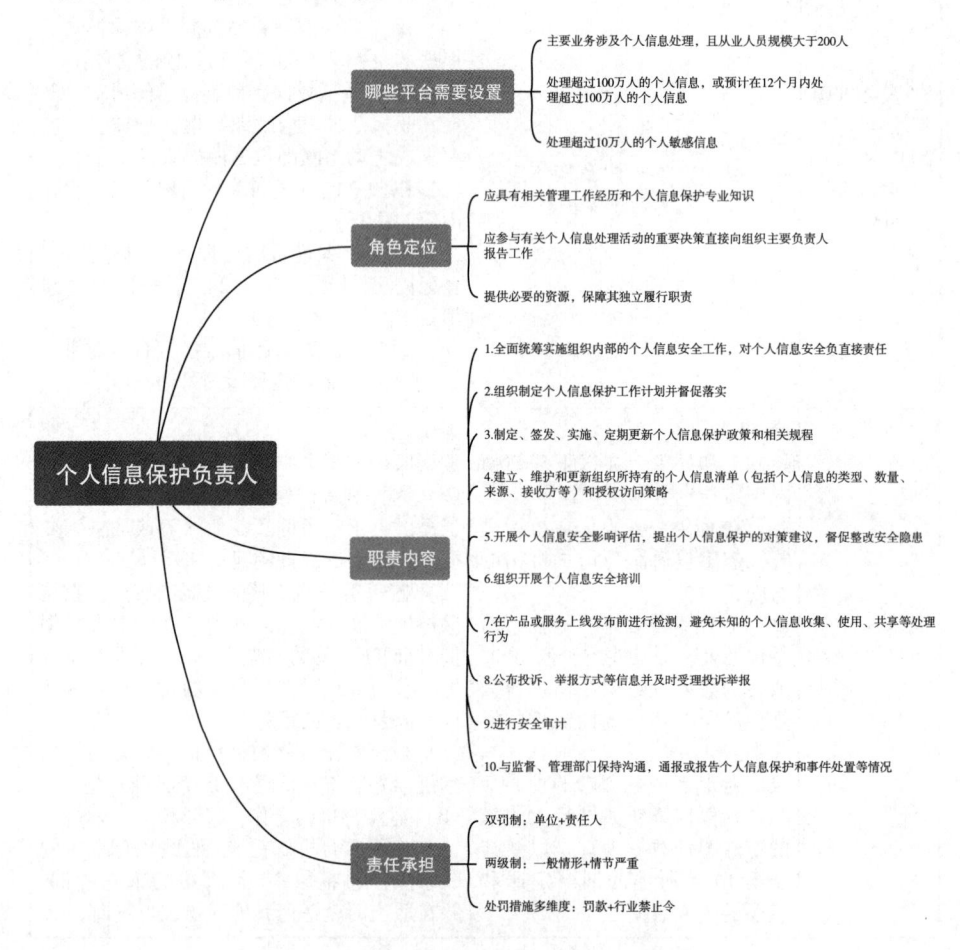

个人信息保护负责人

- **哪些平台需要设置**
  - 主要业务涉及个人信息处理，且从业人员规模大于200人
  - 处理超过100万人的个人信息，或预计在12个月内处理超过100万人的个人信息
  - 处理超过10万人的个人敏感信息

- **角色定位**
  - 应具有相关管理工作经历和个人信息保护专业知识
  - 应参与有关个人信息处理活动的重要决策并向组织主要负责人报告工作
  - 提供必要的资源，保障其独立履行职责

- **职责内容**
  1. 全面统筹实施组织内部的个人信息安全工作，对个人信息安全负直接责任
  2. 组织制定个人信息保护工作计划并督促落实
  3. 制定、签发、实施、定期更新个人信息保护政策和相关规程
  4. 建立、维护和更新组织所持有的个人信息清单（包括个人信息的类型、数量、来源、接收方等）和授权访问策略
  5. 开展个人信息安全影响评估，提出个人信息保护的对策建议，督促整改安全隐患
  6. 组织开展个人信息安全培训
  7. 在产品或服务上线发布前进行检测，避免未知的个人信息收集、使用、共享等处理行为
  8. 公布投诉、举报方式等信息并及时受理投诉举报
  9. 进行安全审计
  10. 与监督、管理部门保持沟通，通报或报告个人信息保护和事件处置等情况

- **责任承担**
  - 双罚制：单位+责任人
  - 两级制：一般情形+情节严重
  - 处罚措施多维度：罚款+行业禁止令

图 9-1-1　个人信息保护负责人规则梳理

2. 网络数据安全负责人（根据《数据安全法》《网络数据安全管理条例》予以整理）：

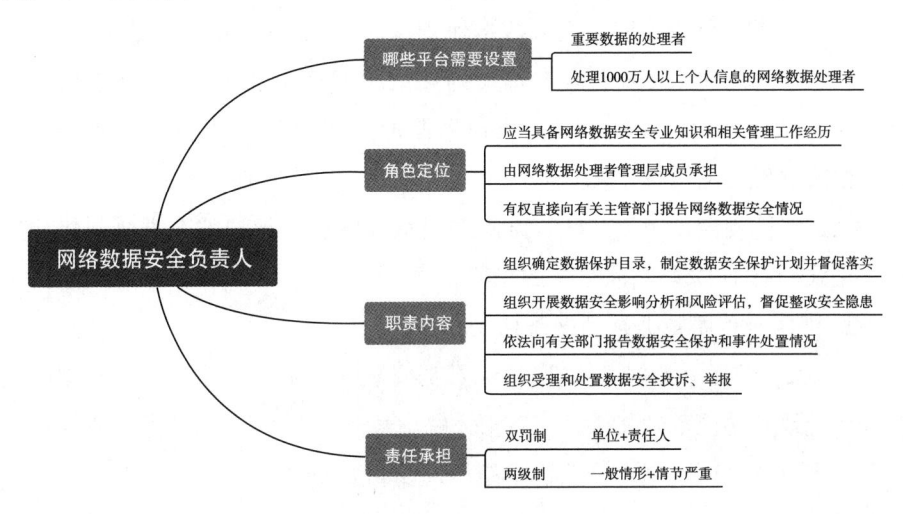

```
                          ┌─ 哪些平台需要设置 ─┬─ 重要数据的处理者
                          │                    └─ 处理1000万人以上个人信息的网络数据处理者
                          │
                          │                    ┌─ 应当具备网络数据安全专业知识和相关管理工作经历
                          ├─ 角色定位 ─────────┼─ 由网络数据处理者管理层成员承担
                          │                    └─ 有权直接向有关主管部门报告网络数据安全情况
  网络数据安全负责人 ─────┤
                          │                    ┌─ 组织确定数据保护目录，制定数据安全保护计划并督促落实
                          │                    ├─ 组织开展数据安全影响分析和风险评估，督促整改安全隐患
                          ├─ 职责内容 ─────────┼─ 依法向有关部门报告数据安全保护和事件处置情况
                          │                    └─ 组织受理和处置数据安全投诉、举报
                          │
                          │                    ┌─ 双罚制 ── 单位+责任人
                          └─ 责任承担 ─────────┤
                                               └─ 两级制 ── 一般情形+情节严重
```

图 9-1-2 网络数据安全负责人规则梳理

可见，在立法层面，欧盟与我国对 DPO 的设置均设定了一定门槛，不要求所有企业均予以配置，仅针对在数据处理维度可能存在高风险的企业（如欧盟规定的大规模处理敏感个人数据等类型的组织；我国规定的处理超过 100 万人的个人信息或者 10 万人敏感个人信息的企业），法律强制要求配置，呈现"高配"意味。

二、飞入寻常百姓家：标配时代 DPO

随着立法与实践的推进，DPO 已"飞入寻常百姓家"，呈现出标配化趋势。

（一）立法动向：DPO 强制标配

1. 域外：新加坡打响 DPO 标配要求第一枪

2024 年 8 月，新加坡个人数据保护委员会 PDPC 不仅在官网强调在新加坡注册的企业必须任命 DPO，还以邮件形式要求企业于 2024 年 9 月 30 日前在新加坡会计与企业管制局在线备案平台注册数据保护官 DPO 的姓名和联系方式等信息资料。其实PDPC已经多次在官网要求企业注册公开DPO信息，只是2024年升级了其鼓励手段，通过邮件方式专门提醒。

这些要求源自新加坡《个人数据保护法》（PDPA）第11（3）条规定，"组织必须指定一名或多名人员负责确保组织遵守本法案"。与前述展示的DPO要求规范不同，新加坡在个人信息保护领域没有为DPO的设置设定任何人数或敏感性的门槛，凡是涉及个人数据的组织均应任命DPO。

上述法律规定以及PDPC官方邮件提示，体现了新加坡在立法与执法层面，正式开启了DPO"标配"的先河。

2. 国内：首席数据官制度蓬勃发展

自2021年《个人信息保护法》《数据安全法》颁布以来，有关数据的地方性法规及其他规范性文件发布数量大幅增长。从DPO任命的角度来看，制度层面推行的首席数据官虽然仍是组织内负责数据领域的角色，但其职责有了明显扩充。

如2023年1月正式生效的《北京市数字经济促进条例》第48条明确提出，"鼓励各单位设立首席数据官"。该规范一方面强调DPO的数据合规职责，"开展数据处理活动，应当建立数据治理和合规运营制度，履行数据安全保护义务，严格落实个人信息合法使用、数据安全使用承诺和重要数据出境安全管理等相关制度"；另一方面主张推进数字产业化和产业数字化，加强数据资源的开发利用。2023年7月发布的《浙江省企业首席数据官制度建设指南（试行）》鼓励国有企业、基础电信企业、大型制造业企业、重点互联网企业率先探索设立首席数据官，鼓励数字化基础较好、拥有较大规模数据资源、数据产品和服务能力较突出的各类企业设立数据官，以实现"数据开发利用促进数据安全、数据安全保障数据开发利用"。

立法的动向似乎是在鼓励所有处于数据经济发展时代的企业都应配置DPO，同时DPO的设置目的也从单纯的组织内的数据风险监督角色，向组织内的数据风险监督与开发利用管理的综合角色进行迭代与扩充。此时，在决定是否设置DPO时，关键考量已不再局限于风险控制的绝对必要性，而是日益倾向于数据开发利用的迫切需求。

（二）实践共识：DPO逐渐普及于众

1. 域外：鼓励自愿配备DPO

如前述提及，在GDPR规定之外，WP29鼓励企业自愿配备DPO。WP29在其发布的指南中指出：除非一个组织明显不需要设立DPO，否则都应当记录下其为确定是否设立一个DPO而作的内部分析，以便能够证明各种相关因素都得到了适当考虑。而即使非强制任命DPO的企业，有时也会发现在自愿的基础上指定DPO是有益的，WP29鼓励这些自愿行为。

根据欧洲数据保护委员会（EDPB）于2024年1月16日公布的调查报告《2023 Coordinated Enforcement Action Designation and Position of Data Protection Officers》，有2482份答复（约占答复总数的14%）指出对DPO的指定并非基于法律义务的要求。

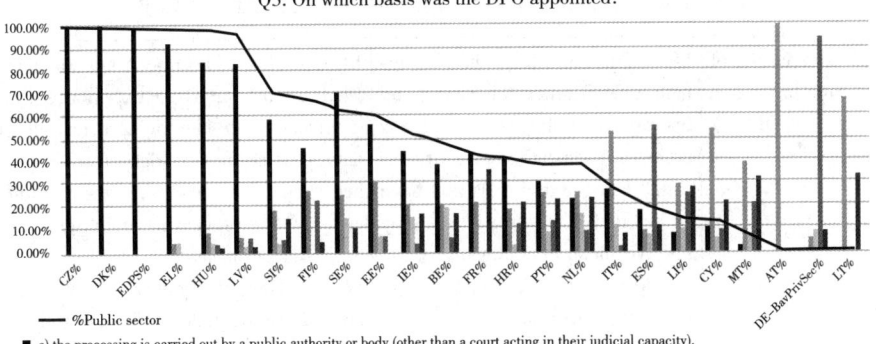

Q3: On which basis was the DPO appointed?

- a) the processing is carried out by a public authority or body (other than a court acting in their judicial capacity).
- b) the core activities of the organisation consist of processing operations which, by virtue of their nature, their scope and/or their purposes, require regular and systematic monitoring of data subjects on a large scale.
- c) the core activities of the organisation consist of processing on a large scale of special categories of data and/or personal data relating to criminal convictions and offences.
- d) due to a requirement set by other Union or Member State law.
- e) on other basis (e.g. on a voluntary basis).

图9-1-3　指定DPO的依据调查

图源：EDPB. 2023 Coordinated Enforcement Action Designation and Position of Data Protection Officers

2. 根由所在:甲方重视

实践中逐渐形成的标配 DPO 这一共识,除了前述立法鼓励,深层次动因还源于甲方在招投标活动及业务拓展阶段对乙方数据安全与管理体系能力的高度重视与严格评估。随着数据保护意识的普遍提升,甲方企业越发倾向于选择那些具备完善数据管理机制、能够有效保障数据安全的合作伙伴。因此,乙方企业配置 DPO,不仅成为展示其数据治理能力的重要标志,也是赢得市场信任、促进业务合作的关键因素。

以欧盟极具代表性的 PREVENT PCP 项目为例,该项目总预算高达 7,526,881.72 欧元。在该招标书第 6.8 章节"数据保护"项下的第 14 条中,招标方明确提出了对投标方配置 DPO 的强制性要求(见表 9-1-2)。如果没有配置 DPO,面对相关项目的招标、合作机会,企业将处于不利地位,严重影响其市场竞争力。

表 9-1-2 PREVENT PCP 项目对投标方配置 DPO 的要求

14. Designation of the Data protection Officer ("DPO")	14.1. The Applicant shall designate a DPO since the processing operations of the ToE involve a processing on large scale of personal data (individuals that have access to PTO's area) and may involve the processing of special categories of personal data (i.e. biometric data).	14.1.1. Has a DPO been appointed? 14.1.2. Has the DPO experience (e.g. education in law or certification in data protection) to demonstrate his/her capacity in assessing the compliance of the processing activities with data protection law? 14.1.3. Have the contact details of the DPO been published and are they available to the data subjects (e.g. indicated in the information notice) and have they been communicated to the Supervisory Authority? 14.1.4. Has a record of the DPO activities been created to demonstrate his/her involvement in the data potection issues?

来源:PREVENT PCP:《TD-1-PREVENT-PCP-CALL-FOR-TENDERS》

反观国内,在常见的企业招投标所需的资质中,越来越多的招标企业要求投标企业具备 ISO 27001、ISO 27701 等规定的相关资质(见图 9-1-4),

这些认证标准分别要求配置信息安全管理人员、数据安全管理人员，或者具备良好的数据安全保障能力，而设置数据安全治理组织架构（如配备 DPO）就是证明企业满足该要求的有利证明，从而持续推动 DPO 的普适化。

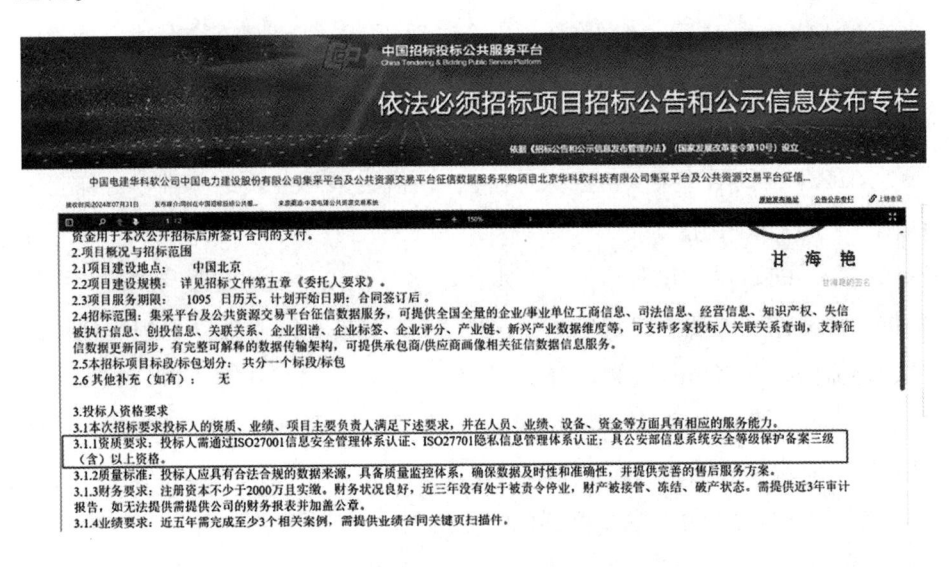

图 9-1-4 企业招标要求示例

图源：中国招标投标公共服务平台

三、结语

从数据保护领域的核心高端配置角色，到数据生态系统中不可或缺的标配要素，DPO 的角色定位经历了显著的转变与升华。

我们建议企业紧跟 DPO 标配时代的步伐，立足自身业务需求，不仅要满足法律法规的强制硬性规定、把握数据合规的风险管理，更要前瞻性地响应市场需求，包括满足潜在合作伙伴对数据管理能力的高标准期待，以及深入挖掘和利用自身数据资产的价值潜力，适时配置 DPO。

第二节　DPO 中国之路的"水土不服"

2024 年 9 月 24 日，《网络数据安全管理条例》正式颁布，其中明确规定对数据安全直接负责的主管人员最高可处以 100 万元的罚款。

从 2017 年欧盟 GDPR 制定生效开始，DPO 开启了全球化发展和蔓延之旅。2021 年，我国《个人信息保护法》，在借鉴国际经验的基础上，确立了中国特有的 DPO 制度。

但是，DPO 的中国版出现了"水土不服"现象。对比欧盟与中国一系列数据违规案件处理及法律规定，中国的 DPO 不具有欧盟独立承担责任的地位，还需面临资格罚的风险。

这种在任职地位和法律责任承担上的差异，导致中国 DPO 面临较大的法律风险，难以发挥初始功能，进而引发数据保护生态构建机制断层。

在上一节梳理 DPO 从高配到标配的角色转变趋势之后，本节通过对比欧盟与国内 DPO 的制度差异，清晰刻画国内 DPO 所面临的更严苛和高风险的任职现状。

一、案例比对：境内外 DPO 责任差异"悬殊"

2024 年 8 月 26 日，荷兰数据保护局发布公告，认定网约车服务运营商 Uber 公司违规进行数据跨境传输，被处以 2.9 亿欧元的罚款，这是荷兰数据保护局有史以来开出的最高罚单。但监管机构未对 Uber 公司的 DPO 给予任何罚款或禁令。

相形之下，国内个人信息保护领域最高罚单——滴滴案中的 DPO 就不那么轻松了。2022 年 7 月 21 日，国家互联网信息办公室对滴滴全球股份有限公司处人民币 80.26 亿元罚款，同时对公司董事长、总裁各处人民币 100 万元罚款，理由是二人对违法行为负"主管责任"。① 需要说明的是，虽然网信办对滴滴公司案件的调查始于 2021 年 7 月，彼时《个人信息保护法》尚未出台，"个人信息保护负责人"这个中国版的 DPO 称谓尚未正式提出，但承担等同 DPO 职责的两名公司负责人还是受到了处罚。

这种因组织存在数据违法违规行为，同时处罚组织与负责人的"双罚"现象在国内案例中屡见不鲜：

2024 年 8 月，杭州银行因数据质量等问题，被罚款 110 万元，同时杭州银行 4 名相关负责人被警告。②

2024 年 7 月，交通银行股份有限公司山西省分行涉及违反信用信息采集、提供、查询及相关管理规定等，被警告并处罚款 107.7 万元。此外，5 名相关负责人被罚款。③

2024 年 6 月，长沙某发展有限公司的网络信息系统数据安全保护、应急处置、风险评估等制度不健全，长沙市委网信办对该企业及相关责任人分别作出罚款 5 万元和 1 万元的行政处罚。④

2024 年 5 月，南昌某集团有限公司因未履行数据安全保护义务，被处以警告、罚款 10 万元，直接负责的主管人员被处以罚款 2 万元。⑤

国内一系列对于 DPO 与组织双重处罚的案例，与前述 Uber 重大数据跨境违法案件中只处罚企业的案例相比，可以看出境内外 DPO 的责任承担存在显著差异，如同"橘生淮南则为橘，橘生淮北则为枳"的典故所喻，国内的 DPO 并不像欧盟 DPO 只需独善其身，而是要对组织的数据违法违规行为承担法律责任。这种差异反映出国内外 DPO 在法律地位上的本质区别。

---

① 参见《国家互联网信息办公室有关负责人就对滴滴全球股份有限公司依法作出网络安全审查相关行政处罚的决定答记者问》，载国家互联网信息办公室网，https://www.cac.gov.cn/2022-07/21/c_1660021534364976.htm，最后访问日期：2024 年 9 月 14 日。
② 行政处罚决定书文号：浙金罚决字〔2024〕24 号。
③ 行政处罚决定书文号：晋银罚决字〔2024〕4 号。
④ 案例来源：《长沙市网信系统 2024 年上半年网络管理执法情况通报》，载微信公众号"网信长沙"2024 年 7 月 4 日，https://mp.weixin.qq.com/s/OQGqGxwSa-JlaTMPGTntMA。
⑤ 案例来源：《南昌市网信办依法对某集团有限公司作出行政处罚》，载微信公众号"网信南昌"2024 年 5 月 16 日，https://mp.weixin.qq.com/s/dyAIu7ZnRZc6j1J59ZjbIA。

二、DPO 地位真的不同：欧盟强独立 vs 国内强从属

前述案例对比中有关 DPO 法律责任承担的差异，映射了国内外 DPO 法律地位的不同，具体来说，欧盟 DPO 具有强独立地位，国内 DPO 则处于强从属地位。

（一）欧盟 DPO "强" 独立地位和免责机制

1. 从任命规则看 "独立地位"

欧盟 GDPR 规定，组织所任命的 DPO，可以由独立于组织的外部机构、外部服务提供商或外部专业人员担任。但如果由内部员工担任 DPO，GDPR 第 38（6）条明确要求 "保证员工的任何其他任务和责任不会导致利益冲突"。因此，欧盟 DPO 的范围，包括内部与履行数据保护职责不冲突的员工，以及中立的外部数据保护第三方。

在这种任命机制下，企业通常先向外寻找专业的组织或人士，再考虑合适的内部员工，确保了数据保护官在履行职责时具有独立性，不受组织内部的制约，从而更有效地监督组织的数据合规，并促进组织内外数据信息的连接。

2. 从解雇规则看 "独立地位"

在欧盟，组织要解雇 DPO 也不容易。对于内部责任，GDPR 第 38（3）条规定，"控制者和处理者应当确保 DPO 不会收到任何有关执行其工作任务的指示，DPO 不能因执行自身的任务而被解雇或处罚"。该规定为 DPO 提供解雇方面的保护，禁止控制者或处理者随意解雇 DPO。在 2022 年 6 月 22 日 Leistritz AG 诉 LH（C-534/20）[①] 案中，欧盟法院（CJEU）对禁止解雇、处罚 DPO 的规定解释为，必须保护 DPO 免受任何终止其职责决定的影响，因为解雇或处罚的决定将使 DPO 处于数据保护中的不利地位。欧盟法院还指

[①] 载欧盟法律文件官网，https://eur-lex.europa.eu/legal-content/EN/TXT/PDF/?uri=CELEX：62020CJ0534。

出，这一规定一视同仁地适用于内部被任命的员工 DPO 和根据服务合同被聘任的外部 DPO。

3. 从责任豁免看"独立地位"

正是 DPO 所具有的独立法律地位，才成就"组织违法与 DPO 无关"。在外部法律责任上，WP29 的《DPO 指南》中第 1 条就明确了"DPO 不因为组织违反 GDPR 而承担责任。确保并证明数据处理遵守 GDPR 相关规定，是数据控制者、数据处理者的责任。"GDPR 仅针对作为数据控制者与处理者的企业规定了承担处罚的责任，DPO 无需因组织的违法行为而受罚。

在欧盟法律框架中，其极力保障 DPO 人事安排、责任承担的独立性是为 DPO 履职提供基础环境。只有当 DPO 具有独立履职的地位且不受组织约束时，才能发挥其监督组织数据合规、连结组织内外数据信息等初始作用。

Meta 公司的天价处罚案件，更加说明欧盟 DPO 的独立地位并不因组织出现重大的数据违法行为而有所动摇。Meta 公司违规进行数据跨境传输案是迄今为止因违反 GDPR 而被处以最高罚款的标志性案件。EDPB 表示，Meta 公司违法传输的个人信息数量巨大，且属于系统性、重复性、持续性的数据传输，违法行为非常严重，决定对其处以 12 亿欧元（约合 91 亿元人民币）的罚款[1]。除了罚款外，Meta 公司还受到数据主管部门的谴责和命令，要求其采取整改措施、暂停数据传输等。但即便是如此严重的数据违法案件，数据主管部门并没有对 Meta 公司的 DPO 提出任何意见或处罚。高昂的罚款仅针对企业作出，并不涉及 DPO 责任。

(二) 国内 DPO 的"强"从属地位与双罚制

1. 双罚制：DPO 因组织违法而受罚

在国内，《个人信息保护法》《数据安全法》等法律不仅没有规定任命、解雇等方面对 DPO 独立地位的保障，且法律责任上还规定了"直接负责的主

---

[1] 《1.2 billion euro fine for Facebook as a result of EDPB binding decision》，载 edpb 官网，https：//www.edpb.europa.eu/news/news/2023/12 – billion – euro – fine – facebook – result – edpb – binding – decision_ en。

管人员""其他直接责任人员"与组织均罚款的原则。具体如下：

在《数据安全法》中，数据处理者未履行数据安全保护义务的，直接负责的主管人员和其他直接责任人员根据数据处理者违法的严重程度，最高面临 100 万元以下罚款。

在《个人信息保护法》中，数据处理者未按规定处理个人信息或处理个人信息未履行法律规定的个人信息保护义务的，直接负责的主管人员和其他直接责任人员根据数据处理者违法的严重程度，最高面临 100 万元以下罚款。

在《网络数据安全管理条例》中，网络数据处理者违规处理数据的，直接负责的主管人员和其他责任人员根据网络数据处理者的违规程度，最高面临 100 万元以下罚款。

在双罚制的原则下，针对 DPO 的处罚与其所在组织深度绑定，罚款金额依据组织违法严重程度上涨。具体而言，若组织违法情形属于"情节严重"或"拒不改正"的，作为 DPO 的直接负责主管人员和其他直接责任人员面临的最高罚款金额达到 100 万元。

举例而言，在赣州某信息技术公司案中，该公司业务系统疑似遭受黑客攻击，经调查涉案公司在开展网络营销代理业务中未有效落实网络和数据安全保护主体责任，未依法采取相应的技术措施保障业务系统数据安全。有关部门依据《数据安全法》对公司给予警告、罚款 15 万元的处罚，对直接负责的主管人员和直接责任人员各罚款 1 万元。[①]

与前述 Meta 案件对比，该案件并未造成任何数据泄露或违规进行数据跨境传输的实质后果，仅是存在业务系统的风险，而且在处罚决定中，处罚机关没有论证作为责任人员的 DPO 存在何种违法行为，就对其进行了罚款。DPO 承担了组织连带的处罚责任。

国内 DPO 法律责任与组织责任存在紧密关联，这直接体现在其法律地位的"从属性"特征上，其不具有独立履职的地位，工作需接受组织的监督管

---

① 参见《江西省通信管理局严查数据安全违法案件》，载江西省通信管理局网，https://jxca.miit.gov.cn/xwdt/gzdt/art/2023/art_bd92207c7fe1497d9af08b3b25ba717c.html，最后访问日期：2024 年 9 月 3 日。

理，法律责任也与组织存在连带关系。

2. 行业禁令：真正的如履薄冰

值得注意的是，相较于罚款，更具威慑力的是行业禁入措施。除罚款外，我国《个人信息保护法》第 66 条明确规定可以对责任人员实施"行业禁止令"，禁止其在一定期限内担任相关企业的董事、监事、高级管理人员和个人信息保护负责人。

这种"资格罚"对 DPO 在相关行业内的任职资格进行限制。如果说"双罚制"中的罚款让 DPO 承担了组织违法的连带责任，资格罚则让这种连带责任的影响进一步发酵。根据 2024 年 7 月 1 日生效的《公司法》第 178 条规定，无民事行为能力或者限制民事行为能力，因贪污、贿赂、侵占财产、挪用财产或者破坏社会主义市场经济秩序被判处刑罚，失信被执行人等五种情形下，不得担任公司的董事、监事、高级管理人员。因组织数据违法而承担责任的 DPO，其违法程度显然没有达到上述标准，却可能与失信被执行人承担相同的资格罚。

"双罚制"及其配套的资格罚规定，构成中国 DPO 履职的责任承担体系。试想，这一制度下，DPO 履职时必然面临巨大的风险压力。

三、DPO 地位差异的"关键点"在哪

导致国内 DPO 缺乏独立履职地位并需承担罚款乃至资格罚的关键因素，在于其法定职责的差异。

（一）欧盟 DPO 为什么安全

欧盟法律对 DPO 职责作出了清晰规定，为 DPO 提供了履职指引并便于判断其是否已尽职，从而确保了欧盟 DPO 的安全性。

具体来说，DPO 的法定责任可以总结为两大部分，对内监督和对外联系：

欧盟 GDPR 第 39 条分两款对 DPO 的法定责任进行规定。其中第 1 款列举了 DPO 应履行的五大义务：

"（a）对控制者或处理者，以及那些履行本条例和欧盟其他成员国数据保护条款所规定的处理责任的雇员进行告知，提供建议；

（b）监督本条例、其他欧盟或成员国数据保护规定以及控制者或处理者在个人数据保护方面的政策执行情况，包括责任分配，对涉及处理操作的工作人员进行宣传和培训，以及相关的审计工作；

（c）如果有要求，应当对数据保护影响评估以及根据第 35 条对其实施进行监管的事项提供建议；

（d）和监管机构进行合作；

（e）在与处理相关的事项中，包括第 36 条所规定的提前咨询中，以及——在适用的情况下——在其他所有相关事项的咨询中，充当监管机构的联系人。"

第 2 款则指导 DPO 在履行职责时，"应当结合数据处理的性质、范围、语境与目的，合理地考虑处理操作所伴随的风险"。

上述详细规定，为 DPO 履职划定了范围。其一，DPO 应提供有关数据保护法律的咨询和建议，负责监督组织对 GDPR 以及其他数据保护法律的遵守情况，这涉及对数据处理活动进行内部审计、组织数据合规培训等；其二，DPO 作为内外数据信息沟通的桥梁，负责处理个人数据主体的请求，协助他们行使其数据权利，并与数据保护监管机构合作，作为监管机构的联络点。

总结来看，欧盟法律详尽而具体的规定，明确界定了 DPO 的职责范围，不仅为其提供了清晰的工作指引，在组织面临数据违规时，也便于其有效证明自身已充分履行了法定职责。

（二）国内 DPO 为什么不安全

与 GDPR 相比，国内法律对 DPO 职责的规定较为简略，导致 DPO 职责范围模糊，难以判断其是否充分履行职责，因此国内 DPO 面临较大风险。

《个人信息保护法》仅规定了"负责对个人信息处理活动以及采取的保护措施等进行监督"。《数据安全法》仅规定"重要数据的处理者应当明确数据安全负责人"，但未规定数据安全负责人的职责。《网络安全法》未规定网络安全负责人的具体职责……

一方面，从责任内容来看，国内 DPO 的责任仅局限于"监督"层面，完全缺失了欧盟规范基于 DPO 独立地位而要求其承担的"联系"职责。而联系功能是欧盟 GDPR 中 DPO 角色的重要基础功能，使 DPO 始终与组织外部存在连接，维持独立性。

另一方面，从规范的具体程度来看，国内模糊的规范要求没有给 DPO 规定具体的义务范围。这意味着，DPO 的职责依附于组织的数据合规义务。组织有义务在合规前提下进行数据出境，DPO 就承担着监督数据出境的环节必须合规的义务。但监督到何种程度意味着 DPO 履职尽责，并不清晰。一旦组织出现数据泄露、违规进行数据跨境传输等违法行为，DPO 只能承担连带的处罚责任。由此可见，国内 DPO 的职责紧紧依附于组织。

国内立法曾有过接近欧盟标准的契机。2019 年 5 月，国家互联网信息办公室发布《数据安全管理办法（征求意见稿）》，在第 18 条征求有关数据安全负责人职责的意见，其中涉及制定监督数据保护计划、组织开展数据安全风险评估、报告数据安全保护情况和处理投诉等内容。这与 GDPR 中明确规定的 DPO 职责高度相似。然而，虽然前述征求意见已于 2019 年 6 月截止，正式版本的规范至今未颁布。个人信息领域也是如此，DPO 只能参考不具有法律效力，仅是推荐性国家标准的《信息安全技术　个人信息安全规范》（GB/T 35273—2020）开展履职工作。

综合来看，DPO 地位差异的关键点就是职责的独立性不同。而职责上的独立性又是决定 DPO 责任是否具有独立性的根源。国内 DPO 监督组织合规的职责模糊、不独立，导致其法律地位独立性的丧失。

四、结语

数据保护官的责任承担与法律地位的差异，这一议题表面看似"波澜不惊"，实则深刻影响着数据合规生态的构建。

我们经常说，2021 年生效的《个人信息保护法》是行业的一股清风，立法层面与国际标准完美趋同和接轨，它以 GDPR 为蓝本，继承和沿袭了个人数据保护的基本逻辑和主要规则。然而，在国内数据法律架构的精细构建中，DPO 的角色定位存在显著偏差，独立地位悄然丧失、法律职责也模糊不清。

这一细微却关键的差异导致的 DPO"水土不服"，已经在行业内引发巨大震动，可能会在未来产生一系列不可预测的连锁反应，对整体发展态势构成严峻挑战。

第十章

数据合规人才培养之路

第一节 数据合规岗位招聘需求"大盘点"

通过整理 2024 年各大知名企业、头部互联网平台企业的"数据合规"岗位的招聘需求,梳理比对目前比较有代表性的招聘岗位,发现以下四大特点:

1. 招聘岗位长期"虚位以待":岗位长期在线,一种可能是难以找到合适的人选,另一种可能是因为数据合规人才需求增长,招聘规模扩大。

2. 能力需求综合性强:要求应聘者具备综合知识和实践解决能力,包括数据跨境业务能力等。

3. 薪资基础岗到管理岗跳跃性显著:数据合规基础岗位的薪资仅仅略高于一般法务人员的薪资,而管理岗位尤其是"总监"岗位的薪资待遇显著提高。

4. 薪资水平持续提高:与 2023 年相比,同等类似岗位,薪资总体在提高。其中既有人才供需矛盾,也反映岗位重要性提升。而后者,一方面是监管提速提门槛,另一方面是因为实践问题解决难度在不断提高。

一、人才需求现状

随着数字经济的快速发展和相关政策法规的不断完善,数据合规人才的需求日益增长,呈现出需求主体多元、行业分布广泛、地区差异明显的特点。

286 / 数据资产升维：从场景合规到价值释放

(1) 需求主体多元：随着数据资源入表政策的正式实施以及《"数据要素×"三年行动计划（2024—2026 年)》等一系列旨在激活数据要素潜能的政策相继出台，数据合规专业人才的需求主体正经历着前所未有的拓宽，涵盖政府部门、企业乃至第三方服务机构等。

(2) 行业分布广泛：我们梳理发现，对数据合规人才需求遍布各行各业。互联网行业是数据合规人才的最大需求方，其次是信息技术业、汽车研发/制造业、互联网金融业等数据密集型行业，以及正走在数字化转型路上的服务业、咨询业等（见图 10 - 1 - 1）。

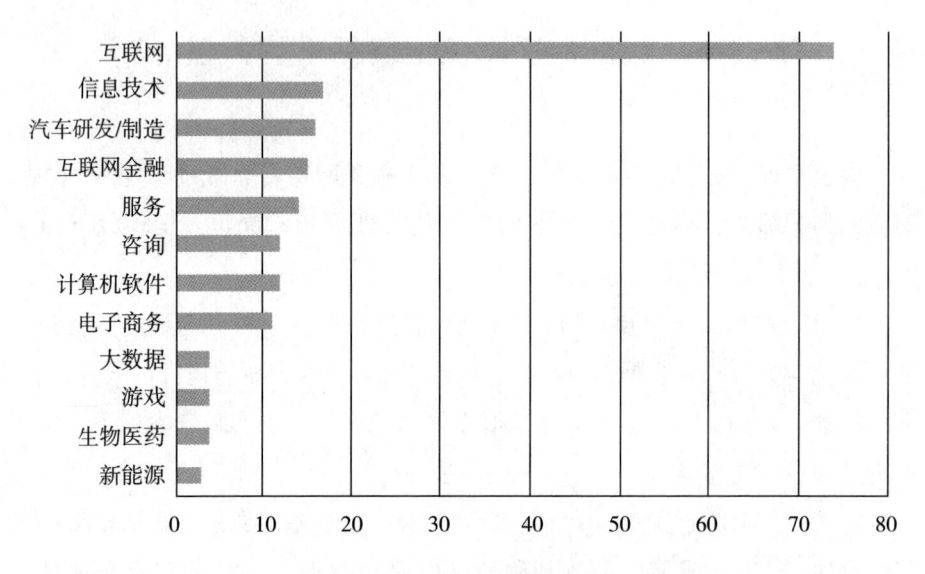

图 10 - 1 - 1　数据合规人才招聘需求行业分布

(3) 地区差异较大：数字人才的区域分布与数字经济发展水平高度一致。数字人才大量聚集在一线城市和新一线城市，整体来看，主要集中分布在东部和南部沿海城市。根据 2022 年人瑞人才与德勤共同开展的产业数字人才研究调查，2022 年下半年数字人才需求最大的前十大城市，其中前四位是一线城市，第五位到第十位是新一线城市。这十大城市合计占全国数字人才的 75%（见图 10 - 1 - 2）。

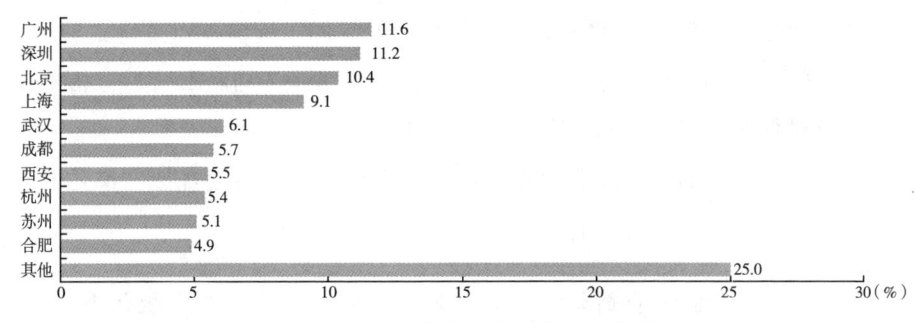

地区	百分比
广州	11.6
深圳	11.2
北京	10.4
上海	9.1
武汉	6.1
成都	5.7
西安	5.5
杭州	5.4
苏州	5.1
合肥	4.9
其他	25.0

图 10-1-2　数字人才需求地区分布

图源：人瑞人才与德勤"产业数字人才研究调查 2022"

二、企业需求岗位具体分析

在数字化转型加速的今天，数据合规已成为企业不可忽视的战略环节。

个人的能力需求实质上是组织能力需求的具象化体现。组织在数据合规领域的法定要求决定了其对人才能力的具体要求。

菜鸟-数据合规专家-杭州　25-45K·16薪　　五险一金　补充医疗保险
杭州　3-5年　本科

查看更多优选职位

职位描述　　　　　　　　　　　　　　　　　　　　微信扫码分享　举报

数据安全管理经验　APP合规　隐私合规　IT审计经验　GDPR

职位描述：
1、基于GDPR、PDPA、LGPD、PDPO等各国个人信息保护法律要求，推动菜鸟国际业务数据合规风险识别和治理；
2、通过国际数据合规整体体系机制和标准政策的建设，形成数据合规产品和能力解决方案，机制能有效设计并深度运营；
3、快速、深度了解业务，并基于业务场景、行业水位、合规要求多维度评估判断数据合规方案，保障业务顺利运作；
4、解读新增数据合规和数据安全要求，结合业务实际场景，迅速响应并体系化开展落地工作；
5、基于特定业务场下，开展与国际监管就数据合规工作的沟通，并有一定程度应对国际数据合规各类日常检查工作。

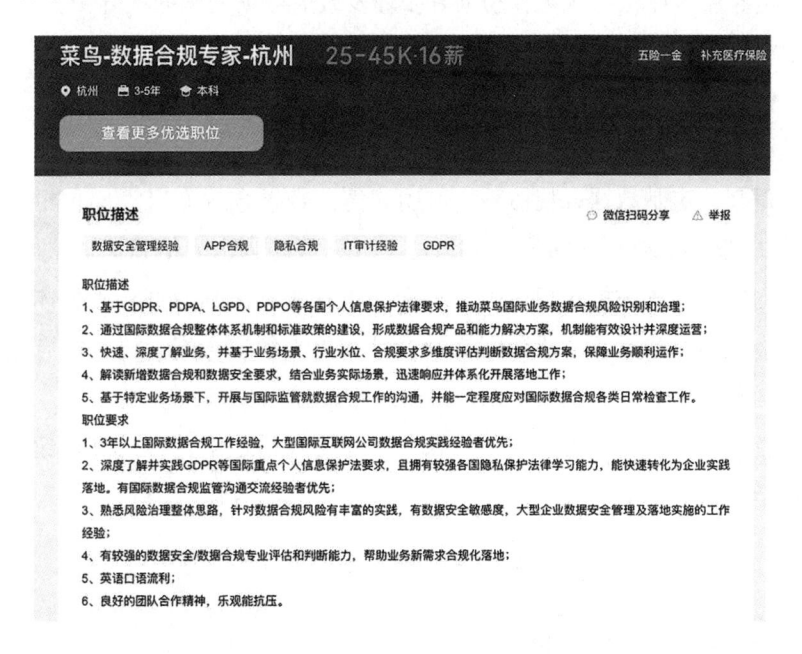

职位要求：
1、3年以上国际数据合规工作经验，大型国际互联网公司数据合规实践经验者优先；
2、深度了解并实践GDPR等国际重点个人信息保护法要求，且拥有较强各国隐私保护法律学习能力，能快速转化为企业实践落地。有国际数据合规监管沟通交流经验者优先；
3、熟悉风险治理整体思路，针对数据合规风险有丰富的实践，有数据安全敏感度，大型企业数据安全管理及落地实施的工作经验；
4、有较强的数据安全/数据合规专业评估和判断能力，帮助业务新需求合规落地；
5、英语口语流利；
6、良好的团队合作精神，乐观能抗压。

图 10-1-3　菜鸟-数据合规专家招聘

图源：Boss 直聘

菜鸟2024年10月30日发布的"数据合规专家"岗位，以高达2.5万~4.5万元人民币×16薪的待遇吸引了广泛关注。如此高的薪酬背后，折射出的是企业对数据合规人才的高度渴求和重视。

那么，什么样的人才方能胜任这样一份责任重大、待遇优厚的岗位？又有哪些关键能力是必不可少的呢？

（一）核心职能一：解读数据合规监管需求+定制数据合规体系

解析：读得懂，搭得起

读得懂：解读数据合规监管需求。在数据合规领域，紧跟国内外政策法规的快速演变，深度解读并及时响应监管新要求，是每位数据合规人才的基本功。他们需要根据相关监管法律法规，设计并实施一套全面的企业或政府全生命周期的数据合规流程体系，确保数据在采集、处理、存储至使用、删除的全链路中遵循法律规范，扮演好企业及政府数据安全的"守护神"。

上海数据交易所"数据合规经理"一岗的职责描述中，明确提及"法规解读，持续关注全球个人数据保护和数据安全相关立法趋势和动态，解读数据合规相关要点，分析重要执法案例"。

搭得起：定制数据合规体系。前述菜鸟"数据合规专家"岗位招聘中明确提及"基于GDPR、PDPA、LGPD、PDPO等各国个人信息保护法律要求，推动菜鸟国际业务数据合规风险识别和治理；通过国际数据合规整体体系机制和标准政策的建设，形成数据合规产品和能力解决方案，机制能有效设计并深度运营"。

抖音"隐私安全策略专家"一岗的工作内容描述中，将"支持建立和完善数据全生命周期的制度、流程和规范"作为重要内容。

（二）核心职能二：风险预防+管控策略

解析：防得住，管得好

防得住：风险预防。数据合规人才需要主导内部合规审计，预先识别潜在风险点并评估其影响，提出切实可行的改进建议，构建主动防御机制。作为内外沟通的桥梁，还需协同完成外部审计任务，优化监管互动，提高审计效率。为强化自我合规证明，需推动企业获取 ISO 27001、ISO 27701、ISO 37301 等国际认证及实施信息安全等级保护，筑起坚固的合规防线。

管得好：前述菜鸟"数据合规专家"岗位招聘中明确提及"熟悉风险治理整体思路，针对数据合规风险有丰富的实践，有数据安全敏感度"。识装"隐私合规专家"一岗同样将"独立支持产品需求的合规性评审/个人信息安全影响评估"和"独立支持安全认证工作，如通保、等保、ISO 27001、ISO 27701 实务工作"作为工作内容的重要环节。

（三）核心职能三：合规文化培育＋教育实时落地

解析：养得起，教得好

养得起：合规文化先行。重视、培育并推广数据合规文化，在整个数据生态建设中起着至关重要的作用。数据合规相关认证体系（如 ISO 27001）已将信息安全文化建设列为重要内容。

同时，组织的数据安全文化体系建设也是数据控制者的法定义务。在数据泄露的因素中排序最高的是员工问题，其中员工对数据安全意识的薄弱是重要原因，类似简单的钓鱼软件会成为网络攻击的一种常见手段，也是因为员工的安全意识不到位。

教得好：全员合规的学习培训，分层专业化。通过定期培训增强全员合规意识，是数据合规人才的关键职责。他们需将复杂的合规知识转化为易于理解的内容，解答各部门疑问，提供法律指导，确保企业及政府上下在数据使用上步调一致，合规先行。

比如，东方财富将"开展行情数据合规培训和宣传工作"作为"行情合规"岗的职责之一。抖音对"隐私合规专家"工作内容的描述中同样强调"将专业合规实践能力输出为专业实操指南，沉淀于知识库，并提供公司内部的培训以及打造行业影响力"。

（四）核心职能四：应急响应＋危机管理

解析：跑得动，灭得快

跑得动：应急响应标准化。面对数据安全突发事件，数据合规人才需迅速启动应急计划，高效协调资源，最大限度减少损失。在数据泄露等危机中，需快速追踪问题源头，及时制定并执行有效解决方案，通过上下游协作，恢复数据安全秩序。灼桉（上海）网络科技有限公司在"数据合规专家"一岗的职责描述中，明确指出"监测公司信息安全管理水平和安全隐患，制定相应应急预案并定期演练，积极预防及处理信息安全事件"。

灭得快：危机管理体系化。危机处理与应急响应不同，应急响应侧重于对当下危机事件的解决，重点在"响应"。而危机管理体系，侧重于通盘规划整体的危机事件处理流程，不仅包括应急响应，也包括对事前的预防风险能力，事中的应急响应机制，以及事后的危机复盘改进等，是全风险管理流程中高风险定义下的危机管理体系建设。

(五)特殊能力一：数据合规战略规划

具备战略思维看待数据合规。数据领域法律法规日新月异，各组织必须"居安思危"，这就需要具备数据合规战略规划能力的人才帮助客观精准分析宏观趋势，制定契合组织发展的战略规划，使组织拥有更全面、前瞻性的解决方案，维持竞争优势，持续立于不败之地。

北京国际大数据交易所"信息安全岗"的职责描述中，将"负责组织网络数据安全顶层设计和统筹规划，落实上级监管单位网络数据安全制度，组织制订公司网络安全制度体系"列为首要内容。唯品会"数据安全专家"一职的职责描述中，也明确强调"负责公司数据安全顶层规划设计和方案验证"。

(六)特殊能力二：数据产品创新+数据资产价值实现

创新思路与价值挖掘视角，用好数据合规。产品数据化，数据产品化，真正助力企业筑牢数据合规底座，拉升数据赋能商业价值。数据转化为商业价值已毋庸置疑，因此，具备数据产品设计思维与数据资产管理能力，虽非传统合规角色的直接要求，却日益成为组织寻求的宝贵附加技能。这一点在数据交易所等专业机构的招聘需求中最为明显。

深圳数据交易所专设数据应用部，其在"高级数据应用专家"的岗位职责中，明确将"负责行业数字化建设中数据赋能部分的咨询，通过洞察主动发现新机会点，前瞻性地识别行业数据赋能以及智能化应用的机会点"列为第一要点。

大型企业同样表现出对数据资产价值识别能力的重视，如美团在其"数据安全专家/高级专家"职位描述中，明确要求"负责美团资产分类分级（PII 信息，经营信息等）及大数据平台的安全风控建设"，展现出对合规人才创新性与前瞻视野的高度重视。

三、结语

随着数据合规人才需求持续增长的行业态势，企业对数据合规人才的需求呈现出主体多元、行业分布广泛、地区差异较大的特点。企业对数据合规人才的能力需求也趋向多维化，既涵盖核心智能要求，要求人才解读数据合规监管需求、定制数据合规体系、做好风险预防、制定管控策略、培育合规文化、增强合规意识、提升应急响应能力、建立危机管理体系；又注重人才特殊能力，强调实现数据合规战略规划，以及通过创新能力转化数据资产价值。

下一节将从数据合规岗位需求能力模块出发，进一步拆解数据合规人才能力要求，构建数据合规岗位能力模型。

第二节 数据合规：高薪法务必备专业知识

两大科技巨头同步押注数据合规人才，揭示了一个不可逆的趋势：数据合规已成为全球企业的战略要塞。

2025 年 1 月，DeepSeek 一则 AGI 法务岗招聘信息引发热议：年薪超 90 万元、要求全流程参与 AI 模型与产品的法律安全治理。当企业为一个法务岗位开出超 90 万元年薪时,释放的信号已远超"高薪"本身——这是人工智能与数据合规浪潮下的全球人才争夺战。DeepSeek 聚焦三大核心能力,锚定行业标杆:

1. 全球合规视野——以法律知识为底座,应对 GDPR 等国际法规时游刃有余,同步解决跨境数据流通与本土化合规问题;

2. 技术+法律双栖能力——既要能制定前瞻性的风险预防策略,更需以数据分析与信息安全等专业技术能力为硬核支撑,实现法律合规与技术驱动的同频共振;

3. 全流程风控——从 AI 模型研发到商业落地,强调多领域跨界融合,立足技术、商业与法律的交汇点,将法律需求嵌入技术生命周期的每个环节。

无独有偶,大洋彼岸的 OpenAI 也同步抛出"25 万~35 万美元+股权激励"的橄榄枝招募数据合规"镜像人才",职责直指"跨境数据风险管控"与"全球合规体系搭建",尤其青睐拥有深厚实战经验的候选人。两家企业不约而同地将"国际数据合规经验"列为硬门槛,印证了数据治理的无国界挑战——无论是中国大模型企业的出海,还是海外巨头的本土化扩张,合规人才必须同时驾驭多法域、多技术的复杂战场。

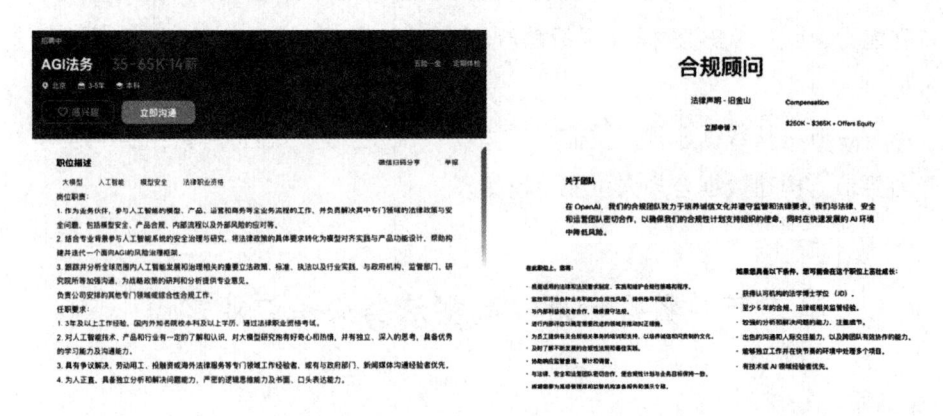

图 10-2-1　DeepSeek 和 OpenAI 招聘信息

图源：Boss 直聘、OpenAI 招聘官网

在上一节中，我们揭开了各大知名企业及头部互联网平台"数据合规"岗位的神秘面纱，发现不少关键职位长期处于"虚位以待"的状态。一边是 DeepSeek、OpenAI 以百万年薪"抢人"，另一边却是头部企业长期"一将难求"。究其根源，是数字化转型对人才的极致要求：法律功底、技术思维、国际视野、实战经验缺一不可。

当 90 万年薪成为行业起跑线，数据合规人才需要具备哪些关键素质和技能迎接这场全球竞赛？本节将通过真实的招聘案例，继续分析需求端的招聘密码，带您一探数据合规岗位所需的核心能力模块：法律知识底座、专业技术支撑、项目实战经验和跨界创新融合思维。

一、数据合规岗能力要求拆解

DeepSeek 及 OpenAI 等数据创新企业的合规招聘信息作为"冰山一角"，揭示了企业在数字化转型浪潮中对数据合规人才设立的高标准和严要求。市场对数据合规岗位的能力需求已经超越了单一领域专长，转向多维度、全方位的综合能力。

（一）法律知识底座

数据合规的基石是对法律法规的深刻理解。具体要求如下：

掌握中外法律：不仅要熟悉本国数据保护法律、政策及标准，还需具备全球视野，通晓国际数据合规规则。特别是对于跨国企业而言，理解 GDPR（《通用数据保护条例》）、CCPA（《加州消费者隐私法案》）等国际法规至关重要。因此，出色的外语能力也成为标配。

◇ 阿里"菜鸟-数据合规"岗，明确提出要求"深度了解并实践 GDPR 等国际重点个人信息保护法要求"。

◇ 上海数据交易所设有国际专区组织，负责"研究分析跨境数据流通市场现状和相关政策，汇总各国数据应用案例，制定短期和长期目标及工作任务清单""完善国际数据流通交易相关制度规范和业务指引，高效组织形成标准文件"。

理解行业法规：需掌握所处行业的特定法规要求，如金融、医疗、汽车等领域的行业数据保护法规。

◇ 蔚来"资深法律顾问（国际数据合规）"岗要求"参与制定汽车数据安全、隐私保护、自动驾驶相关标准，对国内外法律法规、行业政策与标准进行跟进及解读"。

持有专业资质：在数据合规法律知识领域，若具有显性证明（如持有CIPT、CIPM、CIPP、CISSP、CISA、ISO27001LA、CISP、DPO等国际认可的专业资质），则可以直观体现专业性，这些资质是组织招聘时的重要考量指标（加分项），也能助力个人在竞争激烈的职场中脱颖而出。

◇ 深圳数据交易所"高级技术专家（数据安全）"岗位明确指出"持有CISSP、CISP、ISO27001 LA、CISA认证资格者优先"。

◇ 同程"安全合规工程师岗位"列明"持有CISA、ISO27001LA、CISP、CISSP者优先"。

（二）专业技术支撑

技术是数据合规的硬核支撑，理想的人才需具备以下几个方面的技术能力和专业知识：

大数据技术研发背景：拥有计算机科学、数学等相关领域的教育背景，可以更好地理解互联网产品的技术架构，为数据保护提供技术支持。

◇ 抖音"隐私安全策略专家"岗要求应聘人员具备计算机、数学相关专业背景，"熟悉互联网研发架构"且有"研发背景，或具备良好的工程理解能力，能够快速掌握技术架构的设计、挑战和相关风险"。

数据与信息安全技术：数据合规专家需要熟悉各种安全技术和方法，以保护数据免受未经授权的访问、使用或泄露。

◇ 唯品会"数据安全专家"岗位要求"精通一项或多项数据

安全技术、方案与流程；深入理解数据安全生命周期的技术手段，例如：数据资产发现与管理、数据分类分级、数据加密、数据脱敏等，且有实践落地经验"。

数据分析与风险识别：在数据驱动的时代，能够从海量数据中提取有价值的信息，并据此作出决策变得越来越重要。专业人士需要能够利用统计学、机器学习等技术进行数据分析，及时发现潜在的安全隐患或合规问题。

◇ 蚂蚁集团"数据安全"岗直接将"具有 Python、SQL 等脚本开发能力，具备通过数据分析发现风险能力"列为能力要求之一。

（三）项目实战经验

纵览所有企业端的数据合规人才招聘信息，实战经验是企业对候选人的核心要求：

3 年以上的工作年限：3~5 年的相关领域工作经验已成为数据合规岗位的基本要求。一些高级专家岗位，工作年限甚至要求在 10 年以上。

◇ 唯品会"数据安全专家"岗要求候选者具有"10 年以上数据安全工作经验"，其中包含"5 年以上团队管理经验"。

国际视野与实战经验：外资集团、出海企业以及涉及涉外业务的内资企业，绕不开的是数据跨境流通的合规管理问题，具有国际数据合规视野与知识，具有国际数据合规实战经验尤为重要。

◇ 菜鸟"数据合规专家"岗要求候选者具有"3 年以上国际数据合规工作经验，有大型国际互联网公司数据合规实践经验者优先；深度了解并实践 GDPR 等国际重点个人信息保护法要求，且拥有较强的各国隐私保护法律学习能力，能快速转化为企业实践落地。有国际数据合规监管沟通交流经验者优先"。

跨部门协作与沟通协调：数据合规不是孤岛作业，它需要跨部门间的密切合作。因此，数据合规岗位往往偏好具有丰富实战经验的候选人，这意味着，除了深厚的理论基础，既往实操项目"斗争"沟通协调经验同样重要。

◇ 腾讯会议"数据合规产品策划"岗要求候选人"具备良好的团队合作能力、分析能力和沟通能力"。

项目落地与成果导向：企业更倾向于招聘能够快速适应并有效推动项目落地的资深人才。

◇ 抖音在"隐私安全策略专家"一职的招聘信息中明确要求"具备优秀的技术与业务结合能力，有较强的落地和拿结果的能力"。

◇ 满帮的"数据安全资深工程师"岗位要求候选人"有实际落地经验"，能推动数据安全策略落实执行。

（四）跨界创新融合思维

数据合规不仅是法律问题，还涉及技术研发、业务流程、风险管理、产品设计等多个维度。在当代复杂多变的数字环境中，数据安全合规人才越来越需要具备跨界创新融合思维，能够指导企业实现"商业价值"与"法律合规"的最佳平衡。

跨行业专业背景：掌握金融、数学、法律等多领域知识，为解决复杂问题提供全面视角。

◇ 上海数据交易所专设"资产交易部"，要求部门招聘的人才具备金融、经济、数学、市场营销、管理等专业背景。

创新拓展思维：保持开放心态，勇于探索新技术、新模式。

◇ 上海数据交易所市场发展部的招聘需求中明确列出"有创新意识，敢于接受与挑战新兴事物"。

◇ 百度"数据安全与合规产品负责人"职位要求候选人"有良好的业务理解洞察能力，能够横向协同，跨界整合资源，有效结合业务和技术创新，形成完整的数据安全解决方案"。

二、结语

通过对 DeepSeek 及其他领先企业的招聘信息进行详细解析，我们得以全面了解数据合规岗位所需的能力模块。

数据合规岗位的需求正在从单一领域专长向综合型转变。市场呼唤复合型选手——他们不仅要有深厚的法律基础、扎实的技术功底，还需拥有丰富的实战经验、出色的跨部门协作能力、良好的国际交流语言水平、权威的职业资质认证，以及持续的学习态度。

对于有志于此领域的专业人士而言，这既是挑战也是机遇。面对行业的高标准要求，需要不断磨砺自身，构建全面的能力体系，方能应对日益复杂的市场需求。

在后续内容中，我们将进一步整合这些要素，以呈现一幅清晰而全面的能力构建蓝图。

第三节　数据合规岗位能力构建"一张图"

在数字化浪潮席卷全球的今天，数据合规已从"加分项"演变为企业生存的"必答题"。以 DeepSeek 为代表的企业面临的数据监管挑战正是典型案例。

前两节内容揭示了市场对复合型数据合规人才的迫切需求——既需精通法律与技术的"硬实力"，又需兼具商业思维与创新能力的"软实力"。

面对数据业务复杂化与监管趋严的双重挑战，企业应当如何构建适配的人才能力体系？

本节将以"一张图"为核心，系统拆解数据合规岗位的四大能力维度与底层支撑逻辑，为企业合规人才的选拔与培养提供清晰路径。

298 / 数据资产升维：从场景合规到价值释放

一、数据合规人才类型：启信宝的应用与实践

根据合合信息科创板上市申请文件第三轮审核问询函的回复内容，该公司的合规与信息安全组织架构见图10-3-1，清晰地展现了数据合规人才类型的三个层次。

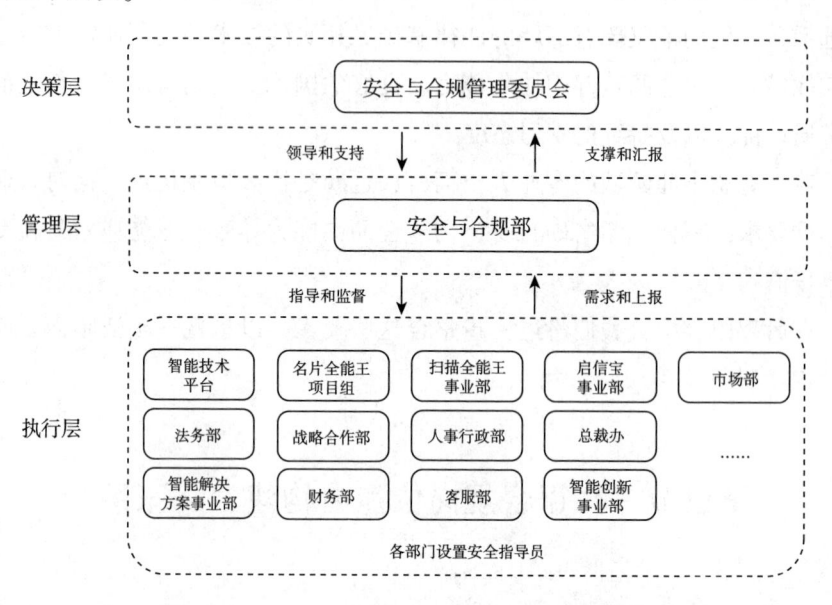

图10-3-1 合合信息的合规与信息安全组织架构

图源：合合信息上市申请文件的第三轮审核问询函的回复

三层组织架构对应着组织的三类数据合规人才需求（见表10-3-1）：

表10-3-1 合合信息合规与信息安全组织架构人才需求分析

战略地位	组织/人员名称	主要角色内容	对应层级人才
决策层	安全与合规管理委员会	为公司合规与信息安全相关事务的最高决策机构。安全与合规管理委员会由董事长担任委员会主席，由大数据技术负责人、AI技术负责人等组成委员会委员。董事长为安全与合规管理委员会第一负责人。安全与合规管理委员会对公司产品的用户个人信息安全负有全面的领导责任	顶层战略规划人才

续表

战略地位	组织/人员名称	主要角色内容	对应层级人才
管理层	安全与合规部	安全与合规管理委员会下设安全与合规部，负责公司合规与信息安全日常管理工作，贯彻安全与合规管理委员会的相关决议，监督、协调和规范公司的合规与信息安全工作	数据合规管理人才
执行层	各部门安全指导员	各事业部、项目组是合规与信息安全的执行机构，负责执行相关管理要求，落实具体工作	数据合规应用人才

二、一张图：数据合规能力模型

通过前文分析，我们了解到市场最需要什么样的数据合规人才以及市场最缺失什么样的数据合规人才。接下来将探讨数据合规能力模型，为解决如何精准找到对的人以及从哪些维度培养人才提供参考（见图10-3-2）。

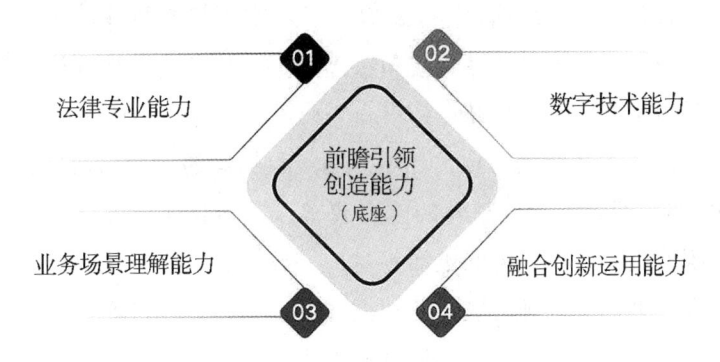

图10-3-2 数据合规能力模型

（一）四角能力模型

结合数据经济时代社会与企业的实际需求，我们总结出"四角能力模型"，即除了一般岗位人才底层通用素质外，需要具备下述四个方面的特色能力：

第一角：法律专业能力。数据合规与个人信息保护的法律专业知识是核心竞争力的基础。法律专业能力的建设，对应到需求侧的岗位职责，即为解读数据合规监管需求和定制数据合规体系（见本章第一节"数据合规岗位招聘需求'大盘点'"）。合格的数据合规人才需要精通数据领域的法律规范，包括但不限于数据安全、网络安全及个人信息保护的基础法律知识、不同行业（如金融、汽车、AIGC、医疗健康等）的特定法律法规，并熟悉各类应用场景下的法律合规要求，如 App 个人信息保护、个人信息合规审计、个人信息保护影响评估（PIA）以及数据跨境流动等。同时，他们还应拥有持续学习的能力，关注国际数据合规立法与执法趋势，及时更新并应用最新的数据领域法律法规。最重要的是，要有能力解读数据合规相关要点，分析重要执法案例，及时响应监管新要求。

第二角：数字技术能力。正如本章第二节"数据合规：高薪法务必备专业知识"中的分析，专业技术支撑是胜任数据合规岗位的核心能力要求。数据合规岗位人才需与技术团队紧密合作，对基础技术的理解不可或缺。这包括对互联网移动端/Web 端/服务端/数据平台常用技术特性的了解，以及掌握至少一种编程语言（如 C++、Java 或 Go）和 SQL 数据库操作能力。此外，还需具备密码学知识，并保持对新兴技术（如 NFT、区块链、AIGC 等）的关注，以应对不断变化的技术环境。国家数据局的首期招聘公告中，就将"有密码学研究经验"列为额外的能力要求。而在企业数据合规岗位的招聘需求中，提及信息技术能力的更加普遍。

第三角：业务场景理解能力。数据安全往往与企业核心业务经营息息相关，因数据合规而进行的产品功能调整关系到用户的切身体验，影响业务商业利润（例如，基于个人信息保护要求而在 App 中上线处理用户敏感个人信息的"单独同意"功能，将直接影响客户的操作体验；在商业营销维度，利用个人画像进行用户个性化推荐，基于法律法规要求上线"用户标签控制权""用户拒绝权"功能，将直接影响个性化广告的商业变现）。因此，数据安全合规人才必须对业务场景具有深度理解的能力。此外，基于数字经济的高速发展，数据合规人才亦需要理解数字技术底层逻辑，以便与产品/技术人员具有相同话语体系，共同探讨技术迭代对于业务的影响。

第四角：融合创新运用能力。数据合规人才的核心竞争力不仅在于前述三项能力，更在于其"融合创新运用能力"。这种能力使他们能够洞察市场商业需求，并将复杂的数据法律专业知识转化为市场和技术团队易于理解的合规建议，以此推动企业的商业发展。正如在本章第一节"数据合规岗位招聘需求'大盘点'"中所强调的，数据产品创新和资产优化是企业竞争力的关键。这些高阶人才正是这些理念的积极实践者和有力推动者，他们不仅能够识别数据资产的潜力，还能通过合规性分析和风险管理来优化数据资产配置，从而提高数据的商业利用效率。他们的工作既能确保企业运营的合规性，又能为企业的持续创新和资产增值提供坚实的基础。

(二) 底座能力

在"四角能力模型"中，底座部分是整个模型的生命力所在，代表的是数据合规人才的"前瞻引领创造能力"。

这一底座能力面向未来，更强调"如何在新技术环境下保持合规并创造价值"。与"融合创新运用能力"相比，后者主要解决"如何在现有框架下实现合规与创新"的问题，更多关注现有法律法规与技术在当前市场中的应用和创新，强调将已有的法律和技术知识与当前的商业需求相结合，提出具体的、可操作的合规建议，以推动业务发展。"前瞻引领创造能力"则超越了现有框架，它要求数据合规人才具备对新产业、新技术（如算法、区块链、AI 等）发展趋势的敏锐洞察力和前瞻性思考能力，能够预见并应对未来可能出现的法律风险和伦理挑战。

以算法技术为例，随着人类社会进入智能时代，算法逐渐成为接管乃至替代人类作出部分决策的"准权力"。这种变化不仅彰显了算法在现代社会中的重要作用，也带来了诸多风险与挑战，特别是对人的主体性的冲击，引发了透明性、公平性、算法歧视、自主性、隐私安全以及可责性等诸多伦理问题。算法歧视的危害性不容忽视。在犯罪评估、信用贷款、雇佣评估等涉及人身利益的场合，算法决策的微小的失误或歧视，可能会影响具有类似情况的人群或种族的利益，造成规模性的影响。而且，算法决策的失误或歧视在后续的决策中可能会被放大，形成连锁效应，导致长期不公。因此，具备"前瞻引领创造能力"的数据合规人才需要关注算法在不同应用场景中的伦理问题，确保算法的设计和应用符合道德标准，避免对社会和个人造成负面影响。

"前瞻引领创造能力"是数据合规人才在数字化转型中不可或缺的核心素质，它不仅为人才的全面发展提供了坚实的基础，确保他们在遵守法律法规的同时，能够把握新技术带来的机遇，还赋予了他们强大的适应性和创新能力，以应对未来挑战。

三、微观案例：数据财税律师的诞生

在当前数据驱动的经济环境下，数据资源的入表正成为企业评估自身价值和竞争力的关键因素之一。这一趋势催生了一个全新的职业领域——数据财税人才。

正如我们在第六章论述数据资产与高新技术企业之间的"标配"关系时所指出的，这是全新的知识体系与新的商业场景的融合。作为连接数据科学、财税知识与法律合规的专业人士，数据财税人才不仅需要深刻理解财税法规和数据入表规则，还要具备先进的数据分析能力和敏锐的数据合规意识。他们的出现，不仅标志着专业服务领域的一次重要革新，也是跨学科知识融合与实践应用的新里程碑。

数据财税人才的核心竞争力在于其独特的"咬合力"，能够"咀嚼"数据，吸收转化，从而形成可利用的数据资源。通过这种方式，数据财税人才不仅帮助企业将数据转化为资产，实现财务报表的健康呈现，还能够有效地衡量企业的研发能力和创新能力，真正释放"数据生产力"。

在企业数字化转型过程中，数据财税人才发挥着不可替代的作用。他们不仅能够为企业提供全面的数据处理和分析服务，确保企业充分利用数据资源创造商业价值，同时还能帮助企业规避潜在的法律风险，确保所有操作符合国家及地方的相关法律法规要求。这种综合能力的体现，使数据财税人才成为企业不可或缺的合作伙伴。

四、结语

数据合规不仅是风险防控的"防火墙",更是企业数字化转型的"助推器"。通过"四角能力模型"(法律专业、数字技术、业务场景理解、融合创新运用)与前瞻性底座能力的深度融合,企业可锻造出既能护航合规、又能驱动业务增长的复合型人才梯队。

然而,人才供给的断层与市场培育的碎片化仍是行业痛点。如何破解这一难题?本章第四节"数据合规岗位市场培育'一盘沙'"将聚焦人才培养的实践路径,剖析当前数据合规教育市场现状,探讨校企合作、跨学科课程设计等创新方案。

第四节 数据合规岗位市场培育"一盘沙"

在本章第一节"数据合规岗位招聘需求'大盘点'"中,我们揭开了企业对数据合规人才需求的井喷之势;本章第二节"数据合规:高薪法务必备专业知识"进一步拆解了"法律知识+专业技术+项目实战+跨界创新"的复合能力要求;本章第三节"数据合规岗位能力构建'一张图'"则为从业者指明了进阶路径("四角+底座"数据合规能力模型)。

然而,一个核心矛盾始终悬而未决:市场急需人才,但人才供给却如散沙难聚。

一边是国家队认证多而不强,一边是企业培训重视度不足,更有市场化机构乱象丛生。反观国际,DPO(数据保护官)、IAPP(国际隐私专业人员协会)等成熟认证体系已形成标准化发展路径。本节,我们将深入剖析国内外数据合规人才培育的"散沙困境",进而探寻从"野蛮生长"到"体系化培育"的破局之道。

一、国内市场培育现状："散"在何处

从市场需求出发的学习培训是数据合规人才培养的重要一环，本应是"国家队认证＋企业内训＋专业机构培训"的三足鼎立。但现实却是——多而不强、重视不足、质量参差，三大主体各自为战，难以形成合力。

（一）国家队认证：多而不强

近年来，为深入推进数字经济发展，加快数据安全专业人才培养进程，缓解人才短缺困境，行政机关联合事业单位、行业协会等推出了多种认证，包括 CISP（注册信息安全专业人员）、CISAW（信息安全保障人员认证）、CDSPC（网络与数据安全岗位能力认证）等。但这些认证的发证单位不同、定位尚不清晰，且是否互认仍存疑问。

表10-4-1是我们检索到的部分国内数据合规专业人员认证（不完全列举）。

表10-4-1 部分国内数据合规专业人员认证

序号	认证名称	简称	发证单位	单位性质
1	信息安全保障人员认证（Certified Information Security Assurance Worker）	CISAW	中国网络安全审查认证和市场监管大数据中心（CCRC）	国家市场监督管理总局直属正司局级事业单位
2	网络与数据安全岗位能力认证（Cyber and Data Security Post Competency Certification）	CDSPC		
3	网络安全应急响应工程师（Cyberspace Security Emergency Response Engineer）	CCRC-CSERE		
4	数据安全评估师（Data Security Assessor）	CCRC-DSA		
5	数据安全官（Data Security Officer）	CCRC-DSO		

续表

序号	认证名称	简称	发证单位	单位性质
6	注册信息安全专业人员（Certified Information Security Professional）	CISP	中国信息安全测评中心（CNITSEC）	中央批准成立的事业单位，是国家信息安全权威测评机构
7	注册信息安全员（Certified Information Security Membe）	CISM		
8	注册信息安全工程师（Certified Information Security Engineer）	CISE		
9	注册信息安全管理员（Certified Information Security Officer）	CISO		
10	DCMM 数据管理师（Certified DCMM Professional）	CDP	中国电子信息行业联合会、工业和信息化部教育与考试中心	工业和信息化部教育与考试中心是工业和信息化部直属事业单位
11	DCMM 数据合规师	DCO		
12	中国网络空间安协会数据安全专业人员认证（Certified Data Security Professional）	CDSP	中国网络空间安全协会（CSAC）	中央网信办办管社会组织

（二）企业内部培训：重视不足

《网络安全产业人才发展报告（2023年版）》数据显示，超半数的企业尚未开展体系化的网络安全培训。从业人员获取新知识的途径主要依赖于工作项目经验积累（38.27%）、业余自学（32.44%）以及在校学习（12.64%）。这种以自发学习为主的方式，虽然在一定程度上能够促进专业技能的提升，但也暴露出企业对内部培训重视不足的问题：近三成（29.26%）的受访从业人员认为所在单位对网络安全人才队伍建设的重视程度一般，超过四分之一（27.53%）的受访者认为用人单位给予较少重视，甚至有7.57%的受访者认为用人单位对此完全不重视。

中小企业培训经费有限,直接导致数据安全合规培训被忽视。在激烈的市场竞争和有限的资金流压力下,中小企业往往将重点放在维持核心业务运转和实现短期利润增长上,而忽视了合规培训的长远价值。

与此同时,虽然大型企业在资源上相对充裕,但在法规环境和技术快速变化的当下,内部培训的时效性面临严峻考验。培训内容往往难以及时更新以适应最新的法规和技术发展,导致知识与实践脱节。这种脱节不仅削弱了培训的有效性,也影响了企业在数据安全合规方面的整体表现。

(三)国内专业机构培训:质量参差

我国市场化培训主要由专业化机构主导,凭借其高度的开放包容性,成功吸引了来自各个行业的参与者,促进了跨领域知识的融合与实战经验的广泛交流。

表10-4-2是我们整理的部分国内数据合规专业机构培训项目(不完全列举)。

表10-4-2 部分国内数据合规专业机构培训项目

序号	培训项目	主办机构
1	数据资产研修班	上海国家会计学院、上海数据交易所、上海市数商协会
2	数据合规师研修班	上海市法学会、上海数据交易所、上海市数商协会、上海政法学院
3	数据要素×精英训练营	贵阳大数据交易所
4	数据合规高阶实战班	广州数据交易所、南方财经全媒体集团、中国电子技术标准化研究院
5	首席数据官高级研修班	北京国际大数据交易所、工信智联、毕马威
6	首席数据官·数据合规集训	中企智合、中国中小企业协会
7	数据合规实战营	iLaw合规
8	数据合规热门业务实操落地研修班	智合
9	数据合规&知产保护高级研修班	同济大学上海国际知识产权学院、公安部第三研究所人才评价中心、上海市计算机行业协会(上海市知识产权培训基地)
10	数据要素与安全高级研修班	宁夏职业经理人协会

尽管专业机构培训为数据合规人才培育注入了新动能，但该市场目前仍然存在"硬伤"：一是缺乏统一的行业标准和有效的监管机制，导致市场上培训项目的质量参差不齐，内容涵盖范围广泛但深度不足。二是由于师资水平参差不齐，培训机构的讲师资格审核难以保证，使培训的专业水平和实际效果难以保证，从而影响了行业的整体认可度。

在此情况下，学员往往难以从这些培训中获得实质性的技能提升，培训的投资回报率较低。尤其是对于中小企业而言，高昂的培训费用和较大的时间成本成为一道难以逾越的障碍。

二、国际经验：两大体系如何"育才"

相比国内的现状，国际数据合规人才培养已形成两大"标杆"：国际信息科学考试学会（EXIN）的 DPO（数据保护官）体系认证和 IAPP 认证。其核心优势在于——分类精准、全球通行。

（一）EXIN DPO 认证：三级进阶，集成认证

国际信息科学考试学会（EXIN）是国际数字化管理领域的权威人才认证和能力鉴定机构，于 1984 年由荷兰政府经济事务部创办。迄今为止，持有 EXIN 数字化管理资格认证的人员遍布全球《财富》世界 500 强企业。EXIN 认证遍布全球 165 个国家和地区，累计近 300 万的职业人士获得了 EXIN 颁发的资格证书。

EXIN 的 DPO（数据保护官）认证获得全球众多专业人士的认可，是业内权威的数据保护官（DPO）岗位认证之一，涵盖"基础级认证——专业级认证——数据保护官"的完整认证路径。

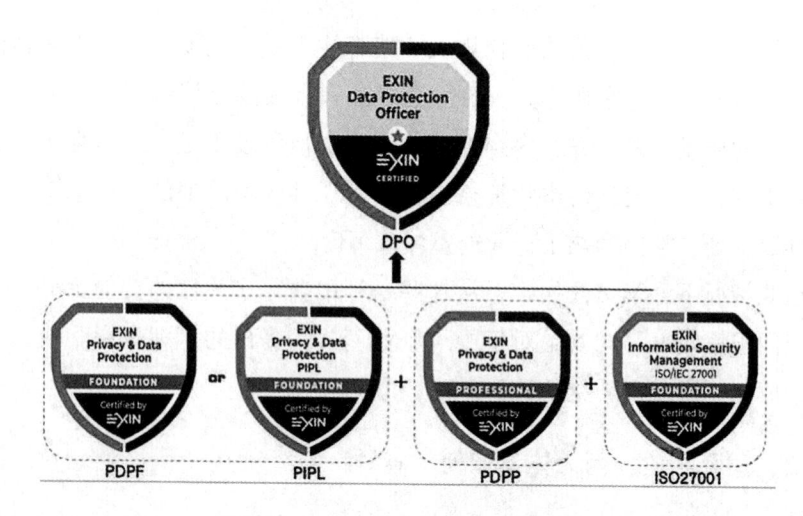

图 10 – 4 – 1　EXIN DPO 认证路径

（二）IAPP 认证培训：精准分类，单一认证

国际隐私专业协会（IAPP）是全球最大的信息安全从业者组织，成立已逾 20 年，目前拥有来自世界各地的上万名会员。IAPP 提供的认证包括三类，分别为合规项认证 CIPP（注册信息隐私专家）、管理项认证 CIPM（注册信息隐私管理师）、技术项认证 CIPT（注册信息隐私技术专家）。

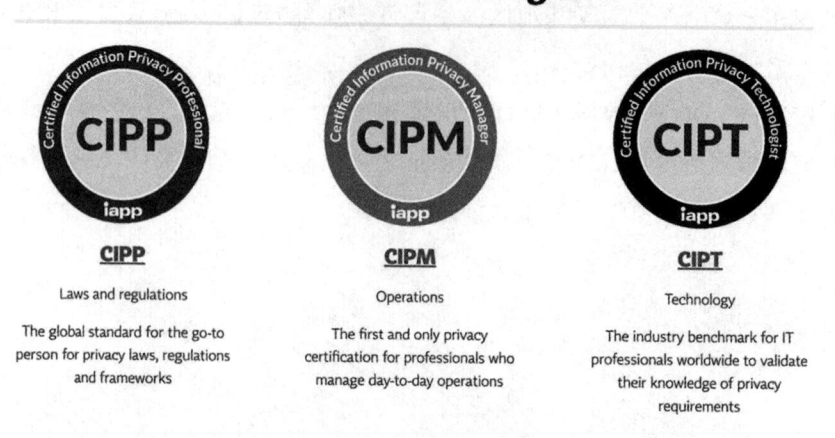

图 10 – 4 – 2　IAPP 认证项目

（三）EXIN vs IAPP：有何不同

针对 EXIN DPO 认证和 IAPP 认证，我们进行了简单对比（见表 10-4-3）：

表 10-4-3　EXIN DPO 与 IAPP 认证对比

对比项	EXIN DPO	IAPP
数据保护官（DPO）岗位认证证书	是	否（仅按单一科目）
认证机构总部	荷兰	美国
机构创办时间	1984 年	2000 年
认证科目覆盖范围	广泛：包含数字化转型、研发效能、服务集成、项目管理、数据隐私＆信息安全等	单一：数据隐私保护
会员制及续期要求	无	有
给初级＆专业级的考试及模块	同时覆盖初级和专业级科目	仅专业级
发证机构背景	荷兰政府创办，国际中立认证机构	会员制组织
认证考试语言	全部 DPO 考试科目中英文双语	英语为主
证书有效期	证书终身有效，无需续证费用	认证维护费：USD 250/2 年 或年度会员费：USD 275/年（含认证维护费）

- "广度 vs 深度"：EXIN 像"综合大学"，培养既懂数据隐私、又通数字化管理的复合型人才；IAPP 则类似"专科院校"，专攻隐私保护细分领域（法规、管理、技术）。
- "一劳永逸 vs 持续付费"：EXIN 证书终身有效，通过即"毕业"；IAPP 需定期续费，更像"订阅制会员"。
- "中立普惠 vs 行业联盟"：EXIN 由荷兰政府创办，认证标准中立，适合全球化企业；IAPP 扎根隐私法体系，采用会员制运营，更贴合细分市场需求。

三、DPO：从"高配"到"标配"的跨越

"数"联世界，数据的价值体现，离不开数据的广泛流通，数据合规人才建设亦不能"闭门造车"，其培养生态的构建应当具备国际化视野。

在数据合规人才与岗位中，最具典型代表的岗位就是数据保护官（DPO），其在数据合规生态构建中，有着非同一般的作用，细微动作就容易形成"蝴蝶效应"。而在这种效应下，基于 DPO 在监管与组织之间建立的良性传导机制，更使其成为数据合规生态中的重要"纽带"。

（一）立法驱动：从"自愿"到"强制"的全球趋势

新加坡打响 DPO 标配要求第一枪。

2024 年 8 月，新加坡个人数据保护委员会（PDPC）不仅在官网强调在新加坡注册的企业必须任命 DPO，还以邮件形式鼓励企业于 2024 年 9 月 30 日前在新加坡会计与企业管制局在线备案平台注册数据保护官（DPO）的姓名和联系方式等信息资料。该要求源自新加坡《个人数据保护法》（PDPA）第 11（3）条规定，"组织必须指定一名或多名人员负责确保组织遵守本法案"。由于新加坡在个人信息保护领域没有为 DPO 的设置设定任何人数或敏感性的门槛，凡是涉及个人数据的组织均应任命 DPO。上述法律规定以及 PDPC 官方邮件提示，体现了新加坡在立法与执法层面，正式开启了 DPO "标配"的先河。

在我国，首席数据官制度蓬勃发展，释放出强烈信号。如 2023 年 1 月正式生效的《北京市数字经济促进条例》第 48 条明确提出，"鼓励各单位设立首席数据官"。从 DPO 任命的角度来看，制度层面推行的首席数据官虽然仍是组织内负责数据领域的角色，但其职责有了明显扩充。《广东省企业首席数据官建设指南》对企业首席数据官的职责说明，不仅涵盖数据治理、数据安全、数据人才、数据文化等传统数据合规职责，更强调了数据增幅、数字创新等新型要求。

（二）市场选择：没有 DPO = 失去竞标资格

没有 DPO，可能连投标资格都没有！

我们在第九章关于 DPO 的重要性的讨论中援引了以欧盟具有代表性的 PREVENT PCP 项目案例，其在该招标书中明确要求投标方配置 DPO 的强制性要求。

而在国内常见的企业招投标所需的资质中，数字化和数据业务相关的招标文件要求投标企业具备 ISO 27001 和 ISO 27701 等相关资质，同时要求投标方具备良好的数据安全/合规保障能力。投标方的数据安全/合规保障能力的最好证明，首先是设置数据安全/合规治理组织架构，并配备 DPO，这是满足能力证明的有利"表征"。

四、结语

综观国内数据合规岗位市场培育的"一盘散沙"，本质是"国家队认证培训多而不强、企业内部培训重视不足、专业机构培训质量参差"的三重困境。

国家队认证需整合，企业培训要加码，专业机构培训待规范，但若忽视高校这一人才源头，所有努力终将是无根之木。

从"散沙"到"基石"——高校是破局新引擎。下一节，我们将探讨"产学研"融合的破局路径，以及如何让高校成为数据合规人才的"产粮基地"。

第五节 数据合规岗位储备：高校布局从零开始

当监管机构因数据违规对科技巨头开出天价罚单，当企业因隐私漏洞深陷信任危机，数据合规已从"选修课"变为"生存必修课"。然而，在这场全球合规竞速中，中国的数据合规人才培养却仍存在"断点"，导致供需两端渐行渐远。

在本章第四节"数据合规岗位市场培育'一盘沙'"中，我们剖析了市场端的无序困境：国家队认证多而不强，企业内训重视程度不足，专业机构培训质量参差。国家队认证需整合，企业培训要加码，专业机构培训待规范，但若忽视高校这一人才源头，所有努力终将是无根之木。

此刻，溯源而上，直击症结：高校如何从零搭建数据合规人才培养的"第一块积木"？本节将穿透教育链的断裂带，拆解学科空白之困、实践脱节之痛，探寻从零开始的破局之路。

一、专业真空：数据合规专业成"试验田"

当前，系统性的、全面覆盖数据合规各个维度的专业项目依然稀缺。

尽管部分高校已开始重视并设立相关专业或课程，如信息安全、数据安全与个人信息保护相关法律课程等，但这些专业的建设仍处于初步阶段，课程设置未能充分反映行业最新动态和技术要求，理论与实践结合度不高，导致毕业生缺乏实操能力和对复杂合规情境的应对策略。

从本科教育的角度来看，目前直接与数据合规相关的专业设立数目为零。

在研究生教育阶段，尽管部分高等学府，如中国政法大学、中南财经政法大学及武汉大学等，已开始探索法学门类下的数据合规人才培养，新创设了数据法学、数字法学、智能法学等专业（见表10-5-1），并开设有诸如"网络与信息法学""电子商务法""大数据、金融科技与法律监管"等课程，但这些项目仍处于初步发展阶段，尚未构建起成熟的人才培养体系，甚至还未向市场输送首批毕业生。

譬如，中南财经大学的数字法学专业为2023年新设、2024年首次招生，课程结构体系尚未定型。由于搭建完整的独立学科周期通常需要5到10年的时间，当前的数据合规人才培养体系仍处于脱节阶段，难以适应当下市场需求。

表 10－5－1　我国数据类法学专业开设情况

（根据中国研究生招生网信息梳理）

门类	学科类别	开设院校	专业	研究方向
法学	法学	中国政法大学	数据学法	不区分研究方向
法学	法学	江西财经大学	数据学法	数据法学基础理论
法学	法学	江西财经大学	数据学法	数据产权与交易
法学	法学	江西财经大学	数据学法	数据合规与监管
法学	法学	江西财经大学	数据学法	数据科技与纠纷解决
法学	法学	中南财经政法大学	数字学法	不区分研究方向
法学	法学	武汉大学	网络法学	网络空间国际法
法学	法学	武汉大学	网络法学	网络犯罪的法律治理
法学	法学	武汉大学	网络法学	大数据与人工智能法律
法学	法学	武汉大学	网络法学	数字经济的法律治理
法学	法学	中国社会科学院大学	网络与信息法学	不区分研究方向
法学	法学	辽宁大学	知识产权与人工智能法学	不区分研究方向
法学	法学	华东政法大学	智能法学	智能法学
法学	法学	华东政法大学	智能法学	数字法学

二、单腿狂奔：泛数据类专业的合规维度缺失

近年来，我国高等教育体系中泛数据类专业的开设呈现爆发式增长。以"数据科学与大数据技术"专业为例，2015 年至 2023 年的 9 年时间内，全国共有 775 所高校（不包括重复备案的情况）成功备案了该本科专业。然而，尽管此类专业的数量显著增加，但它们主要集中在技术导向的专业上，极少将数据安全与合规作为单独的教学重点。

通过研招网的专业信息查询可以发现，管理类与工学类专业仍然是高校泛数据类专业的主要组成部分，占据了梳理结果的 81%（见图 10－5－1）。

虽然这些专业为学生提供了一个进入数据安全与合规领域的入口,但由于课程设置分散,且各自的侧重点各异(如计算机应用能力和数据分析能力),因此对于学生来说,系统化、深入地学习数据安全与合规的知识存在一定的局限性。

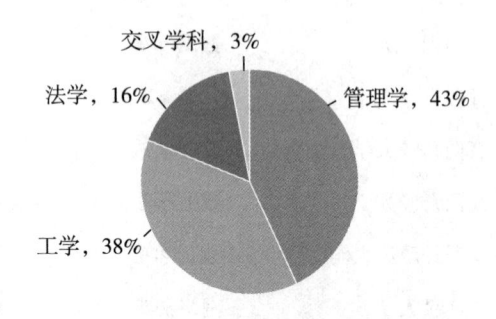

图 10-5-1 我国不同学科门类下泛数据专业开设情况
(根据中国研究生招生网信息梳理)

三、教育断层:培育方案与实践脱节

数据类专业还面临培养方案与实践之间明显脱节的问题,主要体现在两个方面:一是课程设计上的脱节,二是校企联合培养上的断链。

(一)课程设计:学术象牙塔的局限

在我国,研究生课程结构一般由公共课、专业基础课和研究方向课三部分组成。公共课和基础课多由高校教师授课,部分教师实践能力和行业知识较弱,使课程内容与行业需求脱节。相对而言,研究方向课更聚焦行业实践与学科前沿知识,但仍侧重学术理论,与实际业务有差距。

以中国科学技术大学的数据科学研究生培养为例(见表 10-5-2),其课程设计以学生学术能力的培养为中心,关注基础研究和创新研究。

表 10-5-2 中国科学技术大学数据科学硕士培养方案①

课程类别	课程	学分	
公共必修课	英语、政治 I	7	
基础课	基础课程	≥12	≥26
专业课	一级学科或二级学科专业课程		
必修环节	学位论文开题报告	2	

与之对比，美国的研究生项目培养更重视应用导向，将实践学习作为研究生项目的重点环节（见表 10-5-3）。譬如，麻省理工学院的商业分析硕士项目，学制共计 12 个月，其中设置了为期 10 周的顶点项目（Capstone Project）②，帮助学生接触真实的商业世界和数字经济。

表 10-5-3 美国部分高校商业数据分析硕士项目培养方案

学校	硕士项目	学制	培养方案
康涅狄格大学	商业分析与项目管理硕士（Master of Science in Business Analytics and Project Management）	1~1.5 年	康涅狄格州大学的商业分析与项目管理硕士教学有着坚实而悠久的历史基础，其中一个核心环节是和美国通用电气（Ceneral Electric）已经持续了 10 年合作的实习项目，在读学生要求完成如下课程：4 门商业分析课程（预测模型、数据管理、数据挖掘和商务智能等）；4 门项目管理课程（项目领导力、风险与成本、高级项目管理等）；3 门选修课；1 个小组实习项目

---

① 中国科学技术大学《数据科学研究生培养方案（20200708）》，载中国科学技术大学网，https://saids.ustc.edu.cn/2022/0412/c15431a551595/page.htm。

② 顶点项目（Capstone Project）是美国研究生课程中一种常见、重要的项目。它要求学生在完成所有课程学习之后，利用他们所获得的知识和技能来解决一个实际的问题或实施一个实际的项目。Capstone Project 的设计和执行需要学生运用多个学科的知识和技能，具有综合性和综合运用性的特点。

续表

学校	硕士项目	学制	培养方案
马里兰大学	商业市场分析硕士（Master of Science in Business for Marketing Analytics）	9个月	马里兰大学的商业市场分析硕士成立于2013年秋，向学生提供一种综合的训练，用于解决市场分析时处理客户数据的各种问题，尤其是利用数学与统计模型和工具。核心课程：8门必修课（市场管理、客户分析、统计编程、数据科学等）；5门应用课程（市场预测、零售分析、客户资源管理等）；1个实践学习项目
麻省理工学院	商业分析硕士（Master of Business Analytics）	12个月	课程是技术导向型，数学和计算机科学的权重会很大，要求也很高。秋季学期旨在提升学生的数学方法和大数据分析算法的专业技能，春季学期则注重培养学生具体的商业数据应用能力，让数据在商业环境落地，夏季学期则让学生参与一个为期10周的Capstone Project，接近真实商业世界

（二）校企联合培养：桥梁未通的困局

实习基地建设作为实践育人的重要载体和根本保障，已成为高校教学改革的重要课题，更是打造高校精品教育的有力举措。然而，就我国高校实习基地建设的现实状况来看，数据合规专业实习基地建设尚未引起应有的重视，校企合作的桥梁尚未搭建完成。

目前，已有个别高校开始尝试数据治理领域的校企合作。例如，厦门大学和美林数据在2023年联合发起了"数据治理校企联盟"，旨在通过校企合作加强数据治理领域的专业培养。但这样的案例仍属少数，多数高校尚未就数据合规专业训练建立实习基地、搭建校企合作模式。归根结底，目前高校对于数据治理还处在较为初期的技术普及阶段，没有真正融入人才培养的体系中。

四、法业融合：构建数据合规人才培育新生态

随着数字经济的快速发展，数据合规人才的需求持续增长。为了满足这

一需求，各方需共同努力，构建一个开放、动态、可持续发展的数据合规人才培养生态系统，确保能够源源不断地产出满足市场需求的数据合规人才。其中，高校是起点，也是重要环节。

据数据科学平台科赛网和韦莱韬悦统计的数据，有接近50%的调查对象目前具有3年以下的工作经验。[1] 这侧面反映出数据合规人才群体中，以刚从高校毕业的职场新人居多。高校作为数据合规人才培育生态建设落地的重要组成部分，肩负着培养适应市场需求的专业人才的关键任务。为应对数据合规领域的挑战，高校需要从以下几个方面着手：

回归通识教育：通识教育是相对于专业教育而言的，强调"通"而非"专"，目的是为受教育者提供更为完备的"知识图谱"和"逻辑武器"，从而培养具有复合型、创新性能力的数据合规人才。如前述分析，想要在数据合规领域取得独特的竞争优势或体现专业的业务技能，需要进行系统性和持续性的学习，综合掌握理论与实践、技术与法律、业务与管理的知识和技能。学校是打基础的地方，高校数据合规人才的培育，应当回归通识教育，将数据科学、管理学、法学、经济学等基础理论纳入数据合规专业培养体系，注重提升学生科学素养、法律素养、信息技术素养、自主学习素养等。

深化法业融合：坚持"业务"与"法务"的有机结合。对于涉及广泛数据处理的专业领域，如数据科学与大数据技术、网络空间安全、信息与计算科学等，应当系统地引入数据隐私保护的法律规范解析课程，涵盖全球数据法律法规及其监管框架概览、跨司法管辖区数据传输的风险评估与管理策略、生成式人工智能领域的法律监管趋势等内容。此外，根据不同专业的特点，可开设针对性的数据合规选修课程，以适应特定行业的具体需求，比如网络游戏、生物医药、数字营销、汽车制造等领域的数据合规要求。同时，高度重视学生在数字工具应用方面的能力培养，教导他们掌握并运用最前沿的数字技术与工具（如智能对话模型ChatGPT等），以增强其在数字化时代的竞争力与适应性。通过这些课程的设置，学生在学习期间即可强化数据合规意

---

[1] 具体内容参见https://www.sohu.com/a/343286735_120336547.

识，掌握技术人员所需的合规管理知识。这种法业融合的教育方式，将有助于培养出既懂业务，又懂法律的高素质数据合规人才。

五、结语

从零到一，此刻即是分水岭。

本章始于对数据合规岗位需求的洞察，终于高校这一人才源头的破局。从企业对数据合规人才需求的大盘点，到超高年薪法务的数据专业岗位缺口，再到复合型技能模型和数据合规人才培育的行业困局，最终回归高校这一人才培养的起点，每一环节都在揭示一个事实：数据合规人才短缺的本质，是教育链与产业链的错位。

未来，数据合规人才的竞争，是教育生态与产业需求的适配速度之争。而这场竞赛的答案，或许就藏在某所高校的课程表里，某家企业的实习项目中，抑或某个毕业生手中的第一份合规方案中。

附 件

附件一：《企业上市数据合规指引》3.0 版
附件二：《中国数据出境实务实操指引》2.0 版
附件三：企业数据合规人才招聘要求梳理
附件四：高校数据合规关联专业概览表